Jürgen Schreiber
Ein Maler aus Deutschland

PIPER

Zu diesem Buch

»Ein Maler aus Deutschland« enthüllt das Geheimnis hinter den Bildern eines der berühmtesten Künstler der Gegenwart. Gespenstisch miteinander verflochten sind die Lebensläufe von Gerhard Richters Tante Marianne und seinem früheren Schwiegervater Professor Dr. Heinrich Eufinger, einem Nazi der ersten Stunde. Tante Marianne fällt in die Hände der NS-Psychiatrie, wird mit 21 Jahren zur »Unfruchtbarmachung« verurteilt und 1945 nach langem Leidensweg durch sächsische Anstalten ermordet – als eines von 250 000 Euthanasie-Opfern. Im gleichen Zeitraum hat SS-Obersturmbannführer Heinrich Eufinger, Direktor der Dresdner Frauenklinik Friedrichstadt, nahezu 1000 Zwangssterilisierungen zu verantworten. Dies alles liegt für Gerhard Richter im Dunkeln, als er sich in den Fünfzigerjahren in Eufingers Tochter »Ema« verliebt. 1961 flüchtet Richter aus der DDR, später porträtiert er seine Verwandten, ohne die schrecklichen Zusammenhänge zu kennen.

Jürgen Schreiber ist einer der besten investigativen Journalisten Deutschlands. Für seine herausragenden Arbeiten auf dem Gebiet Reportage und Enthüllung wurde er mit dem Theodor-Wolff-Preis ausgezeichnet, außerdem erhielt er zweimal den Wächterpreis der deutschen Presse. Er arbeitete unter anderem für die *Stuttgarter Zeitung*, die *Frankfurter Rundschau* und das *SZ-Magazin* und war Gründungsmitglied der *Woche*. Jürgen Schreiber ist Chefreporter beim *Berliner Tagesspiegel*.

Jürgen Schreiber

Ein Maler aus Deutschland

Gerhard Richter
Das Drama einer Familie

PIPER

Mehr über unsere Autorinnen, Autoren und Bücher:
www.piper.de

Inhalte fremder Webseiten, auf die in diesem Buch hingewiesen wird, macht sich der Verlag nicht zu eigen und übernimmt dafür keine Haftung.

Unser Versprechen für mehr Nachhaltigkeit
- Klimaneutrales Produkt
- FSC®-zertifiziertes Papier
- Hergestellt in Europa

MIX
Papier | Fördert gute Waldnutzung
FSC® C083411

Ungekürzte Taschenbuchausgabe
ISBN 978-3-492-31212-7
1. Auflage Oktober 2017
8. Auflage Dezember 2023

Umschlaggestaltung: Jorge Schmidt
Umschlagabbildung: © picture-alliance/dpa/Sotherby's
Satz: Fotosatz Amann, Memmingen
Gesetzt aus der Bembo
Druck und Bindung: CPI books GmbH, Leck
Printed in the EU

INHALT

Teil I
NACHT
7

Teil II
OPFER
55

Teil III
FAMILIE
119

Teil IV
TÄTER
165

Teil V
BILDER
211

Literatur 301
Bildnachweis 302
Dank 304

Teil I
NACHT

Ich bin mein Erinnern.

AUGUSTINUS

DAS FEUER

Der Knabe wird ein Maler werden.

Er ist 13 Jahre alt. Gerhard Richter hatte eben Geburtstag. Kein Geschenk, keine Feier, 1945 gab es nichts. Seit 1993 Tagen, fast die Hälfte seines Lebens, herrscht Krieg. Die Russen kommen. Mit seiner Mutter Hildegard und Schwester Gisela hatte es ihn ins sächsische Waltersdorf verschlagen, einen entlegenen Sprengel an der Grenze zum tschechischen Protektorat. Der Vater Horst Richter kämpft im Westen an der Front. Von Osten einschießende Tiefflieger bestreichen die Oberlausitz, treiben Flüchtlingstrecks und Hitlers zurückflutende Wehrmacht in die Gräben. Gefechtsdonner aus Richtung Görlitz. Gewalt überrollt das Hinterland. Erschießungen. Plünderungen. Vergewaltigungen. Freund oder Feind, das Kind hält sich das Grauen spielerisch vom Leib. Der Erwachsene wird den Krieg später als spannendes Abenteuer erinnern. Der Knabe sollte eines Tages weltberühmt sein.

70 Kilometer Luftlinie westlich legen britische Bomber Richters Geburtsstadt Dresden in Schutt und Asche. Schwere Attacken im Schutze der Nacht des 13. Februar 1945. Die Stadt, der Adolf Hitler versprach, »der Nationalsozialismus wird ihr eine richtige Fassung geben«, soll sterben. 650 000 Stabbrandbomben und 529 Luftminen fallen, um nur das Gröbste zu nennen, verwandeln die einstige königliche Residenz in eine Todesfalle für Zehntausende. Am helllichten Tag des 14. geben amerikanische Geschwader »Elbflorenz« den Rest. So weit das Auge reicht, Ruinen, eine mit Schutt übersäte Weite. Von der

klaffenden Leere gibt es keinen richtigen Begriff, es sei denn in Bildern ihres großen Sohnes Gerhard Richter.

In den 50er Jahren stapft der Student Tag für Tag durch die Trümmer zur Kunstakademie, der Pfad geht mitten durch die skelettierte Frauenkirche. Die Öde der dem Erdboden gleichgemachten Stadt, ihr Untergang binnen Stunden, lastet bis heute auf den Gemütern wie ein Phantomschmerz: Eine »Ziegelsteppe«, ein »Garnichts« blieb von den viel beschriebenen Kulturstätten, notieren Chronisten wie Erich Kästner: »Man geht hindurch, als liefe man im Traum durch Sodom und Gomorra.« Das bestimmte Dresdner Gefühl, schwerlich mit etwas anderem zu vergleichen, hinterließ ein Empfinden umfassenden Verlustes. Kein Neubau, keine Rekonstruktion konnte es heilen. Das Zerborstene, so hieß es unter Schock, könne nie wieder auferstehen. In dem Dauerprovisorium war Richter nie »daheeme«. Der übermächtige Eindruck einer vielfach zerklüfteten Stadtlandschaft verstärkte bei ihm die Stimmung politischer Hoffnungslosigkeit. Schlussendlich ließ ihn die Enttäuschung 1961 aus dem Sozialismus in den Kapitalismus flüchten.

Zum 50. Jahrestag der Vernichtung Dresdens hängt 1995 vor den Brühlschen Terrassen (schwarz gebackene Krusten konservieren im Elbsandstein die Februarkatastrophe, als müsse für ewig Trauer getragen werden) sein Wandbild »2 Kerzen«, ausgespannt ein Banner von 19 x 23 Meter: Zeichen des Gedenkens und Symbol für Richters Heimkehr. Er war dort an der Kunsthochschule ausgebildet worden, laut Bestandsliste »mittelschwer beschädigt«, was bedeutete, der Bau ließ sich notfalls reparieren. Selbst im demolierten Zustand für den Anfänger »wahnsinnig imponierend«, mit Säulen, Nischen, Statuen, Medaillons und was sonst in Stein geschlagen oder in Kupfer getrieben an Raffinessen vorgeführt wird. Über dem Hauptportal der »Genius der Kunst«. Richter swingt förmlich durch den Triumphbogen, sein Tor zur Welt. Ein über die Maßen erhebender Beginn, »dass man nun dazugehörte und die Lehrer echte Künstler waren«. Otto Dix lief ihm über den Weg, Kretzschmar, Rudolph, die Grundigs, lauter Bedeutende. Der Architekt Mart Stam dürfte bei der Immatrikulationsfeier gesprochen haben, »eine imposante Erscheinung«. Heiß durchströmte Richter das Glück des Anfangs. Wenige Festtage reichen an diesen heran.

Nebenan hatte in der Pracht des Museums Albertinum die »Örtliche Luftschutzleitung«, »ÖL«, Deckung gesucht. Dort liefen im Februar '45 die Meldungen wegen anfliegender »schneller Kampfflugzeuge mit Nordostkurs« ein. Die Alliierten markierten das Gebäude auf ihren Angriffsplänen mit einem schwarzen Kreuz: zur Zerstörung freigegeben! Später wird Gerhard Richter deutsche Stukas malen, die dem Feind entgegenrasen, sowie eine aus acht Maschinen gebildete »Mustang-Staffel« über offenem Gelände, ein Schwarm wilder Hornissen im Sturzflug. Bei der Attacke auf Dresden gaben sie in einer Stärke von 430 Jägern den amerikanischen Bombern Geleitschutz. Ihre Fracht konnte Menschen bei lebendigem Leib schmoren lassen und zerreißen.

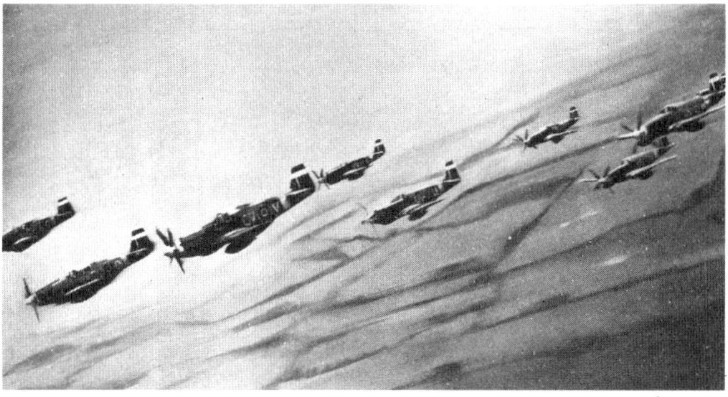

2004 präsentiert Richter dieses der Zerstörung seiner Heimat geschuldete Flieger-Bild bei einer Ausstellung im Albertinum. Wohin er sich dreht und wendet, mit seinen Arbeiten voll gehängte Säle. Selbst wenn die auf der Glaskuppel der Akademie tänzelnde »Fama«, Personifizierung des Gerüchts, ihm das zugeflüstert hätte, der Student hätte es sich in den kühnsten Träumen nicht vorzustellen gewagt. 1960 war sein »Stilleben mit Muscheln« dort im Museum zur Schau »Junger Künstler« zugelassen. Heute muss er nur wollen, schon hat er alle Wände für sich. Der früheste Erfahrungsraum des Knaben, der ein Maler werden wird, ist der Krieg. Was ihn streifte, musste Narben hinterlassen. Die Erfahrung des Abgrunds führt bis zum explosiven »War cut«, seinem in prangenden Farben gehaltenen Künstlerbuch zum Irak-Konflikt, 59 Jahre nach der Zerstörung Dresdens.

13. Februar 1945. Tod und Verderben brechen in Wellen herein. Ein endloser Bomberstrom aus England über dem schwarzen Spiegel der Nordsee. Bald glänzte die Elbe unter ihnen auf. 1281 Todbringer erfüllen die Luft mit gleichmäßig sonorem Brummen, das so noch niemand gehört hatte und das nicht enden wollte. Kaum behelligt von Flak, erreichen die Heere aus der Nacht die ihnen schutzlos ausgelieferte Zielscheibe. Die letzte Warnung an die Bevölkerung: »Volksgenossen, haltet Sand und Wasser bereit!« Wie von englischen Meteorologen prognostiziert, öffnete sich zum Abend die dicke Wolkendecke über Mitteleuropa für Stunden. Eine Lücke, in die Piloten nur hineinstoßen mussten, die schlafende Stadt unter sich. Knapp eine Million Einwohner und Flüchtlinge wähnten sich sicher. Bisher vergleichsweise glimpflich durch den Zweiten Weltkrieg gekommen, war Dresden nur allzu bereit, die Luftattacken vom Herbst '44 für einen Irrtum zu halten. Fast überheblich in ihrer gerühmten Schönheit, wähnt sich die Stadt unantastbar. Nahte nicht schon der Frieden? Dresden glaubte an seine Bestimmung, barockes Kleinod mit unvorstellbaren Schätzen zu sein.

Umso brutaler treffen die ersten Einschläge. Ein Pfeifen und Rauschen durchbraust den Äther, Explosionen lassen die Erde zittern, Rauchgebirge türmen sich auf. Wie zur Verhöhnung filmen die Angreifer aus knapp 5000 Meter Höhe die unter ihnen schmelzende Stadt. Bis dort hinauf sind die am Boden herrschenden 1000 Grad Celcius zu spüren. Grüne, weiße, rote Feuerwerkskörper illuminieren die Szenerie, am Firmament funkelndes Gestirn, das zuvor kein Astronom kannte. Für die Überlebenden gibt es auf weich gekochten Straßen kaum ein Entrinnen. Nicht wenige fangen an den Füßen zuerst Feuer und verbrennen von unten nach oben. Die dicht auf dicht folgenden Treffer wirken wie ein einziger Schlag, verheerend, da die Menschen in panischer Flucht unterwegs oder als Helfer mit Löscharbeiten beschäftigt sind.

Unvorstellbares Chaos herrscht in den Straßen und Winkeln. Tausende Brände lodern auf einer Fläche von 7 x 5 Kilometern, von keinem Hindernis aufzuhalten. Einheimische irren fremd in ihrer eigenen Stadt herum. Die Eingeschlossenen fürchten, die Elbe werde zu sieden beginnen, ein Eindruck, der in den Davongekommenen lebenslang nachglüht. Eine so übermächtige Gewalt, als wollten die Alliierten nicht nur ein für alle Mal den Nazi-Ungeist ausräuchern, sondern Feuerteufeln gleich alles abfackeln. Am Ende der Nacht erwacht trotzdem der Morgen, Dresden ist erfüllt von Wehklagen.

Die geheime »Schlussmeldung« der Ordnungspolizei, Dokument 7/45, »gez. i.A. Thierig«, versucht wenigstens statistisch eine Art Struktur in die Heimsuchung zu bringen. Aber die Fakten machen die Dinge noch unerträglicher: »Fliegeralarm: 21.55 Uhr, Vorentwarnung: 22.40 Uhr, Entwarnung 23.27 Uhr, Bombenabwurf: 22.09 Uhr bis 22.35 Uhr.« Fast 12 000 Gebäude total zerstört, darunter Semperoper, Zentraltheater, Zirkus Sarrasani, Taschenbergpalais, Coselpalais, Altes Rathaus. »Schwer beschädigt«: Ehemaliges Residenzschloss, Grünes Gewölbe völlig ausgebrannt, Hauptwache von Schinkel undundund.

Es war der Faschingsdienstag. Der Himmel über Sachsen leuchtet im Zeichen des Mars. Beherrscht von den Kriegsfarben blutrot und schwefelgelb, mit Wolken, zerfetzt und selbst wie zerschossen. Vergleichbar Caspar David Friedrichs Gemälde »Abend« von 1824. Wechselweise von violett, lachsrosa oder zinnober beherrscht. Diese Farben des Todes sind die Farben, die man auch auf späteren Bildern Richters sieht. Über allem lastet ein blendender Schein, ein Stieben und Funkeln im Wechsel mit schwarz und schwärzer werdender Finsternis durch Qualm.

In Waltersdorf war der Schüler Gerd Richter mit dem ganzen Dorf auf der Gasse. Etwas Schnee lag. Ein Auflauf erregter Menschen, hochgeschreckt von der Rundfunkmeldung aus dem »Gefechtsstand Berlin«. Zuerst monotones Ticken, Knistern, gefolgt von der Ansage: »Achtung, Achtung, hier Dresden. Mehrere feindliche Bombengeschwader im Anflug ... Entfernung 20 Kilometer.« Schon heulen die Sirenen. 2402 Einwohnern, darunter 617 Flüchtlingen, ist es, als würde trotz Verdunkelung der Horizont entzündet. Eine wie aus der Winternacht heraus geschweißte, berstend-giftige Helligkeit. War ein Komet niedergegangen? War ein Vulkan ausgebrochen? Warum spie Dresden so viel Feuer aus? Ein Auflodern, das vom Ende der Zeit kündet in einem unendlichen Lichtbogen.

Richters Schulkameradin Georgine Haeder, sie wohnte »im Ober-, Richter im Mitteldorf«, erlebte die Katastrophe als ein eiskaltes Brennen, das nie mehr wich. Es habe bestimmte Wetterlagen, die ihr die Bilder von damals vor die Augen zwingen in geradezu entgegenflammenden Tönen. Sie sei auf den Dachboden gerannt, habe durch die Luke über das Niederdorf hinweg gen Nordwesten »den grausigen Widerschein gesehen. Mir stehen heute noch die Haare zu Berge.« Auch einen »entsetzlichen Lärm« habe sie vernommen, an- und abschwellend, sie konnte ihn für das Brüllen eines Ungeheuers halten. Ihr Onkel kannte den Krieg, habe sofort gesagt, »das sind die Bomber«.

Der 73-jährige Richter nimmt in der Rückschau auf die Wahnsinnsnacht allerdings an, wegen der Entfernung habe man optisch von der Dresdner Heimsuchung nichts wahrnehmen können. Aber dass »etwas Schreckliches geschah, das wussten wir ganz genau«. Die Leute hätten gefragt: »Hörst du nicht, wie es wummert?« Auf sein Waltersdorf regnete es Stanniolstreifen, von den Alliierten in Millionen Stücken abgeworfen, um deutsches Radar und Funk zu stören. Am anderen Tag mussten die Schulbuben das Silberpapier und von weit her gewehte, verkohlte Papierschnipsel einsammeln. Mürbe Fetzen, die kreiselnd niedersinken, bei der geringsten Berührung zerfallen.

Endzeit. Die Waltersdorfer Jungs zogen hinaus auf die Felder ihrer kindlichen Manöver, ihr Revier im Steinbruch, in dem der Uhu brütete – »da war ich oft«. Sie gruben Höhlen, zimmerten Hütten, fanden Munition. Am Butterberg habe man mit dem viel zu schweren Karabiner 98 und einer Pistole 08 herumgeballert. Nur die Buben kannten die Verstecke für Kriegsspiele. Richter schwärmt vom Herumstromern auf sanften Kuppen, dem Butter- oder Sonneberg. Gemeinsam baldowerten sie Beobachtungspunkte aus, verfolgten ankommende oder fliehende Trupps aus gebührendem Abstand. Ein Spektakel. »Ich fand das alles ganz toll. Ich habe die Soldaten beneidet, die in der Scheune lagerten.« Unweit Richters Zuhause in der Ostsiedlung steht die rot geklinkerte Aussegnungshalle. Einer stachelte den anderen zu Mutproben auf, die Jungen stahlen sich ans Fenster, sahen verbotenerweise Leichenwaschungen und Aufbahrungen zu. An der nahen »Kämmel'schen Familiengruft« überragt ein weinender Engel mit Totenschädel die niedrige Friedhofsmauer. Vor dem Postament ein geflügelter Satyrkopf, bestückt mit Stundenglas und Sense. Zum Fürchten, wie es Kinder aus Angstlust brauchen.

Schon 1938 kam Hitlers Tross an ihrem Nest vorbeigezogen, unterwegs zu der mit Bunkern, Schussschneisen und Sperren gespickten »Schöberlinie«. Auf der Route banden Sudetendeutsche dem Führer aus roten Gladiolen ein Hakenkreuz, überhäuften ihn mit Blumen. Am 5. Mai 1945 rückt General Schörner zur Verteidigung der strategisch wichtigen Ostgrenze in Waltersdorf ein, lagert mit dem letzten Aufgebot von 100 Mann bei der Oberen Schule: die Verlierer von morgen, bald östlich von Prag eingekesselt. Schörner, »so'n kleener Mann«, soll zu den Verehrern von Richters Mutter Hildegard gehört haben. Die letzte deutsche Batterie steht unweit in Herrnhut. Direkt bei Richters Wohnung in der Ostsiedlung 345 b, in der DDR »Bebel-Straße«, häufen sich am Rummelplatz nach der Kapitulation Waffen bis hin zu Flaklafetten und Haubitzen. Über Knarren wusste Richter Bescheid.

Kinder können sich außerhalb der Dinge stellen, sehen im Krieg ein zünftiges Abenteuer, nicht das Ende von etwas. Das wahre Unglück überliefert die Dorfchronik akribisch: 63 mit ihrem Todestag aufgelistete Männer, die »im 2. Weltkrieg 1939–45 gefallen oder durch Kriegseinwirkungen verstorben« sind. Das Fazit des endlosen Krieges aus der lokalen Sicht: »Wir sind alle arm geworden, ärmer geht es nicht. Alles ging drüber und drunter. Alles lief davon, es wurde geplündert.« Der Krieg kam zu Fuß ins Dorf, Georgine Haeder hat es mit eigenen Augen gesehen, wie der Iwan einmarschierte, an der Spitze Mongolen aus irgendwelchen Steppen, »mit schwarzen, bodenlangen Mänteln und Kosakenmützen, Furcht erregende Kohorten, denen hat man die Grausamkeit im Gesicht abgelesen«. Das waren die Sieger. Andere Russen hätten die wilden Kerle entwaffnen und in Schach halten müssen. Die Panje-Pferdchen schafften kaum, die Munitionskarren hochzuziehen.

Gerüchte kursierten. Vor lauter Angst habe man drei Wochen nicht geschlafen, sei nicht aus den Kleidern gekommen. Nur wenige Familien wagten es, daheim zu bleiben. Die meisten suchten Schutz im Wald. Richters Mutter harrte mit wenigen Frauen aus. Die Flurnachbarin, die dabei war, erzählt: »Wir haben abgeschlossen und uns auf dem Boden versteckt.« Frau Richter habe den Einmarschierenden vom Fenster zugewinkt und sei von einem Rotarmisten in Gegenwart seines Offiziers vergewaltigt worden. Der habe mit gezückter Pistole zugesehen. Angebotenes Geld oder Preziosen ließen ihn kalt. Das schilderte Hildegard Richter später immer wieder. Drei Tote und mindestens fünf Notzuchtverbrechen sind verbürgt. Am 18. Mai lag der SS-Hauptscharführer Arthur Jochen Schmidt mit Ehefrau und drei Kindern tot im Forst. Einer aus ihrer Mitte. Unweit der Richters, gegenüber der Kirche, zog die russische Kommandantur in die Gewerbebank ein. Dort konnten missbrauchte Frauen wegen Abtreibungen vorstellig werden.

Waltersdorf, dieses in seinen Prospekten »lauschige Plätzchen« war für Gerhard Richter nie ein glücklicher Anfang. Zwar genießt er das Ländliche, die Bewegungsfreiheit, so dass er später sagt, diese Jahre »die waren unglaublich schön«. Aber schwerer wiegt: Es war ein Leben, das mit dem Sterben beginnt, das Schicksal der in die Katastrophe hineingeborenen Generation. Der Krieg ist Richters Schule des Sehens. Wenn man schon nicht sagen will, dass in der Nacht der Nächte ein Maler geboren wird, veränderten die Dresdner Brandbomben den Lauf der Dinge doch radikal: Ein »Lebenszeitaugenblick« (der Philosoph Hans Blumenberg), der das sensible Kind versengt, dem sich Trauer, Elend und Leidenschaft in tiefere Schichten eingraben. Die Urszene wird abgespeichert als Material künftiger Werke. Bei dem Knaben, der ein Maler werden wird, sollte die elementare Erfahrung eines Tages hochsteigen und wirksam werden. Aus diesem Stoff schöpft Richter bis in die Gegenwart seine Themen. Vergangenes wird Bleibendes.

Mochte sich der junge Richter das Bomben-Gewitter als etwas Fernes und damit weniger Bedrohliches gedacht haben. Nur so ließ sich die in ihrem Kern unbegriffene Zeit als eine besonders »spannende« verbuchen, während der Krieg unweit die weltbekannte Silhouette seiner Vaterstadt pulverisierte, die Dresdner zu Höhlenbewohnern machte. Vom Februar 1945 in ihm vorbereitet, musste das Erfahrene lange darauf warten, gemalt zu werden. Denn insbesondere das Kriegsende, von Richter gnädiger erinnert, als es in Wirklichkeit war, bedrängt ihn in kaum erträglicher Intensität. In einer abseitigen Kammer des Gedächtnisses aufgestaut, macht es später seine Kunst groß. Erzeugt eine unendliche Folge von Assoziationen und Zeichen für Zerstörung, Verlust, Vergänglichkeit, Schuld, Hoffnung, Verantwortung, Geburt, Tod, Terror, Kinder, Familie, Ende, Neuanfang.

Der Tod kehrt bei Richter in mannigfachen Motiven wieder. In den Tuschzeichnungen »Totenkopf« oder dem Bild »Schädel«. Er malt einen unter einem Eisblock begrabenen Mann und den vermeintlichen Kennedy-Attentäter Oswald. »Acht Lernschwestern« ist der unverfängliche Titel für Bilder acht ermordeter Krankenschwestern. »Sargträger« eine Arbeit von 1962, »Erschießung« ein andere. Frühe Werke nennt er »Schlachtschiff«, »Narbe«, »Klage«, »Verletzung«, »Wunde«, »Resektion«, »Düsenjäger«, »Phantom Abfangjäger«. Anspielungen auf das ins Gedächtnis Eingeätzte. Er gestaltet christliche Kreuze, Objekte in Gold. Was ihm zu schaffen macht, steigert sich Aufsehen erregend bis hin zu den Bildern des »Stammheim-Zyklus« von 1988. Des Künstlers traumatische Kindheitserfahrung, aufgesogen wie mit Löschpapier, lässt ihn das Gesehene, Erahnte, Erlittene aufrufen, abarbeiten – und malen. Dann ist da noch der mit dem Datum »14. Febr. 45« bezeichnete Offsetdruck »Bridge«, Tag des Angriffs auf seine erste Heimat Dresden, unterlegt mit einem Luftbild seiner zweiten Heimat Köln. Das Blatt hängt in Richters Atelier. Erst beim näheren Hinsehen sind die Bombeneinschläge in der mit Kratern punktierten Weite erkennbar, der Stadtausschnitt reicht an seinen jetzigen Wohnsitz.

Sein Œuvre lässt einen von Besorgnis und Furcht besetzten, früh um Sicherheit betrogenen Skeptiker erahnen. Eine Künstlernatur wie er musste den Mangel an Geborgenheit tief verspüren. Die Härte des Lebens war ihm nur zu früh vertraut. Richter startet in Waltersdorf mit einem Gefühl der Niederlage. Vielleicht gehört das zu den Voraussetzungen eines von Mitleid, ja Erbarmen geleiteten Malers. Später setzt er sich mit alltäglicher Gewalt in einem Ausmaß auseinander, das bei ihm nicht unbedingt zu vermuten wäre, der sich gern als unpolitisch definiert und in abstrakte Darstellungen flüchtet. Richter sucht, gewissermaßen hinter der Leinwand, eine Neutralität, ausgedrückt in dem von ihm bevorzugten Grau. Grau, aus gleichen Anteilen von Schwarz und Weiß gemischt, schreibt er »Meinungslosigkeit, Aussageverweigerung, Schweigen« zu. Niemand hätte je geahnt, wie viele Graus es auf seiner offenen Richterskala zu sehen gibt. So viele, wie er will: Grau auf grauem Grund auf grauem Grund auf grauem Grund, gedämpft, metallisch, mineralisch, rauchig, effektvoll, pulsierend. Unvorstellbar. Grau zieht die Betrachter in die Projektionsflächen hinein. Seine Klangfarbe.

Es ist noch der Februar 1945. Dresden eingeäschert. Agenturfotos tragen die Unterschrift: »das brennende Dresden, aufgenommen am 16. Februar '45, 13.30 Uhr«. Die NSDAP-Postille »Freiheitskampf« prahlt: »Trotz Terror, wir bleiben hart.« Die Deportation der letzten einsatzfähigen Dresdner Juden steht für diesen Freitag bevor. Genau an diesem Tag stirbt Richters Tante Marianne Schönfelder elendiglich in der Psychiatrischen Landesanstalt Großschweidnitz, laut Totenschein auf Station 11. Keine 20 Kilometer nördlich von Waltersdorf erlischt die 27-Jährige, die jüngere Schwester von Richters Mutter. Die schizophrene Marianne, eines der etwa 250 000 Opfer von Hitlers Euthanasie-Verbrechen, 1938 in Dresden zur »Ballastexistenz« verdammt, seitdem lebendig begraben in diversen sächsischen Irrenhäusern.

An ihrem 60. Todestag sitze ich in einer Berliner Wohnung unweit des »Führerbunkers« über diesem Kapitel, und ich schreibe den Satz: Es ist auch der Februar 1945, in dem die Dresdner Villa von Professor Dr. Heinrich Eufinger vom alles verschlingenden Feuer verschont bleibt. Richters späterer Schwiegervater residiert in der Wiener Straße 91. Der Gynäkologe war Nazi der ersten Stunde. Dem Chefarzt der Frauenklinik Friedrichstadt zerrinnt in seiner Eigenschaft als SS-Obersturmbannführer die Existenz unter den Fingern. Eufinger erfüllte nicht nur anscheinend klaglos die nationalsozialistische Rassenpolitik, sondern sah sie als seine wirkliche Mission. Er verantwortete fast tausend Zwangssterilisierungen von geisteskranken Patientinnen nach dem Gesetz zur »Verhütung erbkranken Nachwuchses«. Das »GzVeN« wurde ausdrücklich als »Beginn ausmerzender Maßnahmen des Staates« verkündet.

Gerhard Richter konnte nicht wissen, bei wem er 1953 in der Wiener 91 unterschlüpfte, nachdem er sich in Eufingers höchst anziehende Tochter Ema verliebt hatte. Ihr richtiger Vorname seltsamerweise ebenfalls Marianne. Er war selig mit ihr, war selig, Waltersdorf entronnen zu sein, war noch mal selig, weil ihn die legendäre Akademie zum Wintersemester 1951/52 aufgenommen hatte. Im Jahr zuvor scheiterte der erste Versuch des Anwärters, dem die Schulzeit missraten war, der die Lehren zum Schriften- und Bühnenmaler abbrach. Richter wartete mit dem Reifezeugnis erster Bilder aus seiner rasch dicker werdenden Mappe auf, hatte aber sonst im Lebenslauf nichts vorzuweisen.

Nach den Fliegerangriffen steht Eufingers Krankenhaus in der amtlichen Liste »schwer beschädigter Objekte«. Am 16. Februar 1945 ergeht der Befehl zur Räumung seiner Klinik und zur Verlagerung in die nahe Landesirrenanstalt Arnsdorf, einer der unheimlichsten Adressen weit und breit. Mit der niederschmetternden Diagnose ihrer Geisteskrankheit hatte dort die Auslöschung von Richters Tante Marianne begonnen, die sich an diesem Wintertag vollendet. Ihr Schicksal überschneidet sich ein letztes Mal mit Eufingers steiler SS-Karriere. In Raum und Zeit wird das Muster eines Dramas sichtbar, das Drama von Richters Familie. Ein noch nie entdecktes Geheimnis des Malers. Es geht um Schuld und Leid, Liebe, Hass und Tod.

Da ist Gerhard Richter. Da sind zwei Menschen, Heinrich Eufinger und Marianne Schönfelder, beide ihm eng verbunden, der eine angeheiratet, die andere blutsverwandt. Sie leben in scheinbar unendlich voneinander entfernten Parallelwelten. Hier die unheilbar Kranke, von den Nazis zur Tötung bestimmt. Dort der Frauenarzt, unheilbar gesund in seiner Nazi-Gesinnung, dem Großdeutschtum verfallen, Handlanger bei Hitlers »Reinigung des Volkskörpers«. Der eine Gegenpart des anderen. Sie stehen in gespenstischer Verbindung. Man könnte an Vorsehung glauben. Eufingers Wiener Straße 91 ist das geheime Zentrum einer Tragödie, die dem Künstler bis heute selbst nie bewusst war. In den 60er Jahren malt Gerhard Richter seine »Tante Marianne«, setzt ihr in einem schmerzhaft schönen Porträt ein Denkmal, einmalig für die Opfer des Hitler-Regimes. Einzig dieses Werk sorgt dafür, dass ihre so verhuschte Existenz doch nicht gänzlich ausgelöscht werden konnte. Gerhard Richter gibt der Erinnerung ein Gesicht. Durch seine Kunst ist es möglich, sich aus den Fragmenten ihres trostlosen Daseins ein Bild zu machen. Eines Daseins, in dem sie nachweislich der Krankenakte einem 1947 im Dresdner Euthanasie-Prozess zum Tode verurteilten Massenmörder in die Hände fiel.

Schließlich malt Gerhard Richter mehrfach den Frauenarzt und Schwiegervater Eufinger als treu sorgenden Patriarchen. Eine Reihe nicht ganz geheurer Ansichten von einem Mediziner, der Hitlers Allmachtsfantasien teilte, die auch Tante Marianne umbringen. Der Künstler wandte sich damals instinktiv Verborgenem zu. In seinem Werkverzeichnis finden sich also die Bilder eines Täters neben dem Bild eines Opfers. Ebenfalls in Farbe festgehalten ist die Wiener 91, Kristallisationspunkt einer unglaublichen Verstrickung, die so nur in Deutschland denkbar ist. Kein Regisseur könnte den Fall makaberer inszenieren. Jede Erzählung mit diesem Stoff würde als Übertreibung abgetan. In seinen unendlich fein verzweigten Strängen wirkt das Geschehen romanhaft, in den Fakten ist es nur zu wahr. Die Distanz zwischen der Tante und dem Professor könnte größer nicht sein, doch sie treiben, jeder in seiner Rolle, aufeinander zu. Marianne in ihrem Unglück, Eufinger in seinem Glück. Vor dem Hintergrund des glutroten Scheins über dem brennenden Dresden ist es jetzt an der Zeit, die realen Personen aus ihren Gemälden treten zu lassen, ehe sich ihre Spur vollends verliert. Der Chronist heißt Gerhard Richter. Der große Schweiger lässt Bilder sprechen, Richter hat sie hervorgebracht, bevor er sie erinnerte, getreu dem Faulkner-Satz »Memory believes before knowing remembers«.

Der Knabe wird ein Maler werden. Am Ende dieser Geschichte ist Gerhard Richter weltberühmt.

ANNÄHERUNGEN

In Gerhard Richters Kölner Atelier ist es ganz still. Nur gelegentlich fegt Hund Leica (»wie der Fotoapparat«) durch die Räume, die Familiäres mit der angenehmen Kühle der Modernität mischen. Man muss lange suchen, um einen solch idealen Arbeitsplatz zu finden. Räume aus Licht für einen Zen-Meister in Gesundheitslatschen, der Überflüssiges abgestreift hat und in wunderbarer Ruhe Bilder zelebriert. Weiße Vorhänge trennen die Zimmer, als hätte ihm ein Theatermacher die Bühne bereitet, auf die er zur Begrüßung heraustritt, kleiner und schmächtiger als erwartet, aber vergrübelt, wie man ihn sich denkt. Ringe zum Turnen hängen von der Decke, darunter abstrakte Gemälde in typisch-waghalsigen Farbkaskaden: schwebend, tropfend, leckend, funkelnd, reflektierend, betörend, irisierend, fließend, subtil, kunterbunt, aufregend. Wie glasiert und mit einem nur ihm bekannten Lack imprägniert, süchtig machend nach mehr. Ein Malstrom, man möchte sich wegschwemmen lassen.

Am Schreibtisch CDs von Cage, Glass, Monk und Steve Reich. Minimalisten.

Reporterkollegen hatten mich vor seiner einschüchternden Ausstrahlung gewarnt. Zunächst am Telefon hatte Richter beim Stichwort Dresden noch abgewehrt. Seinem Ruf als unnahbarer Autorität entsprechend, klang er kühl und undurchdringlich. Beim Kennenlernen taxiert er den Besucher sichernd und abschätzend – Freund? Feind? Was will er? –, hält mit höflich-einsilbigen Sätzen auf Distanz. Ihm Themen aufzudrängen, gar quälende, scheint anfangs unmöglich. Trotzdem entschloss sich der Vielbeschäftigte schließlich, das eigene Herkommen zu befragen, zögerlich, mit deutlichen Vorbehalten, aber immerhin. Das sei über 50 Jahre her, nach dieser langen Zeit, was solle er da noch wissen? Zuletzt gab er doch nach, alt genug sei er, »das muss ich annehmen«.

Beim ersten Kölner Treffen 2004 streift Richter seltsam fremd und steif im eigenen Leben herum, mit der für ihn charakteristischen priesterlichen Förmlichkeit. Vielleicht war er mit den Gedanken auch nur woanders. Beschäftigt mit Farbkompositionen, waghalsigen Ideen, Projekten der Zukunft, sei es für Atlanta, Edinburgh, Dresden, San Francisco oder was sonst noch an Merkzetteln zum Abarbeiten an die Wand gepinnt ist. Der ständige Vorwurf, die Malerei komme zu kurz. Richter ist inzwischen ein weltweit operierender Ein-Mann-Konzern, für seinen Geschmack zu viel von Versicherungs-, Transport- und Organisationsfragen abgelenkt. Das möchte er am liebsten hinter sich lassen.

Anfangs sitzt Gerhard Richter weit zurückgelehnt auf dem Stuhl, in größtmöglichem Abstand. Dann rückt er näher. Er gräbt nicht mehr bedächtig jedes Wort einzeln aus bei der sentimentalen Reise. Fern jeden Persönlichkeitskults ist er in der Öffentlichkeit grundsätzlich scheu. Ein Gesprächspartner von starkem Willen und der Ausstrahlung, die seine Kunst reflektiert. Zuerst beschäftigt es mich, ob seine sachdienlichen Hinweise mich bestätigen oder mich verunsichern, während er sich mit zusammengekniffenen Augen auf Einzelheiten besinnt, als lausche er einem Echo. Endlich knöpft Richter das weich fallende Jackett auf. Die Anspannung löst sich. Er öffnet sich, macht mit. Nicht hoch genug einzuschätzen bei einem, der sich sonst nur malend rückhaltlos mitteilt. Welcher andere Große würde sich einer solch unerbittlichen Befragung des Persönlichen aussetzen wie dieser Gerhard Richter.

Dann kam Bewegung in die Sache. Zwischen unseren Terminen wurden aus halbfertigen Bildern fertige für seine grandiose Düsseldorfer Werkschau. Bei einem weiteren Besuch trägt der Professor eine randlose Brille statt der streng dunklen Fassung, sieht froher aus und wie runderneuert. Der Bart bleibt stehen. Ein Modell des Dresdner Museums Albertinum in Puppenstubenformat kommt auf die Arbeitsplatte. Richter nimmt es pedantisch, bestimmt auf den Zentimeter genau die Hängung seiner Bilder in briefmarkengroßen Kopien. Beim nächsten Mal sind zehn blanke, mannshohe Leinwände schon auf Holz gespannt, Farbtöpfe, Pinsel griffbereit, zum Schutz gegen Kleckse sind FAZ-Seiten auf dem Boden verklebt. Terpentingeruch macht sich breit. Sobald der Vorhang sich bauscht, sehe ich ihn vom Eingang aus am anderen Ende bei den Tiegeln mit der Spachtel hantieren, überflüssige Farbe streift er im aufgeschlitzten Tetra-Pack von »Eifel-Milch« ab. Es läuft gut. Richter fühlt sich nach eigenen Worten wie ein Rennpferd, das im Stall kurz gehalten wurde, damit es wieder Lust auf die Bahn gewinne: »Ich möchte malen.« Bald sind acht abstrakte Bilder angefangen. Sie wirken sofort, als gehörten sie nach New York.

Nach und nach lässt er sich in unseren Gesprächen vom Sog der Vergangenheit erfassen. Für ihn hat sich vieles verändert. Geschehnisse aus dem Dritten Reich nehmen allmählich Gestalt an, die Gestalt von Tante Marianne und Schwiegervater Eufinger. Ein eigener Kosmos jenseits des Sichtbaren, mit jeder Begegnung deutlicher erkennbar auf der Rückseite ihrer berühmten Porträts. Ein Gespinst unfasslicher Beziehungen, ohne dass das Zusammentreffen entlegener Sprengsel rational zu erklären wäre. Es geht bis in den tiefsten Grund, die abgesunkenen Sedimente von Richters Familiengeschichte treten zutage. Verblüffend passt ein Puzzleteil zum anderen. Offenbarungen im Hinblick auf ihn selbst, die in der Rückschau eine verdeckte Form persönlicher Geschichtsschreibung ergeben.

Wie beim Restaurator kommt unter dem Firnis allmählich das Ursprüngliche hervor: Leid, Verhängnis und Verzweiflung, die alles übertrafen, was er darüber wusste. Familiäre Details stellen sich in beängstigender Fülle ein. Er hätte es selbst nicht geglaubt, nun gilt es, sich den Dingen zu stellen. Es waren eindringliche Gespräche über gestern und heute, über das Einst im Jetzt mit Abschweifungen in die Berliner Politik. Leichteres mischt sich mit unerträglich Schwerem bei der Erforschung der Nacht. Richter ist Künstler, kein Verwalter, ab und zu muss er seinen schmalen Kalender befragen, schlägt ein Datum nach, trägt ein neues ein, präzisiert eine Angabe, fügt den Skizzen feinere Striche hinzu. Sofort verschwindet das Büchlein wieder in der Schublade. Richter hält sehr auf Ordnung, der Schreibtisch ist stets aufgeräumt. Es gibt Kaffee, Kekse, Pralinen aus Ostende, immer steht ein Obstteller da. Manchmal kommt seine Frau Sabine dazu. Töchterchen Ella Maria lugt im Funkenmariechen-Kostüm ums Eck. In Richters Idiom kann sich Sächsisches einschleichen.

DAS BROT DER FRÜHEN JAHRE

Der Maler lebt von Mitte 1943 bis 1948 in Waltersdorf. Die Eltern, Ur-Dresdner nach Aussage seiner Schwester Gisela, bleiben dort bis zu ihrem Tod in den späten Sechzigern. Mamas Liebling genoss die Abwesenheit des in den Krieg geschickten Vaters. In der Mutterfixierung ließ er nicht gelten, dass ihm eine wichtige Bezugsperson fehlte. Aber nach und nach bedrängten und bedrohten Hiobsbotschaften die Verwandtschaft existenziell. Onkel Rudi, der Liebling der Familie, starb im Krieg. Onkel Alfred, Rudis älterer Bruder, wurde auf dem Schlachtfeld vermisst. Noch jetzt hat Richter das Jammern von Oma Dora und Mutter Hildegard im Ohr. Der Bote kam mit dem obligatorischen Telegramm »Für Volk und Vaterland gefallen« zu den Großeltern in den Dresdner Vorort Langebrück. Gerd war zu Besuch. Der schöne Rudi sei mehr beweint worden als der Alfred. Den Unterschied hat er sich gemerkt.

Doch ihre Trauer war nicht zu vergleichen mit dem Wehklagen von Frau Israel, die in der Ostsiedlung unter den Richters wohnte. Sie stieß ein in Gerd nachhallendes, gellendes Schreien aus bei der Nachricht, sie habe ihren Mann verloren. »Unvergesslich!« schraubte sich der Ton in Richters Ohr, ein geradezu animalisches Brüllen, das für ihn den Wahnsinn des Dritten Reiches umfasst. Sortierten die Richters daheim die zunehmend schlechter werdenden Nachrichten vom mörderischen Krieg, dann wurde es höchste Zeit, das obligatorische Hitlerbild, ein Relief auf Holz, in der Wohnstube beim Kamin abzuhängen. Trügt ihn sein Gedächtnis nicht, bekam der gefallene Onkel Rudi an Stelle des Führers einen Ehrenplatz an der Wand, zum Gedenken mit einem Heide-Sträußchen geschmückt.

Waltersdorf liegt gemäß dem Messtischblatt Nummer L 5152 exakt 370 Meter über dem Meeresspiegel. Richters Siedlung war eine von ihm in ihrer Eintönigkeit »trostlos« befundene Blockbebauung am Fuß der Lausche, einem 793 Meter hohen Kegel, deutlich abgehoben und einprägsam, höchster Gipfel des Zittauer Gebirges. Ein beliebtes Ausflugsziel, schneesichere Lage auf der Nordseite, mit Gasthaus und damals hölzernem Turm mit Rundsicht auf Schneekoppe, doppelgipfeligen Bösig und weit ins Fichtelgebirge. Richters Schwester Gisela schwärmt von den sonntäglichen Aufstiegen, 45 Minuten, es sei mit den naturverbundenen Eltern in die Pilze und Heidelbeeren gegangen. Gerd pflückte Himmelsschlüssel für die Mutter. Die grüne Wanderkarte verzeichnet Orientierungspunkte wie »Lazarus«, »Sorgeteich« über die »Seilerstiege« zum Gipfel. Die Pfade führen nach Süden durch einen kräuterreichen Buchenwald. In der Artenvielfalt des Schutzgebiets herrscht die Weiße Pestwurz vor, Fundorte von Mondraute, Feldenzian oder Zartem Straußgras sind kartiert und in der »Heimatkundlichen Bestandsaufnahme« der DDR nebst Leuchtmoos und Wolligem Reitgras aufgeführt. Auf den steilen Hängen wuchs Männlicher und Dorniger Wurmfarn, Buchenfarn, Eichenfarn, ebenso der seltene Dornige Schildfarn und was Botanisierer sonst noch verlockt. Hirsche und Mufflons lassen sich beobachten, vereinzelt Gämsen. Dafür wimmelt es von Kreuzottern. Die Leute im Ort sagen »unser Gebirg«. Oben, wo die Wege zusammenliefen, seien die Rotbuchen-Wipfel arg zerzaust, im Winter unter dickem Reif zu eigenartigen Skulpturen erstarrt.

Das Haus 345 b gehörte der Landessiedlungsgesellschaft Sachsen, geplant für Mitarbeiter des Reichsluftfahrtministeriums, das weit vom Schuss Fallschirme produzieren ließ. Für die Dörflerinnen fiel reißfeste Ballonseide ab. Gerd sah sie an der Mutter, es reichte auch zu Kleidchen für Schwester Gisi. Die Blöcke waren eine eigene Welt, ausschließlich bewohnt von Frauen und Kindern, die Männer waren im Krieg. Die Fenster hatten viele Augen, keiner von außerhalb ging dort gern durch. Die mehrgeschossigen Gebäude mit 100 Wohnungen wirken wie Fremdkörper in der Umgebung. Die Richters hatten sogar ein Badezimmer. Bad bedeutete Luxus, obwohl der Maler einschränkt, das Wasser habe im Ofen erwärmt werden müssen. Das Klo lag im Stiegenhaus, dennoch war die Siedlung vom Standard her das Beste ihres Weilers, mit Häusern, heute noch ohne Kanalanschluss. Die Miete kostete zwischen 20 und 40 Mark. Richters sahen aus der Küche auf eine Reihe Kastanien.

Verblüffend die unterschiedliche Wahrnehmung ein und derselben Sache. Gerd spürt einen Mangel, während die Nachbarschaft die Richters beneidet und privilegiert wähnt. Sie seien doch die »Erstbezieher der Vier-Raum-Wohnung« gewesen, zudem mit Kammer unterm Dach, für damalige Verhältnisse eine ausgesprochen großzügige Behausung, »ein Prunkstück«. Auf dem Jungen lastete im Arbeiter- und Bauernmilieu trotzdem Beengung und Beklemmung. Die macht ihm in dem Maße zu schaffen, wie er sich die Dresdner Großbürgerlichkeit verklärt.

Gerhard Richter versetzt sich im Kölner Atelier in das Waltersdorf seiner Jugend, hat die Ostsiedlung parat, strichelt beim Stichwort sofort den Grundriss hin. Sie bewohnten Stube, Schlafraum, Küche, Bad, er malt Wanne und Ofen in die Skizze. Sein Kinderzimmer markiert er gelb, mit zwei Betten darin. Unter dem einen versteckte er seine erste Aktzeichnung, prompt von den Eltern entdeckt, die über seine präzisen anatomischen Kenntnisse staunten. 14 könnte er da gewesen sein. Im Flur hing ein »Holländer, ein Original mit Kühen und Weiden, das hat mir sehr imponiert«. Richter rettete bei der Flucht in den Westen eine Schwarz-Weiß-Aufnahme vom Wohnzimmer. Schade, die Wände sind nämlich mit einem »hellen, giftigen

Grün gestrichen«, darüber rollte er eigenhändig ein »knallrotes Blümchenmuster«. Richter hatte sich mit Van Gogh beschäftigt, »ich wollte Feuer in der Wohnung haben«. Die Eltern ertragen es tapfer. Auch das Aquarell »Feldweg in Ramenau« über der Kommode ist von ihm. Horror vacui, das Zimmer überladen mit Krimskrams. Unter plissierten Lampenschirmen Blumensträuße, Kerzenleuchter, Flaschen, Grünpflanzen im Übertopf, Springform, Teeservice mit chinesischem Muster, Jenaer Glastopf, Tischwäsche. Die Geschenke zur Silberhochzeit der Eltern 1956, auf dem Altar der Gemütlichkeit. Jetzt begreift man, warum Richter sein Kölner Atelier bis ins Kleinste zum Gegenentwurf des biederen Waltersdorf machte.

»Moment«, er kramt noch ein Foto der Ostsiedlung hervor, Richter deutet auf die mit dunklem Holz verkleidete Fassade mit der Fahnenhalterung; von den Nazis an Führers Geburtstag, bei den Kommunisten am 1. Mai bestückt. Die Eingangstür mit unterteilter Mattglasscheibe. Links oben im ersten Stock sei ihr Domizil gewesen. Ansässige haben es anders im Gedächtnis und behaupten beim Lokaltermin, es müsse aber rechts oben gewesen sein.

Rechts oder links, das Waldhufendorf lag ganz da hinten. Das Geschichtsbeladene einer Region in ihrer Nähe zum Böhmischen interessierte ihn wenig. Ein Ort wie ein Freiluftmuseum, mit längst erloschener Tradition der Hausweberei. Die eingemeißelten Zunftzeichen an reich verzierten Türstöcken aus heimischem Sandstein sind was für Touristen. Die Leute sind ein besonderer Schlag, mit dem harten Dialekt der Südlausitzer, eigentümlich kehlig, wie mit Kieseln beschwert, in Lautstand und Wortwahl gewöhnungsbedürftig. Der Weiler, die Hauptstraße, der stille Winkel sind die Kulissen seiner Lehrjahre. In der Abgelegenheit von Gemeinden, die merkwürdige Namen wie Kunnersdorf tragen (das nicht mit Obercunnersdorf verwechselt werden darf), kam Richter sich vor wie verirrt, konnte sich unweit des auf 571 Meter kletternden Passes nach Horni Svetla

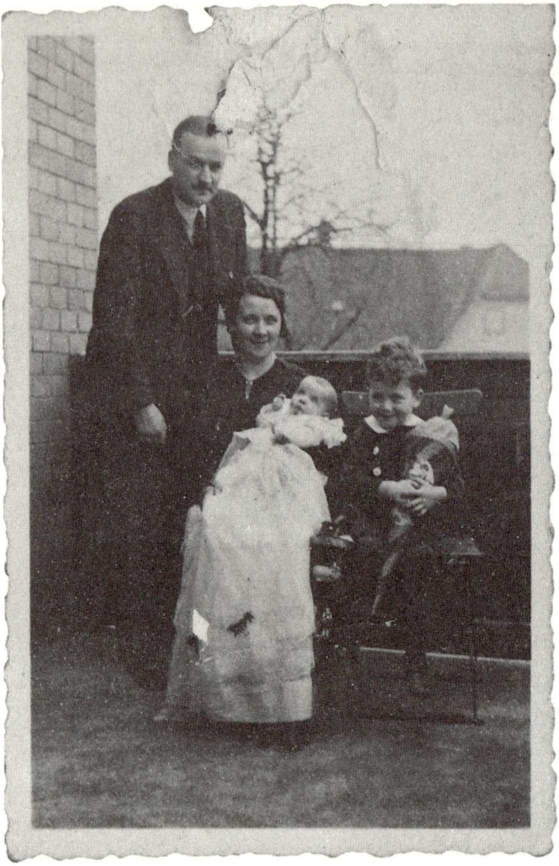

(Oberlichtenwalde) verstoßen fühlen. Für ihn war es nicht nur der Wechsel von Stadt zu Land, sondern von Räumen mit hohen zu Räumen mit niedrigen Decken, von Wohlstand in Ärmlichkeit. Er kapierte die Verbannung nicht.

Gerd Richter wähnt sich auf einer Stufenleiter, ahnt, es gehe jedenfalls nicht aufwärts mit der Familie. In der Not redet er sich die Dresdner Jahre gut, obwohl die erste Wohnung der Familie in der Eisenbahnersiedlung Großenhainer Straße

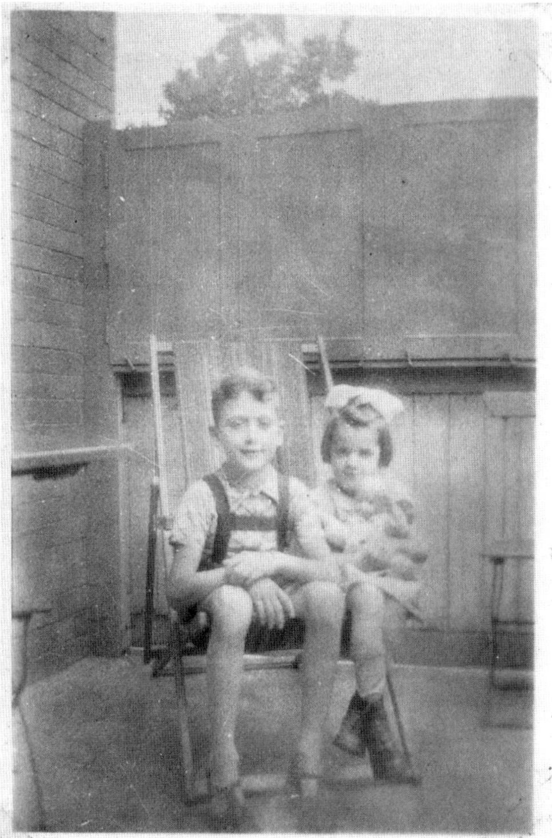

18 b, IV. Etage, ein ziemlich durchschnittlicher Block mit 14 Parteien war. Wohlwollend untere Mittelklasse, ohne jeden romantischen Anstrich jedenfalls, so viel steht fest. Im Erdgeschoss des Eckhauses residiert heute eine Versicherungsagentur, die Trambahnlinie 3, Richtung »Wilder Mann« rumpelt vorbei. Von der »Großenhainer« wechselten die Richters in die Gemeinde Reichenau, im heute polnischen Bogatynia fand sein Vater Horst nach Jahren ohne Job 1936 endlich Anstellung als Lehrer. Es

reichte für eine Etage im Altbau der Adolf-Hitler-Straße 259 mit heimelig-hölzerner Veranda. Sie ist auf von den Jahren sepiafarben getönten Fotos erhalten, mit Mutter Hilde (mit Innenrolle), Schwester Gisi (mit zwei Püppchen) und ihm, Gerdi, (mit Hosenträgern). Ein verschmitzter Kerl, der zu Streichen aufgelegt scheint. Richter rupft die ganze Seite aus dem Album und gibt sie mir mit. Der »in SA-Uniform verkleidete Schuldirektor« legte den Knaben zur Züchtigung übers Knie. Der Maler berichtet genüsslich, den Pauker bei dieser Gelegenheit voll gepinkelt zu haben.

Reichenau. Waltersdorf. Das sind die Namen seiner Entwurzelung, Mal um Mal trennte es ihn weiter vom Landhaus seiner verehrten Großtante Margarethe, kurz Tante Gretl, die vor den Toren Dresdens in Langebrück wohnte. Gleichgesetzt mit besserem Leben, und von Richter als einzige eigene Heimat anerkannt. Ihre Moritzstraße mündet nach Süden in die Heide, mit weitem Auslauf ins Gewann »Saugarten« oder »Ochsenkopf«. Diese »Frau Professor Heger« hat er als prächtige Person im Gedächtnis, »die habe ich geliebt!« »Tante Gretl« war seine großzügige Gönnerin, eine Identifikationsfigur, die ihn umsorgte, zu der guten Fee fühlte er sich hingezogen. Hat die Gretl nicht auch schon Hänsel gerettet? Richter nennt sie »gelassen, erhaben, nicht verwickelt in den ganzen Kram« der Familie. In sich ruhend, zudem attraktiv, mit auffallend hohen Wangenknochen. Sie leistete sich kirschgroße Perlen. Rommé spielte sie auch. Er blieb ihr noch als junger Mann zugetan. Die schönen Tage von Langebrück hatten etwas Befreiendes. Sein Sehnen nach diesem Ruhepunkt wuchs im Quadrat zur Entfernung.

Es muss toll gewesen sein in Richters Garten der Kindheit. Er lässt ihn in unseren Gesprächen immer wieder aufblühen, jung und hurtig unter den Apfelzweigen wie er damals war. Auch Tante Marianne verzehrte sich nach diesem verklärten Hort von Geborgenheit und Wohlbefinden. 1942 gibt die Schizophrene in der Arnsdorfer Psychiatrie dem Arzt flehend ihr

Innerstes preis: »Ich gehöre nach Langebrück an einen Ort, wo es Frieden ist. Hier ist Krieg!« Verglichen mit Professor Hegers neo-klassizistischem Landhaus musste Gerd Richter Waltersdorf jedes Mal ärmlicher vorkommen, ein schwer zu ertragender Niedergang, eine Kränkung, die an ihm nagt. Die Ostsiedlung war das Unbehütete, ja Unbehauste, lässt Richter von »abgestürztem Bürgertum« reden. Das Urteil mag auch damit zusammenhängen, dass es in der Verwandtschaft angeblich einen »reichen Brauereizweig« gegeben haben soll. All das verstärkte die Überlebensreflexe des Knaben, der ein Maler werden wird.

Richter wollte raus. Raus aus diesem Leben auf Abbruch, das er stets mit der klimatisch rauen Lausitz verband. Dort machen die Fallwinde vom Böhmischen herunter das Atmen schwer, »zerschneiden einem das Gesicht«. Die Häuser eng und wie geduckt unter den Böen. Der Sturm braust beharrlich durch die Gassen, als wohne er dort. Kein Klima für Kreislaufschwache. Die Richters sagen »Winddorf«, meinten Waltersdorf. Erst die Besuche der vom Sozialismus ziemlich zerschlissenen Adresse lassen mich die gewaltige Anstrengung Gerhard Richters erahnen, mit der er zum überragenden Künstler reift und wächst. Stets beherrschte ihn ein Außenseitergefühl, »ich gehörte da nicht dazu. Meine einzige Existenzmöglichkeit war, etwas anderes sein zu wollen!« Auf langer Flucht vor der Dürftigkeit nimmt er sein Leben in die Hand, weniger aus jugendlichem Optimismus denn aus Verzweiflung. Auf verschlungenen Wegen legt Richter eine sagenhafte Distanz zurück, bis er endlich um 1982 den künstlerischen Durchbruch schafft. Es wurde ihm nicht an der Wiege gesungen, hieße es in einem Bildungsroman. Heute in sämtlichen Kunsttempeln begehrt, deren Exklusivität schwerlich mit seinem Waltersdorf in Übereinstimmung zu bringen ist. Mit siebzig steht Gerhard Richter im Zenit, hofiert und bestrahlt von einem Erfolg, wie er nur wenigen vergönnt ist. Am Ende reich wie ein Zauberer. Jetzt erst kann er davon reden.

Kein Mensch weiß mehr, warum es die Familie ausgerechnet nach Waltersdorf verschlug, Richter schon gar nicht. Der Vater ist seit 1939 bei den Soldaten. Als Treibgut des Krieges angeschwemmt, landet oder strandet die Mutter mit den zwei Kindern in der Ostsiedlung. Vorher muss sie aus Geld- und Platzgründen ihr Klavier verkaufen, eine kleine Katastrophe. Auf dem Instrument klimperte die Mama ihrem Sohn gern Schlagerfetzen vor, trällerte: »Komm in meine Liebeslaube, in mein Paradies / Denn im meiner Liebeslaube träumt es sich so süß«, ein Gassenhauer aus Hoschnas Operette »Madame Sherry«. Auch mit Paul Linkes einschmeichelndem Ohrwurm »Heimlich still und leise kommt die Liebe, wie ein kecker Dieb in dunkler Nacht ...«, entzückte sie ihn. Gerhard Richter holt jetzt den fernen Klang ins Atelier, zitiert Liedertexte aus dem Kopf, singt die Melodie mit rührend kleiner Stimme. Der zehnjährige Sohn Moritz schaut zwischenzeitlich wegen eines unaufschiebbaren Baumhütten-Problems herein. Ihm vererbte der Vater seinen glühenden Blick. Richter kann die Umgebung unglaublich kritisch mustern.

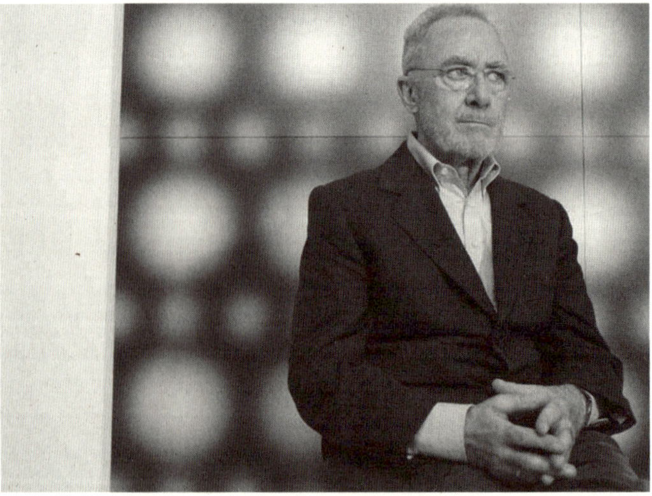

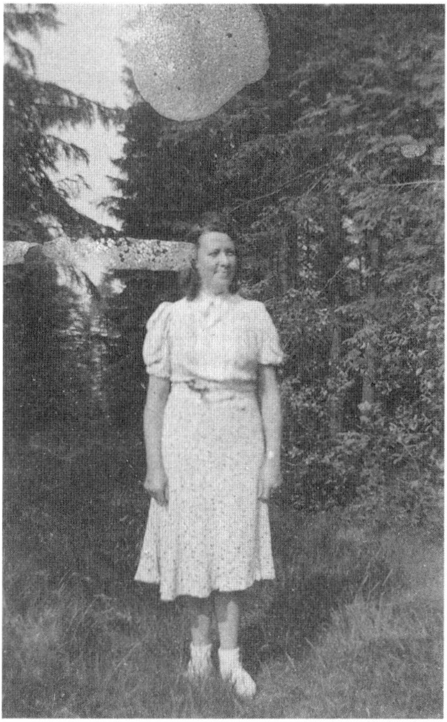

Mutter Hildegard Richter war nicht zu übersehen, mit ihrer Vorliebe für bizarre Hüte. Ihre zum Turban geschlungenen Tücher wirkten in Dresden aufregend genug. In Waltersdorf waren sie sensationell. Die gelernte Buchhändlerin legte eine Eleganz an den Tag, die nicht ortsüblich war, behielt das Städtisch-Mondäne bei, fein zurechtgemacht, solange es ging. Gerd fotografiert die im knielangen Kleidchen steckende Mama mit seiner ersten »Box«. Gesmoktes Oberteil, bloße Arme, Rüschchen und weiße Söckchen betonen, was ihre Bemühung verstecken wollte: Sie ist für diese Mädchenmode zu alt. Obwohl die Richters selbst auf keinen grünen Zweig kamen, gab sie sich generös, beschenkte andere Kinder mit Gerds abgelegten Kleidern, eine Form von Kontaktsuche der schönen Fremden.

Die Großstädterin suchte die Nähe der Dörfler, die dachten, sie sei etwas Besseres und etwas mysteriös. Doch was suchte die Dresdnerin hier, welcher Sturm hatte sie bis an den Rand verweht? Der Sohn erfuhr es nie von ihr. Der Reichenauer Souvenirhändler, Herr M., kam wie so manche Bekanntschaft öfter vorbei, dick und gemütlich sei der gewesen, machte ihr Geschenke. Dass Frau Richter die Teile »verkloppte« oder gegen Esswaren tauschte, wissen alle. Sie waren oft klamm. Direkt wird ihnen kein böses Wort nachgesagt. »Sie hatten mit niemand Krach.« Gerd Richter schnitt nach dem Krieg in der Schreinerei Mitschke Birkenholzscheiben zurecht, bemalte sie mit dem Lausche-Gipfel, im Vordergrund eine Tanne, »Gruß aus Waltersdorf« stand darunter, vom Andenkenladen Guhlich in größeren Stückzahlen verkauft. Preis je nach Größe 2 bis 4 Mark. Sein erstes Geld als Maler, dringend nötige Beiträge zum Unterhalt der Familie. Irgendwo verstauben in Nippesvitrinen diese unverbrüchlichen Richters, die Jagd nach den Souvenirs kann beginnen.

1943 kam die Hilde vom Bahnhof Großschönau angefahren, redete unterwegs wie ein Wasserfall, unterhielt den ganzen Bus, berichtet eine Mitreisende, die den ersten Auftritt erlebte. Die Begleiter fanden das »übergeschnappt«. Deshalb galt sie von Anfang an als »Uffgedrehte«, exaltiert. Waltersdorf ist eine kleine, in sich ruhende Gemeinschaft. Hier kennt jeder jeden, überschaubar und transparent genug, jedes Geheimnis durchsickern zu lassen. Selbst solche, die zurückreichen ins Jahr 1943. Die Anlieger registrierten genau, wie viele »höhere Ränge« bei Frau Richter ein und aus gegangen seien. Sie konnte »eine Leichte« sein, sagen sie, lustig und lebenslustig, gemeint ist: zu lebenslustig. Damit ist ihr Temperament jedoch ungenau beschrieben. Es stimmt, Hildegard war locker, ziemlich vergnügungssüchtig, mit Bekanntschaften nicht unbedingt wählerisch.

Dennoch, sie war feinsinnig, musisch, patent. Fluchen konnte sie ordinär. Kam Herrenbesuch, spielten Gerd und Gisela eine Tür weiter bei Nachbarin Kneschke. Gerds Tischfeuerwerk fackelte zu Silvester 43/44 bei ihr die Gardinen ab, Frau Richter ersetzte sie durch ein damastenes Tafeltuch. Frau Kneschke besitzt es noch. Sie sah auch die Besatzer ins Haus kommen.

Sofort 1939 musste Vater Horst Richter zur Wehrmacht. Sieben Jahre danach steht er draußen vor der Tür, kommt aus amerikanischer Gefangenschaft. »Zum Vater hatte ich keine Beziehung. Er kam aus dem Krieg, ein völlig Fremder für mich«, erzählt der Sohn distanziert. Vorher vermisste er seine Zuneigung, jetzt kam sie zu spät, er brauchte niemanden mehr, der ihm die Hand auf die Schulter legt. Richter holt einen Brief, von ihm an den »Obergefreiten Horst Richter« nach »Lgpa Brüssel« geschickt, Feldpostnummer L 55844, mit Waltersdorfer Stempel vom 22. Mai 1944, auf den letzten Drücker, er müsste in zwei Tagen ankommen: »Mein lieber Pappi! Zuerst meine herzlichste Gratulation zu Deinem Geburtstag. Ich wünsche Dir alles Gute und vor allem, dass Du gesund zu uns zurückkehrst. Heute ist Muttertag.« Der Brief endet mit »Für heute ists genug. Dein dich liebender Sohn Gerd und Gisi«. Vater Horst bewahrte die zwei Seiten auf, schrieb darunter, sie seien gekommen, als er in Frankreich war, »8 Tage später begann die Atlantik-Invasion von Cherbourg aus und im August '44 unser Rückzug«.

Gerds artige und durchaus zärtliche Worte würden nicht vermuten lassen, wie sehr er am Vater litt. Der Sohn lehnte ihn so heftig ab, wie Pubertierende es können – der Unbekannte in seiner Biografie, der Eindringling, der ihm die Mama streitig machte. Sie verstanden sich einfach nicht, konnten, warum auch immer, nie zu einer Vertrautheit finden. Mit der Mutter zurechtzukommen, hatte er gelernt. In der »Zone« hatte der Vater wegen einfacher NSDAP-Mitgliedschaft keine Chance auf Rückkehr in den Schuldienst. Nie mehr bekam er eine seiner Bildung entsprechende Beschäftigung. Den Waltersdorfern erschien er einsilbig, depressiv. Man fühlte mit ihm. Niemand kam dahinter, was ihn zerrüttet hatte. Ein armer Teufel, aus der Bahn geworfen, in der Wahrnehmung von Gerds Kameraden ein ausgesprochen trauriger Zeitgenosse. Im Oktober 1949 füllt sein Papa eine »Personenstandsaufnahme« aus, der Mathe-Lehrer trägt in das Feld für »Gegenwärtiger Beruf« »Rentenempfänger« ein. Er ist 42. Den Sohn Gerd meldet er »arbeitslos«. Der ist 17.

Der Schüler Horst galt als Intelligenzbestie, durfte leicht zwei Klassen überspringen. Seine Kinder hörten es oft genug. Jetzt war sein Antrieb zerstört, er litt zusätzlich darunter, dass der von der Mutter aufgestachelte Gerd ganz in ihrem Sinne seinen Namen mit Schwächling gleichsetzte. Laut Richters Biograf Dietmar Elger versuchte sie, das Kind gegen ihren Mann auszuspielen, stellte ihn als »unfähige, kulturell ungebildete und unmusikalische Person« bloß. Beim Sohn machte sie die Schwiegereltern schlecht. Wie um ihren enttäuschenden Horst zu bestrafen, verhätschelte sie ihn, habe sehr auf Gerd geschaut, überhaupt viel von ihm gehalten. »Sie hat alles in ihn gesteckt«, berichten die Leute. Es war ihre Art, sich von den Schuldgefühlen wegen Waltersdorf loszukaufen. Genie gehörte durchaus zu den Karrieren, die sie sich für Gerhard erträumte, in der DDR einfach »Gerd«.

Dem Buben, mit der scharfen Beobachtungsgabe des künftigen Malers, blieb wenig von dem verborgen, was an Grundsätzlichem zwischen Vater und Mutter stand. Ein fragiler Familienfrieden, hinter geschlossenen Übergardinen gingen die Zwiste weit über die kriegsbedingten Verwerfungen hinaus, ließen auf Unheilbares zwischen ihnen schließen. Ihr Zuhause war eng und hellhörig, zeitweise quartierte man Umsiedler bei ihnen ein. Gerhard ging seine eigenen Wege, hielt sich instinktiv fern, trieb sich draußen herum auf der Flucht in die absolute Freiheit der Imagination. Nicht allein wegen der deutsch-deutschen Grenze kam er später von »drüben« nur noch für eine einzige kurze Stippvisite nach Waltersdorf, das auf ihn sofort wieder deprimierend wirkte. Richter mochte auch im Abstand nichts mehr an sich heranlassen von dem, was der bürgerliche Putz notdürftig verbarg. Nachbarn berichten, wie sehr die Eltern, insbesondere seine von ihm überzeugte Mutter, die ganze Zeit vergebens auf den Besuch des nach Düsseldorf »rübergemachten« Sohnes wartete. Für den Abtrünnigen war der Weggang weniger eine Trennung denn eine Befreiung.

Horst dagegen schafft als Gelegenheitsarbeiter, macht den »Markscheider« bei der Wismuth, die seine trigonometrischen Kenntnisse gebrauchen kann. Er findet als »Hiwi« der Mechanischen Weberei Riedel sein Fortkommen, Tischdecken- und Vorhangproduzent für die Mitropa unter dem Namen VEB Damino. Wohl auch bei »Frotana« kam er unter, die in der VEB Frottier- und Taschentuchweberei Großschönau aufging. An »unendlich lauten Maschinen« habe er bei Nachtschichten gestanden, berichtet der Sohn. Sein Vater wird beschrieben als »sehr belesen, vergraben in seine Bücher«. In den 60er Jahren führt er die von schwerer Krankheit gezeichnete Hilde an der Hand durchs Dorf, verhärmt, vorsichtigen Schritts, ein Pflegefall, das blieb im Gedächtnis. Sie verfällt zusehends, Horst muss sie waschen, füttern, anziehen, wollte partout nicht, dass sie ins Krankenhaus kam. Seine sorgende Ausdauer mischt sich mit dem kleinen Triumph, dass sie jetzt die Rollen vertauschten. Er ist am Ende doch der Stärkere, von ihm versorgt mit der Genugtuung, sie werde ihm nun nicht mehr davonlaufen. Obwohl er im »HO« klagte, er müsse alles machen, wachte er eifersüchtig darüber, dass ihr die hilfsbereiten Nachbarinnen nicht zu nahe kamen. Er habe sie »gut gehalten«, sauber frisieren lassen bei einem Freund von Gerd. Kurt Brückelt nahm für die Kaltwelle 20 Ostmark. Sie kam häufig zum Schönmachen und immer zum Ausheulen.

In der grandiosen Kartografie »Atlas«, Gerhard Richters über viele Jahre zusammengetragenem Panorama des Lebens in Malvorlagen, Skizzen und Collagen, versteckt sich ein Foto Hildegards aus dieser späten Phase. Der Sohn blättert in dem Buch, zeigt mir ihr Bild mit dem zerfurchten Gesicht, »da war sie schon sehr krank«. Eine schwer geprüfte Frau, die hübsche, dunkle, kontaktfreudige Hilde ist nicht mehr wiederzuerkennen.

Am Anfang ihrer Liebe galt: Gegensätze ziehen sich an. Hilde hatte Ansprüche, wollte sich in der Kultur bewegen, Kultur pflegen. In Dresden heiratete die Ambitionierte einen Studienassessor. Mathematiker sind Kopfmenschen, nüchtern. Nach dem Krieg bekam sie einen Hilfsvermesser zurück, der es nie schaffte, ihr den gewünschten Rahmen zu bieten, Perspektive, Status. Mit ihren 38 saß sie stattdessen in Waltersdorf, eine verkrachte Existenz an der Seite, verurteilt zu einer freudlosen Gegenwart, ohne Aussicht auf Änderung, auf Solidität, auf Rückkehr in die Großstadt.

AUSREISSVERSUCHE

Als wäre es gestern gewesen. Die auf wenige Zeugen reduzierte Dorf-Clique, zwischen 70 und 80 Jahre sind sie alt, kennt die Anfänge von Gerhard Richters Malerei. Die Freude von Georgine Haeder, Kurt Brückelt, Fredi Hofmann und Dieter Wenzel über diesen fernen Bekannten, den vertrauten Unbekannten, kommt gerade heraus. Lausitzer neigen nicht zu Verklärung und Nostalgie. Die mündliche Überlieferung gilt ihnen mindestens so viel wie die gedruckte. Richter zu kennen ist ihnen einfach eine Ehre. Unverstellt schwelgen sie in Anekdoten. Ein Waltersdorfer ist auserkoren, sie sind im Stolz vereint, mag er ihnen auch abhanden gekommen sein. Sehen sie Richter im Fernsehen, was jetzt öfter vorkommt, versuchen sie den Grauschopf in Übereinstimmung zu bringen mit dem jungen Hüpfer von einst. Jede Nachricht ist im sonntäglichen »Männer-Saunaklub e.V.« eine Erörterung wert. Beneidenswert, immerhin waren sie die Ersten, die den Künstler in spe erlebten, die ihn hantieren sahen wie einen, der nichts zu verlieren, sondern nur zu gewinnen hat. Der Lauf der Zeit, der Gang der Dinge verwässerte ihnen nichts davon. Die Lokalpatrioten nehmen ihn als bedeutendes Ereignis in ihre Heimatkunde auf. Es wird nicht mehr lange dauern, dann wird ein Schild die Siedlung schmücken: »Hier lebte Gerhard Richter, der Knabe, der Maler werden wird.«

Die Waltersdorfer Stilproben sind Ausreißversuche eines Fliehenden. Hinter den sieben Bergen, im Landstrich seiner unerlösten Träume, versichert sich Gerd in Fingerübungen seines Ich. Richter dünkte sich von etwas gefangen, das er unbedingt abstreifen wollte, bevor es ihn lähmen konnte: der Herkunft. Deshalb musste er gehen. Das Erstaunliche daran ist, dass er statt des Provisoriums Waltersdorf eine noch größere Ungewissheit wählt, die Ungewissheit einer freien Maler-Existenz. Richter geht nicht den Weg des geringsten, sondern des größten Widerstandes, liefert sich dem Urteil anderer aus. Mochten sie ihn für einen Illusionisten halten, er behielt Recht. Es war die Entscheidung aus einem zwiespältigen Lebensgefühl heraus, er konnte wahrlich nicht absehen, dass es später die internationale »Marke Richter« geben würde.

Doch ist es gerade die Enge, die seine Fantasie aufblühen lässt. Zwischen ehrgeiziger Mutter und deklassiertem Vater erhebt sich der Sohn in kreativer Resistenz über die Umstände. Reibungsenergie wird in ihm freigesetzt, die ihn später zum »Picasso des 21. Jahrhunderts« (The Guardian) macht, Träger jeder erdenklichen Anerkennung, gewürdigt auf Titelbildern namhafter Magazine und gewürdigt mit grandiosen Ausstellungen von USA bis Japan.

Die braven Leute von Waltersdorf beschwören, bei

ihnen »im Gebirg«, das seien die prägenden Jahre gewesen. Es musste wohl eine Kleinwelt sein, die seine Sinne schärfte und ihn stählte. Wie gesagt 2200 Einwohner, zwölf Kneipen, außer der »Stadt Wien« der »Weiße Hirsch«, der »Lindengarten«, das Gasthaus zur »Neuen Sorge« und insbesondere das größte Haus am Platz, »Nieder Kretscham«. Dort und in der Turnhalle liefen zwei Mal die Woche Defa-Filme. Richter ging nie hin. Das Dorf hatte 1945 sechs Bäckereien, davon arbeiteten drei, von den vier eingesessenen Metzgereien zwei. Alle Vorräte waren laut Befehl der Ortskommandantur Großschönau zu melden. An die Gemeinde waren zur Selbstversorgung abzuliefern: »779 Doppelzentner Mehl, 2780 Doppelzentner Kartoffeln, elf Doppelzentner Gerste«.

Im ziemlich öden Nachkriegsalltag fiel Gerds Anstrengung auf, anders sein zu wollen: Wie der Bursche sich kleidete. Wie er ging. Wie er sich gab. Was er alles anfing und rasch wieder hinwarf, wie ein Versager. Das Unstete trug in diesem Sozialgefüge Züge der Auflehnung. Die Schwäche des Vaters beschleunigte Richters Entwicklung, die Suche nach einer Alternative, undenkbar ohne Spannungen und Konflikte. Durch das, was er sich buchstäblich ausmalte, erprobte Gerd sein Selbst, mochten ihn die anderen für einen Müßiggänger halten. Begabt zum Visionären, kompensierte er den Mangel, indem er sich zunächst rein äußerlich krass unterschied. Die Kostümierung verbarg nur seinen ungeheuren Willen. Alles ist den Verhältnissen abgetrotzt.

REIFEPRÜFUNG

Waltersdorfs fleißiger Chronist Dieter Wenzel gräbt eine herrliche Rarität aus, versehen mit dem Datum »1948/49«, ferner der Angabe »Geschwister-Scholl-Lehrlingswohnheim«; »Original 5,5 x 7 cm« setzt er hinzu. Das bräunliche Foto trägt die Signatur der schlechten Zeit, Wenzel gibt es ungern aus der Hand: Der bald 17-jährige Richter unter sichtlich aufgeräumten Freunden am Silvesterabend. Die gut gemischte Gruppe stelle ich mir lärmend und lachend unter den Girlanden und Lampions vor. Junge Menschen, angestrengt um Frohsinn bemüht. Gerd ist der Flügelmann in der ersten Reihe, Schulter an Schulter mit dem Kollegen, fabelhaft gut angezogen. Sein Nadelstreifenanzug mit breitem Revers entspricht mit jedem Stich dem im »Kostümkunde«-Lexikon des VEB Fachbuchverlags Leipzig unter »Neubeginn« verzeichneten Trend »vorwiegend modebewusster Männer«. Richter ist der mit den längsten Haaren, der mit dem verwöhnten Jungengesicht. Er raucht Tabakspfeife, damit er weiß, wohin mit der Rechten. Gerd will dazugehören und doch nicht. In seiner Miene steht deutlich die Frage: Wer bin ich? Wie komme ich bloß hierher? Ich, der arme Teufel aus der Oberlausitz. Die Dörfler amüsieren sich, es zeige Gerd in Künstlerpose. Ihnen konnte er viel erzählen. Er werde Arzt, Zahntechniker, Förster. Mit der Mutter wurde er vorstellig beim zuständigen Amt, doch es hieß, erst müsse er Waldarbeiter werden, dafür sei er zu schmächtig. Bei allem Zweifel der Reifezeit war immer klar, keinesfalls mache er auf Schullehrer wie sein um die Laufbahn betrogener Vater. Dann entschied er sich

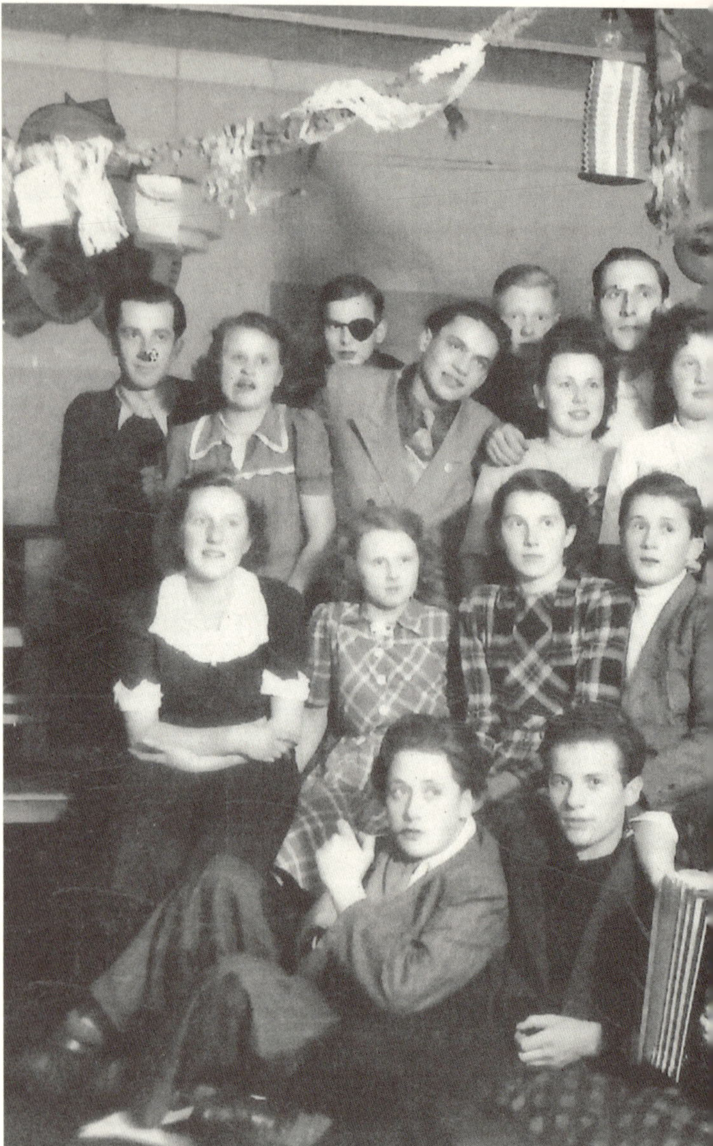

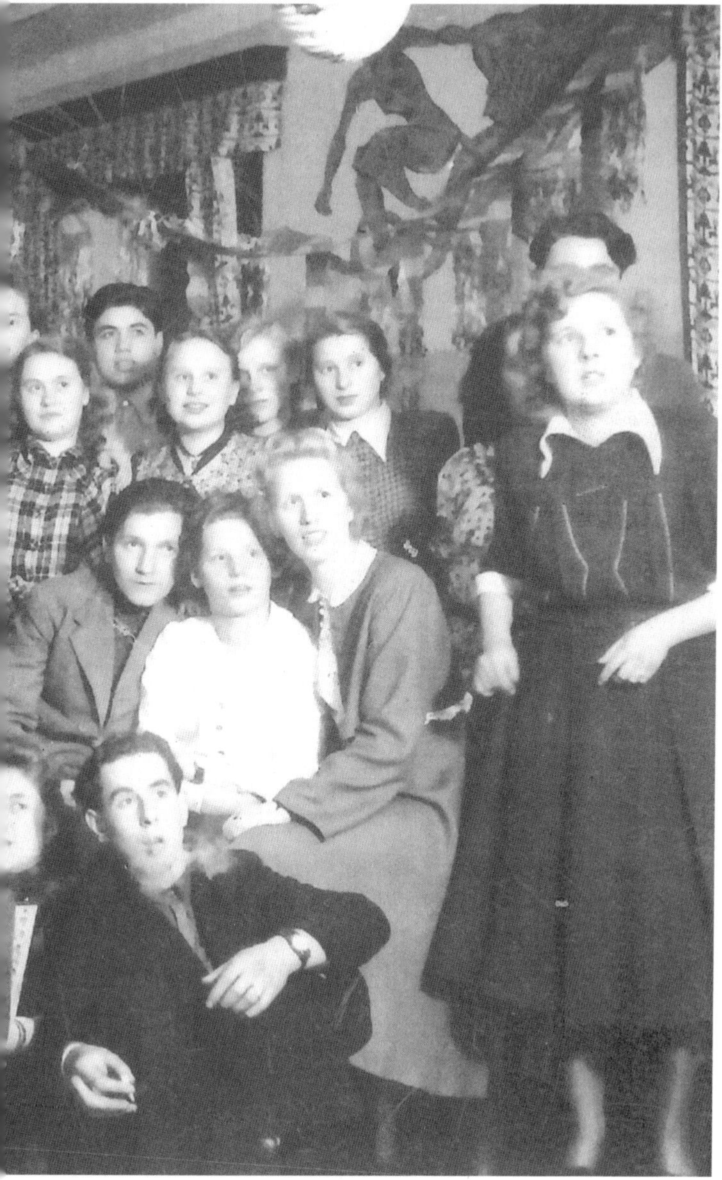

für das Malen. Sein Papa trug insgeheim Zeichnungen zum Friseursalon Brückelt, wollte Meinungen über das Talent des Sohnes einholen, hielt selbst nicht viel von der Begabung. Im Nachhinein gewinnt alles Bedeutung, die Aura des Ungewöhnlichen könnte schon das Vorzeichen späteren Ruhms gewesen sein. In Wahrheit dachte das ganze Dorf, ulkig, der Gerd, ein Traumtänzer, was aber auch schon einen dauerhaften Eindruck hinterlassen kann. Und dann dieser Erfolg.

Georgine Haeder sitzt 1946 mit Richter den Konfirmationsunterricht ab. Am 14. April steigt das große Ereignis vor dem Barockaltar der Dorfkirche. Die Predigt hält nach ihrer stets minutiösen Darstellung Pfarrer Thieme, ein zwei Meter großer Kriegsheimkehrer. Richters Spruch, Johannes 5,4, auf einer Doppelkarte, die Vorderseite bedruckt mit Dürers betenden Händen, »zur Erinnerung« überreicht: »Denn ein Engel fuhr herab zu seiner Zeit in den Teich, und bewegte das Wasser. Welcher nun der Erste, nachdem das Wasser bewegt war, hinein stieg, der ward gesund, mit welcher Seuche er behaftet war.« Eine Verheißung der Hoffnung, die sich an Richter erfüllt. Wer erwählt ist, für den wird gesorgt!

Vom sagenhaften Aufstieg des wahlweise für wild, verrückt, jedenfalls für ziemlich schräg gehaltenen Richter erfuhren seine Kumpel erst nach der Wende: Neuigkeit vom »Gerd«, der seine Staffelei im kühlen Grunde aufbaute, sich an Ansichten vom Weberberg schulte und gern allein blieb. Skizzierend verschmolz ihm die Landschaft, die er nach Motiven absuchte, mit der Zukunft, die er ganz woanders finden wird. Anderntags sahen sie Richter auf der Wiese hinter der den Mittelpunkt bildenden Kirche mit achteckigem Glockengeschoss, Klappsitz und Block unterm Arm. Mit den Gerätschaften bequemt er sich querfeldein zum Hauser-Berg. Konzentriert auf die ursprüngliche Natur, gibt er sich in der Einsamkeit dem Zeichnen hin, setzt beziehungsreich »Mondlandschaft« darunter. In Katalogen mit »Landscape in Moonlight« übersetzt, wird

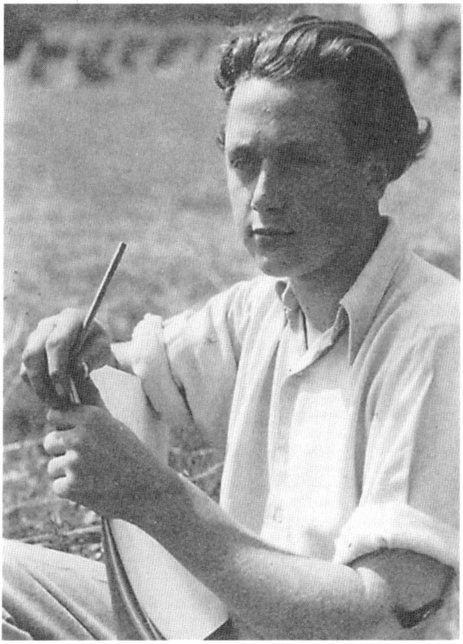

das Bodenständige exotisch. Beim »Jugendtanz« im Haus Kretscham entsteht das gleichnamige Aquarell, verschmolzene Paare, wolkige Tupfer, eine sehr gefühlige Ansicht. Süßer »Pfeffi«, Pfefferminzlikör, war bei den Mädels in Mode. Richter treibt es eher zum Farbkasten, obwohl er behauptet, wegen fehlender Größe sei er bei der Damenwahl oft sitzen geblieben. Sein bester Spezi Kurti Jungmichel, Uhrmachergeselle und Fotograf, durfte ihn bei den Erkundungen mit der Spiegelreflexkamera ablichten, diesen Feschen mit der Künstlertolle, der dringend einen Faconschnitt bräuchte. Unmöglich ihn zu ignorieren.

»1951« ist ein großartiges Richter-Foto aus seiner dörflichen Ära datiert, Pinsel in der Hand porträtiert Gerd sich nach dem Spiegel, der rechts von ihm an der Wand hängt, die Linke steckt lässig in der Tasche. Wiederum Jungmichel fing mit der Kamera auch dieses überdeutliche Signal des Aufbruchs ein:

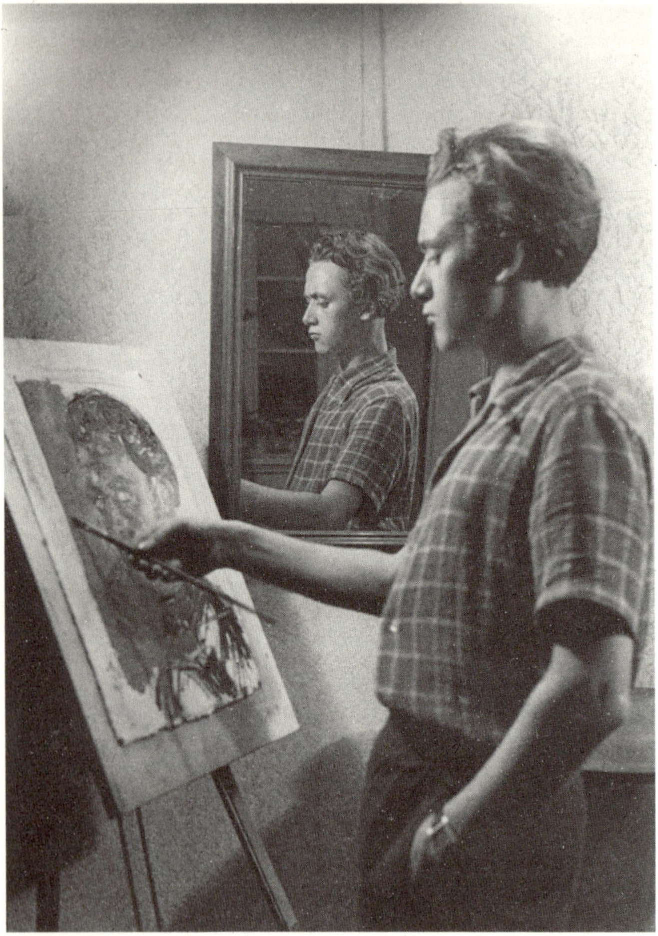

Der 19-Jährige und sein Double in heiligem Ernst, Richter keineswegs erstaunt über das verdoppelte Ich, er wollte sich zeigen, strebte nach Anerkennung, die ihn möglichst schnell fortbringen würde.

Zu Hause lagen überall Zeichenutensilien herum, berichtet die Schwester Gisela in ihrer Wohnung bei Leipzig mit

Befriedigung. 1950 hatte er die sechs Jahre Jüngere porträtiert, das Bild der damals 14-Jährigen schmückte den Flur in der Ostsiedlung. Leider sei es verschollen, dem großen Bruder ist überhaupt entfallen, dass er es je malte.

Gerd versuchte es zuerst am Zittauer Gymnasium. Sein Nebensitzer Rudolf Brendler charakterisiert ihn als »zurückhaltend. Ein durchschnittlicher Schüler«. Sogar beim Zeichnen haut es nicht hin, Gerd muss runter in die Höhere Handelsschule. Die wird wegen des Kriegs bald aufgelöst, deshalb Wechsel nach Großschönau an die heutige Pestalozzi-Mittelschule, getrennte Eingänge für Mädchen (links) und Knaben (rechts) sind zu beachten. »Am wenigsten« interessierten ihn die wirtschaftlichen Zusammenhänge, um die es hauptsächlich ging, er hielt laut Brendler trotzdem »tapfer durch«. Richter lernt Maschineschreiben und Steno, kringelt mir zum Beweis Kurzschrift-Häkchen aufs Papier: »Das muss Richter heißen!« Er lacht. Unter Freunden galt er als »umtriebig«, einer, »der hoch hinauswollte«, ein irgendwie schon erleuchteter Jungspund nach allgemeiner Überzeugung: »Wir waren die vom Dorf, die Richters waren die anderen!«

So sieht es Georgine Haeder, die sich einen Sinn für Einzelheiten bewahrte. An Richters Schlaghosen, Popeline mit Zellwolle, erkannte sie: »Die waren nicht aus Waltersdorf, nicht mal aus Großschönau, die mussten für ihn genäht worden sein.« Triumphierend zaubert die heute 72 Jahre alte Schneiderin der Konfektionsnäherei Richard Lange, »Spezialität Watte-Jacken für die Russen, später Ost-Jeans«, ein weiteres Konterfei vom jungenhaften Gerd herbei: Er hockt auf einem Holzzaun, spillerig, er war nicht viel, das wird schon noch, die Linke in die Hüfte gestemmt, eine Locke fällt ihm in die Stirn. Hinter ihm sei das Anwesen des früheren Verlobten seiner Schwester zu sehen. Richter kennt die Aufnahme und bestätigt, das exklusive Beinkleid samt Jackett sei in Zittau von einem taubstummen Schneider gefertigt worden, bei dem die Mama arbeiten ließ.

In der Kulturmetropole Dresden liegen, ganz klar, seine Wurzeln. In Waltersdorf jedoch entdeckt sich Gerhard Richter selbst. Die Provinz wies ihm den Weg. Mit Herzklopfen unterbreitet er, 1949 muss es gewesen sein, dem Kunstmaler Hans Lillig erste Werke, die dieses Prädikat verdienten. Sozusagen schon von Kollege zu Kollege, eine Stunde mit allen Merkmalen der Reifeprüfung. Richter kann es kaum erwarten. Der Zittauer Lillig schmückte die Grundschule mit Fresken zum »Kreislauf der Jahreszeiten« aus. Gerd durfte ihm über die Schulter schauen. Den »Frühling« symbolisierte er mit einer Dorfansicht. Der »Sommer« folgt in Zimmer 2, Ernteszenen schildern den »Herbst« mit Kaseinfarben auf 3. Im Zimmer 4 herrscht tiefer Winter, im Vordergrund ein holzbepackter Schlitten. Sein fünftes Motiv ist das »Freiligrath«-Zimmer, gewidmet dem »Lob der Arbeit«, Buchstabe für Buchstabe an die Wand gepinselt. Jeder echte Waltersdorfer kann den achtzeiligen Kreuzreim deshalb noch aufsagen: »Wer den wucht'gen Hammer schwingt; / Wer im Felde mäht die Ähren; / Wer ins Mark der Erde dringt, / Weib und Kinder zu ernähren ...«

Diese Arbeit beeindruckt den jungen Richter mächtig, löst jedenfalls den heftigen Impuls aus, später an der Dresdner Kunstakademie bei den Wandmalern mitzumachen. Lilligs Skizzen sind im Mühlen- und Heimatmuseum Waltersdorf in einem Bauernschrank verkramt. Bis sie gefunden sind, studiere ich im Foyer des Fachwerkhauses ein Gemälde vom letzten Luchs der Gegend, 1703 vom Förster Michael Kemmel im Zittauer Ratswald geschossen. Edel genug, ihn für das Wappentier der Gegend zu halten. Auf der Lausche wird er ganz selten wieder gesichtet.

Es schmeichelte Gerd, von Hans Lillig eingeladen zu werden. Die Begegnung mit der Respektsperson spielt in einem Zittauer Schrebergarten und endet für Richter mit einer herben Enttäuschung. Er erwartete, Lillig würde in ein Buch über, sagen wir, »Rembrandt und seine Zeichnungen« vertieft sein. Doch

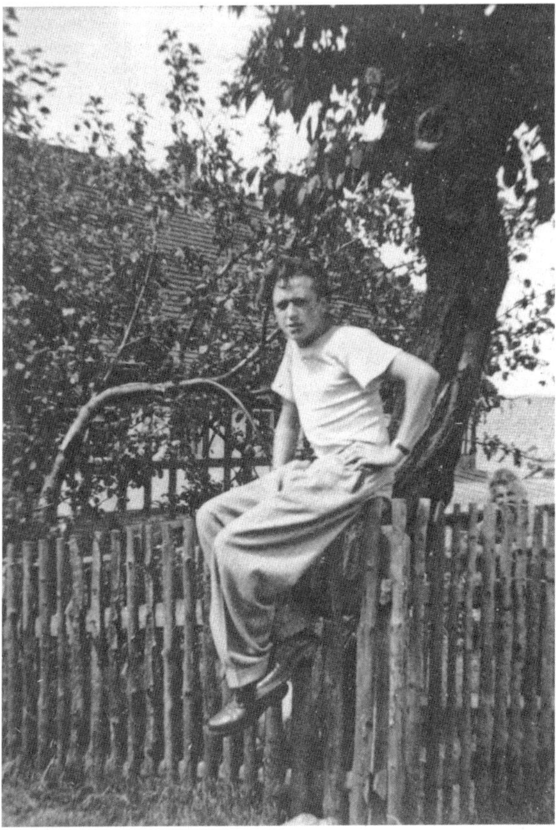

der schmökert in irgendeinem »Abenteuerschinken über Afrika«. Zudem hat sein Idol die Idee, ihm seinen Namen ausreden zu wollen. Richter sei für einen Künstler doch recht ungeeignet. Er schlägt die an Originalität nicht zu überbietende Alternative »Gerd Waltersdorf« vor, eine Beleidigung für sein Ohr. Da war's vorbei.

Womöglich begutachtete dieser Lillig noch Richters in expressionistischer Manier gehaltenes »Selbstporträt« von 1949. Aquarell auf Papier. Ein kühnes Kokettieren mit den

Möglichkeiten. Es ist um das rechte Auge zentriert, ein Auge, das die Welt starr und kritisch mustert und durchschauen will. Die linke Hälfte des Gesichts liegt total im Dunklen. Licht und

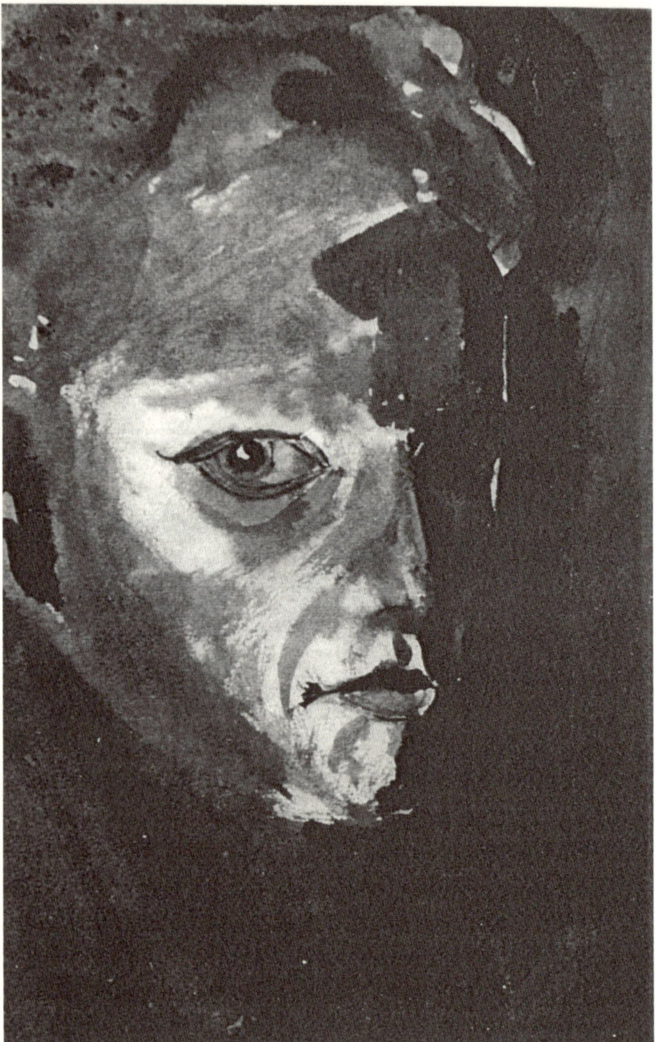

Schatten, seht her, das bin ich, zerrissen von Gefühlen. Gerhard Richter weiß nicht, wo das Bild blieb, »ich habe keine Ahnung«.

An der Kunstakademie Dresden sind inzwischen die gröbsten Zerstörungen beseitigt, vierzig Ateliers notdürftig geflickt. Die »Trümmerstudenten« hatten 700 Quadratmeter lichtdurchlässige Pappe, 700 Quadratmeter Zementfaserplatten, 600 Quadratmeter Kupferbleche, 800 Meter Eisenstützen, 20 Zentner Kitte, 10 Kilo Nägel, 30 Zentner Teermasse, 180 Quadratmeter Kunstglas und 150 Quadratmeter Tafelglas verbaut. Auf dem Dach fand bald wieder Aktzeichnen statt. Gerd Richter nimmt in Waltersdorf am »Zeichenzirkel« um Achim Liebscher teil. Der spätere Diplom-Bildhauer fungierte außerdem als Leiter der Laienspielgruppe. Vor dem ländlichen Beau war kein Rock sicher, auch nicht Hildegard Richter. Ihr Sohn stellte als Kulissenmaler sein Talent unter Beweis. Im Goethe-Jahr 1949 wagten sie den »Faust« im größten Saal am Ort, dem prächtigen Fachwerkbau »Nieder-Kretscham«, um dessen Renovierung sich nunmehr eine Initiative bemüht. Heiner Weber, später Atomforscher, ergattert die Hauptrolle, heiratet eines Tages sein Gretchen, aber nicht für immer.

Gerd soll im Prolog zwischen Raphael und Michael den Erzengel Gabriel mimen, kann bereits den Text, wird trotzdem umbesetzt. So blieb von Richter ungesagt: »Und schnell und unbegreiflich schnelle/ Dreht sich umher der Erde Pracht;/ Es wechselt Paradieseshelle/ Mit tiefer, schauervoller Nacht ...« Beim »Wilhelm Tell« hebt Richter die Hand zum Rütli-Schwur, 2. Aufzug, 2. Szene, »beeidet mit erhobenen 3 Fingern«: »Wir wollen sein ein einzig Volk von Brüdern, in keiner Not uns trennen und Gefahr. /Wir wollen frei sein, wie die Väter waren ...«. Er muss sich kurz besinnen, dann kehrt der Text wieder: »Das kennen Sie doch.« Dass die Gruppe auch »Kabale und Liebe« einstudierte, ist ihm entfallen. Sein Freund Fredi Hofmann erwähnt noch »so neumodisches, russisches Zeugs wie ›Oberst Kusmin‹«, Richter zuckt mit der Schulter. Was zur

Ausstattung nicht selbst genäht werden konnte, holten sie sich vom Zittauer Kostümverleih »Hopfstock«.

Gerd Richter war mit Kurt Brückelt, Walter Guhlich und Kurti Jungmichel im Bunde, beim Zeichenkurs, bei Bunten Abenden oder Theater-Aufführungen für Heimkehrer. Die Gruppe kehrte bevorzugt in die meist überlaufene Speisegaststätte »Stadt Wien« ein. Zu dunklem, mangels Hopfen mit Rindergalle bitter gemachtem Bier oder »Heißgetränken«. War es richtig voll, ließ sich der Wirt, eine »Urtype«, von Beruf Viehhändler, nie den Auftritt entgehen: »Na, seid ihr alle wieder zum Fressen da. Aber eins muss ich euch auch noch sagen: Waltersdorf ist a Urt (ein Ort), wer net stiehlt, der hurt.«

Trotz alledem. Richter lernt sich zu strecken, er findet zu sich. So gesehen macht es durchaus Sinn, dass das Kölner Wallraff-Richartz-Museum 1974 im Katalog »Kunst bleibt Kunst« den nunmehrigen Kölner mit dem falschen Geburtsort »Waltersdorf/Oberlausitz« vorstellt. Das gefiel dem Maler sicher nicht. Sein Vater musste stellvertretend büßen für die Jahre im Abseits. Ein 1965 gemaltes Bild »Horst mit Hund« entlarvt das Unversöhnliche, und wie noch der erwachsene Richter mit dem Komplex kämpft. Er zeigt den Papa clownartig und verstrubbelt, »Sherry« auf dem Arm; den Spitz hatte er sich aus West-Berlin geholt. Horst hat sichtlich einen in der Krone, eine Lachnummer bei der Hochzeit von Richters Schwester Gisela in der »Alten Post« von Langebrück. Der Künstler (und dreifache Vater) würde das Werk gern aus der Welt schaffen, hat sich viele Gedanken darüber gemacht, warum er ihn so armselig darstellte, wie er war, in einer Arbeit, die doch seine Verabschiedung von ihm ist. Spätes Erbarmen, auf Horst kommt er oft zu sprechen, widmet ihm wehmütige Gedanken, als ob er Verrat an ihm begangen hätte. Nachgetragene Liebe.

Teil II
OPFER

Niemand stirbt so arm, dass er nicht
irgendetwas hinterlässt.

BLAISE PASCAL

TANTE MARIANNE

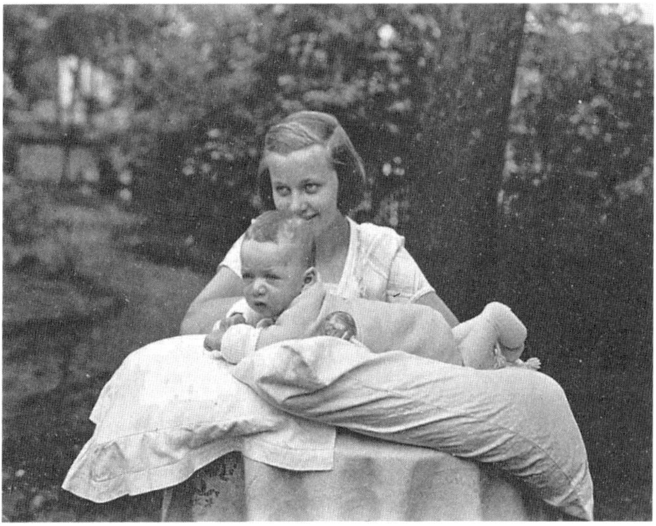

Tante Marianne war ein schönes Kind. Noch im Abstand vieler Jahre erscheint sie dem Neffen Gerhard so rein, so hübsch, so artig, dass er ohne Zögern erklärt, »sie sieht aus wie eine Madonna«. Demzufolge wäre sein Porträt von ihr ein Andachtsbild. In seinem Kölner Domizil bringt Richter für das Gespräch Aktenordner und Kartons herbei. Das Persönliche ist und bleibt für ihn ein Mysterium. Diesen Schatz öffnete er nach seinen Worten allenfalls einem halben Dutzend Personen, die sich durch das gekonnte Sträuben in seiner Gunst erhoben fühlen durften. Darin fein säuberlich in Klarsichthüllen die nie publizierten Aufnahmen erster Gemälde. Er müsste nur ein Coverfoto auswählen, »Debütalbum« oder »Aus der Mappe meiner Familie« aufdrucken, schon wären die darin versammelten Ansichten ein weiteres, unbezahlbares Kunststück. Work in progress, Richter hat sich schon in jungen Jahren selbst dokumentiert, Quellenmaterial gehortet, die Beweissicherung verwahrt und mit sich genommen. Vielleicht das beste Indiz, wie zeitig er von sich überzeugt war: Er musste an sich glauben! Vielleicht geschah es aber auch in der Ahnung, dass Unsagbares darin liege und nicht vergessen werden solle.

Der Hausherr wühlt in einer dunklen Schachtel, noch aus DDR-Produktion, dreht den Deckel auf der Suche nach dem Hersteller um. Fotos in losen Stapeln, das Archiv der Richters. Unter den Abzügen von mattem Glanz das Erhoffte, der Schnappschuss aus dem Garten der Moritzstraße 2 in Langebrück, ihre Mitte, ehe die Welt in Stücke fiel.

Nun also ein Ansturm von Gefühlen, die Momentaufnahme aus der Kategorie Sonntagsfotografie, Format 11 x 8,5 Zentimeter, die Vorlage für das Gemälde »Tante Marianne«, Format 120 x 130 Zentimeter. Richter überlegte schon oft, wer es geschossen haben könnte, da es Talent für Kompositionen verrät. Die Inschrift auf der Rückseite war ihm bis dahin nie aufgefallen, »es ist verrückt, dass ich das zum ersten Mal lese«: »Gerd Richter mit Marianne Schönfelder. Gerd 4 Monate, Marianne 14 Jahre alt, im Juni 1932«, steht darauf. Die fließende Handschrift könnte von seiner Mutter stammen, mit ihrem ausgesucht-ästhetischen Sinn. Der Anlass hat sich Richter nicht eingeprägt, doch dürfte es ein Geburtstagsfest gewesen sein. Kurz hintereinander wurden Vater Horst 25, Mutter Hilde 26 und Oma Dora 49 Jahre alt. Grund genug zum Feiern. Von dieser Sequenz hat Richter ein zweites Motiv beiseite gelegt: Gleicher Garten, gleicher Tag, jetzt hält die Mutter ihren Gerd im Arm, auf dem Kopf eine Hutkreation, die bei den Tuaregs abgeguckt sein könnte. Der Vater lässig mit Borsalino, die Andeutung von Entspanntsein, das ihm sonst schwer gefallen sein soll. Marianne guckt der Gruppe wach über die Schulter. Tante Gretl ist in Trauerkleidung. Ihr Gatte starb kurz zuvor.

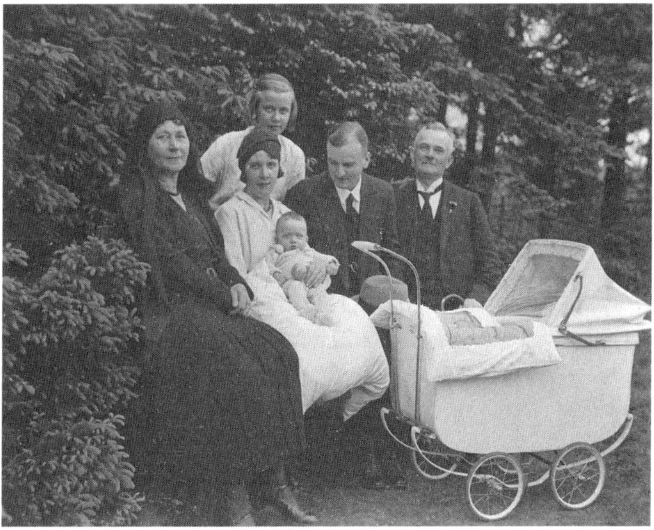

Der Maler nimmt die Lupe zur Hand. In der Vergrößerung Marianne, das brav gescheitelte Mädchen, Spange im Haar, das noch ins Kindlich-Blonde spielt. Nesthäkchen der Schönfelders. Eine Gestalt zerbrechlicher Zartheit im kurzärmligen Kleid, so leicht in ihrer Anmutung, als wäre sie nicht da. Vielleicht ruft der Fotograf ihr etwas zu, sie sucht den Blick des Betrachters zu halten. Ein kostbarer Moment im Wissen um ihr furchtbares Ende.

Gerd liegt im Strampler vor ihr aufs Paradekissen gebettet, Kopf gereckt, Rassel neben sich, die Augen, die so viel mehr sehen als andere, aufgerissen: neugierig bis vorwurfsvoll und energisch, das ist ihm geblieben. Wie das Gute nicht ohne das Böse zu denken ist, dokumentieren sich in diesem beiläufigen Motiv Aufstieg und Fall einer Familie am Beispiel von Gerd und Marianne. Es sind noch 13 Jahre, dann wird seine Tante im Februar 1945 als eines von nahezu 8000 Euthanasie-Opfern der Anstalt Großschweidnitz umkommen.

Es sind noch 33 Jahre, dann wird Richter 1965 in Düsseldorf von dieser Szene angerührt werden und sie malen. Seine eigene Tochter Betty kommt am 30. Dezember 1966 zur Welt, auf den Tag genau 49 Jahre nach der Tante im Sternzeichen Steinbock. Aber noch liegt in dieser Genreszene eine Zuversicht, die eine war und doch keine. Marianne ist Schülerin der 4. Klasse an der Höheren Mädchenschule. Das Jahr ist nicht mehr fern, an dem Richters Großeltern jäh aus den mit der Tochter verbundenen Wünschen gerissen werden; ihre Jüngste entkommt den Nazi-Verbrechern nicht mehr. Anstaltstür um Anstaltstür fällt hinter ihr ins Schloss. Es gibt keine Mauer, trotzdem ist sie eine Gefangene. Gebrandmarkt auf amtlichen Papieren mit der Nummer »14«. Die Kennziffer für den »schizophrenen Formenkreis« laut der »Diagnosetabelle des Deutschen Vereins für Psychiatrie« von 1933.

Die in 21 Punkte gegliederte Liste fällt im Dresdner Staatsarchiv aus dem Zugangsbuch der Psychiatrie Großschweidnitz. Verstaubt, mit Zwirn zusammengehalten, die DIN-A4-Seiten rostfleckig wie von Blut, ein Wunder, dass die Kriegsware nicht längst zu Staub zerfiel. Unter Nummer 826 im Namensverzeichnis der Neuzugang »Marianne Schönfelder«, am 27. August 1943 vermutlich mit einem Bussammeltransport von Arnsdorf dorthin verschubt, auf dem Weg in die Vernichtung.

Zu dem Zeitpunk war Gerd elf Jahre, mit Mutter und Schwester frisch nach Waltersdorf gezogen. Und überhaupt zu klein, als dass ihn der Schmerz des Verstehens hätte streifen können, sobald daheim die Rede auf die Marianne kam. Seine Schwester Gisela ging seit knapp zwei Wochen zur Schule, am 16. August 1943 aufgenommen: Gisela Richter,

Jahrgang 1936, »Tochter von Horst Richter, Lehrer, und Hildegard, geborene Schönfelder«. Alles ist neu, schon von daher eine aufregende Zeit. Weder lässt sich genau sagen, wie oft der Neffe seiner Tante begegnete, noch wann er Marianne zum ersten Mal und wann er sie zuletzt sah. »Seltsam, dunkel, groß« kam ihm die Dresdner Schönfelder-Wohnung in der Wiesentorstraße 5, 1. Etage, vor. Von den Umständen ihres Verschwindens wusste er nichts.

Richters Mutter war das älteste der vier Schönfelder-Kinder, sie hatte eine besonders enge Beziehung zu ihrer Schwester Marianne. Gerd ist die Tante »ganz, ganz klein, nur ein wenig« im Gedächtnis geblieben, eine Urbekanntschaft auf vorbewusster Ebene, eine verschüttete Begebenheiten aus Langebrück. Seine Großeltern mussten wohl wegen Geldsorgen aus Dresden wegziehen und dort bei der reichen Tante Gretl unterkommen. Marianne blieb eine Gestalt, die in ihrer Flüchtigkeit für Gerd Richter umso mysteriöser wurde, je mehr er von ihrem Leiden und von dem Wegsperren reden hörte. Das Ausmaß, die Zusammenhänge, Hitlers Schändlichkeit konnte der Junge nicht realisieren. Es sei viel geweint worden bei diesem Thema, das gewiss. Aber wie hätte er es verknüpfen sollen mit der schemenhaften Person, die ihn mit ernster Tantenpflicht unter Bäumen gewiegt, im Wagen geschoben hatte. Mit stiller Freude über das von ihr behütete Baby, im Jahr vor der Machtergreifung. Marianne durfte Mutter spielen, trug ihn wie eine teure Brosche herum, kitzelte ein Lächeln aus ihm heraus. Die Wangen glühten vor Aufregung. Im Moment des Malens durch ebendiesen Neffen trägt das Motiv das Schweigen nach ihrem von den Nazis befohlenen Tod in sich. Das war es, was das Bild in Richter ausgelöst hatte.

Der Bub ist doch noch klein, da schließen sich hinter Marianne Schönfelder 1938 schon die Psychiatrie-Pforten für immer. Trieb Gerd es gar zu toll, drohte ihm die Mama, »du endest wie Tante Marianne«. In momentaner Verärgerung leicht dahingesagt, ohne gleich daran zu denken, was eine solche Prophezeiung in einem Kind auslösen kann. Ihm wurde mulmig ob der Drohung. Über die Jahre wuchs sich Tante Marianne zu einer Angstfigur für ihn aus, ein Schatten, der sich über die Familie legte, die sonst froh in der Langebrücker »Villa Christina« zusammenkam. Das Anwesen mit Wintergarten und neoklassizistischem Gepräge beim Gasthof »Zur Post« präsentiert sich bei meinem Besuch renoviert. Ein weißes Schaukelpferd steht im Garten. Bunte Bänder flattern zwischen den Apfel- und Zwetschgenbäumen; schwarz und entlaubt sind sie bei meiner Besichtigung im Herbst. Der Hof ist gepflastert, dahinter ein rumpeliges Wirtschaftsgebäude, bestens geeignet für Spiele. Nach der Besichtigung verstehe ich Richters romantische Treue zu Langebrück besser. »Das war großartig«, bestätigt er. Von seiner Oma Dora Schönfelder erzählen noch heute alte Langebrücker.

VERDÜSTERUNG

Es gehört zu den nicht erklärbaren Überraschungen einer über Generationen reichenden, vielfach verzahnten Geschichte, dass in Dresdens Archiven bei den Luftangriffen fast alles verbrennt, in den Katakomben trotzdem Dokumente über Tante Marianne liegen. Im Leipziger Staatsarchiv taucht wider Erwarten ihre Patientenakte auf, das Deckblatt, die Ecken brüchig-abgegriffen, in welken Farbtönen, befleckt, kreuz und quer beschrieben, mit Zeugnissen ihrer Passion, dass es mich kalt überläuft. Das Dossier beginnt am 20. Mai 1938, einem tintenschwarzen Freitag.

Die »Dresdner Neueste Nachrichten«, Einzelpreis 10 Rpf., erscheinen mit dem Aufmacher »England vermittelt zwischen Paris und Rom«. Der Leitartikel stellt fest, »Ein Deutschland, das den Luftraum über dem deutschen Boden nicht beherrscht, ist nicht denkbar«. Der Reichswetterdienst meldet »wolkig, zeitweise heiter, verhältnismäßig kühl, geringe Schauerneigung«. Sachsens SA geht laut Ankündigung »dem Gautag entgegen«, der 55 000 Mann in »bewährter Disziplin« auf die Beine bringen soll. Neben der Vivil-Werbung »Es kühlt den Mund und wärmt den Magen/ ist doppeltes Behagen«, kündigt die Staatsoper »Neue Tänze« an. Die »Parole des Tages« stammt von Ernst Jünger »Die Pflicht ist selbstverständlich. Aber das richtige Gewicht gibt erst das Herz, das freiwillig in die Waagschale geworfen wird«. Im »U.T.«-Kino, Waisenhaustraße 22, läuft »Sieben Tage Weltgeschichte«, ein Schmachtfetzen über Hitlers Italienbesuch, »jugendfrei und für alle Feiertage zugelassen«. Im Hauptprogramm ist »Yvette. Die Tochter einer Kurtisane« von Wolfgang Liebeneiner zu sehen. 1941 wird sein prämierter Agitationsfilm »Ich klage an« herauskommen, ein suggestiv inszeniertes Machwerk, das im Sinne der Nazis an niedrigste Instinkte appelliert und die Tötung Geistesschwacher unterschwellig legitimiert.

In der Arnsdorf-Akte der Marianne Schönfelder zuoberst die »Aufnahmegenehmigung«, ihre Papiere weisen sie als »Schizophrene« aus; es wird nie mehr vorkommen, dass ihr die »Kennziffer 14« in den Schriftsätzen erspart bleibt. Zum Schluss umfasst ihre Krankengeschichte 120 Seiten. Ein Testament für die Kommenden. 120 Seiten dünn? 120 Seiten dick? Je nachdem, ob man das für eines langen Tages Reise in die Nacht viel oder wenig findet. Die Blätter rascheln. Eintrag um Eintrag, in wechselnder Handschrift und teils verschnörkeltem Altdeutsch, die getippten Zeilen von hartem Maschinenanschlag durchlöchert. Durch viele Hände gegangen, buchstabieren sie ihr Leiden. Was sich auf den vernutzten Bögen zu einem Bericht fügt, ist der Aufriss einer Biografie, als hätte wenigstens Mnemosyne, Göttin der Erinnerung und Mutter der Künste, besonderes Interesse an ihr gehabt und deshalb über ihr Vermächtnis gewacht.

LETZTE HABE

Marianne, Jahrgang 1917, ein Kind noch, in die Irrenanstalt eingeliefert, nachdem die Furien in sie fuhren oder was es sonst war. Der Kaufmann Ernst Alfred Schönfelder musste sich den unumstößlichen Paragrafen fügen, er hatte keine Wahl, lieferte sie auf Gedeih und Verderb der NS-Psychiatrie aus. Seine Unterschrift beim Fürsorgeamt besiegelt nicht nur die »Überführung« der Jüngsten nach dorthin, sondern verdüsterte fortan jede Perspektive. Wie hätte er ahnen können, dass er seine eigene Unmündigkeitserklärung gegenzeichnet, denn die Verfügung über seine Tochter geht auf die Arnsdorfer Psychiatrie über. Der Abtransport am 20. Mai geschieht gegen Mariannes Willen, die Widerborstige wird zum Transport laut ärztlicher Bescheinigung mit dem starken Beruhigungsmittel »Scopolamin-Ephedrin« gedämpft: »9 Uhr 45, 1 Ampulle« eingeflößt. Indiz für massive Erregungszustände. Sie ist außer sich. Zu dritt müssen die Krankenschwestern Elisabeth Sülze, Dora Priebisch und Erna Meinhold die 20-Jährige in Gewahrsam nehmen, befördern sie mit dem Wagen mühsam ins Irrenhaus. Für niemanden wäre vorherzusagen gewesen, dass es sich tatsächlich um eine dramatische Abschiedsgeste von der Familie handelte. Sie kommt zur Aufnahme in die »untere Klasse«. Die Arnsdorfer bestätigen: »Der Begleiter erhielt Übergabeschein.«

In der Psychiatrie wird eine »Krankengeschichte« angelegt, mit Sorgfalt in Fraktur ausgeführt, erscheint der Begriff noch bedrohlicher. Die Neue erhält im Hauptbuch die Nummer 428, der Eintrag lautet: »Schönfelder, Dora Margarete Marianne aus Dresden«, der ferner angefügte Name »Annelies« ist durchgestrichen. Ausgewählt schöne Namen, sie wurde am 11. Mai 1918 von Pfarrer Dr. Göttsching in der Wohnung Wiesentorstraße 5 getauft. Im ärztlichen Beobachtungsbogen steht unter Beruf: »Haustochter«, ledig, evangelisch-lutherisch, Staatsangehörigkeit »Deutsches Reich«. Der »letzte Aufenthaltsort« das »Sanatorium Dr. Stoltenhoff« in Dresden-Strehlen, Josefstraße 12, heute Caspar-David-Friedrich-Straße, unweit der Wiener Straße von Professor Eufinger. Richters jüngste Ausstellung in Dresden war »Von Caspar David Friedrich bis Gerhard Richter« überschrieben. Die »vorläufige« Diagnose »Schizophrenie«. Nach dem Grade ihres Geisteszustandes sei die Schönfelder nicht fähig, ihre Angelegenheiten selbst zu besorgen. Doch sei »Besserung« (nicht Heilung!) ihres Zustandes »in absehbarer Zeit eventuell« zu erwarten. Bald folgt der »endgültige« Befund: »Schizophrenie (katatone Form)«, dahinter die verfluchte Kennziffer »14«, diverse Male rot ausgemalt. Ihr Zustand erhielt einen Namen und eine Zahl, die das Schlimmste bedeuteten. Bei der Ausmerzungs-Politik im Dritten Reich kamen sie einer Freigabe zur Eliminierung gleich.

Marianne reist mit ihrer letzten Habe. Das mit bürokratischem Irrsinn angelegte »Sachenverzeichnis« umfasst elf Positionen. Ein Teil mehr, ein Teil weniger bleibt es in ihren langen, fremdbestimmten Psychiatrie-Jahren bei diesem Besitz. Die »Dienststückverwaltung« inventarisiert: »1 Hemd, Nacht, 1 Hemd Tag, 2 Paar Strümpfe, 1 Schlüpfer, 1 Strumpfhalter, 3 Kleider, 1 Leibchen, 1 Sommermantel, 1 Unterrock, 2 Paar Lederhalbschuhe, 1 Schlafanzug.«

Hatten die Schönfelders nicht mehr? Nahmen sie an, der Zustand dauere nicht lange an? Mariannes Ausstattung

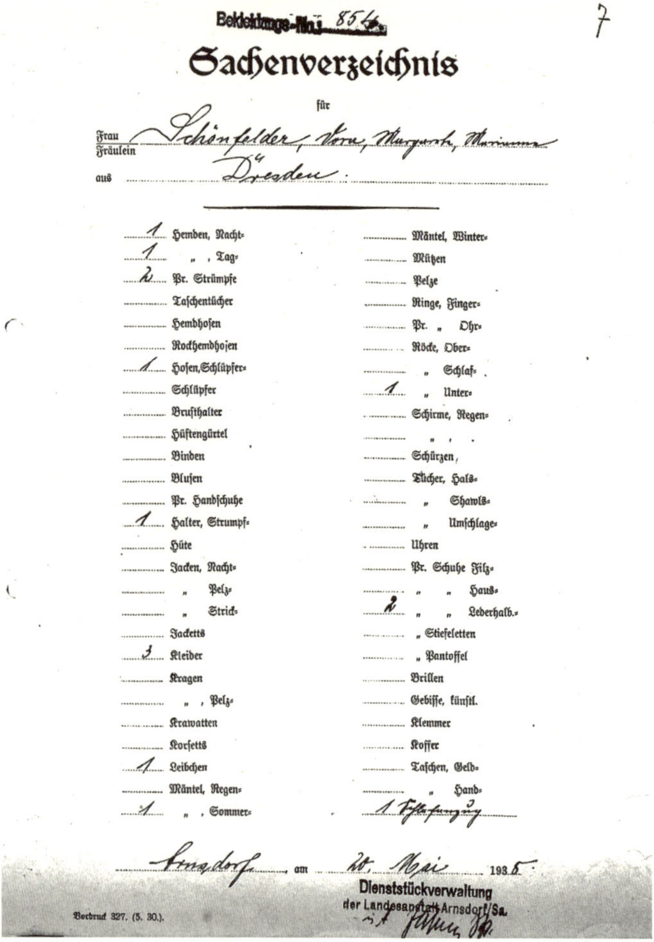

Bekleidungs-No.: 856 7

Sachenverzeichnis

für

Frau / Fräulein Schönfelder, Dora, Margarete, Marianne

aus Dresden.

1	Hemden, Nacht-		Mäntel, Winter-
1	" , Tag-		Mützen
2	Pr. Strümpfe		Pelze
	Taschentücher		Ringe, Finger-
	Hemdhosen		Pr. " Ohr-
	Rockhemdhosen		Röcke, Ober-
1	Hosen, Schlüpfer-		" Schlaf-
	Schlüpfer	1	" Unter-
	Brusthalter		Schirme, Regen-
	Hüftengürtel		" ,
	Binden		Schürzen
	Blusen		Tücher, Hals-
	Pr. Handschuhe		" Shawls-
1	Halter, Strumpf-		" Umschlage-
	Hüte		Uhren
	Jacken, Nacht-		Pr. Schuhe Filz-
	" Pelz-		" " Haus-
	" Strick-	2	" " Lederhalb.-
	Jacketts		" Stiefeletten
3	Kleider		" Pantoffel
	Kragen		Brillen
	" , Pelz-		Gebisse, künstl.
	Krawatten		Klemmer
	Korsetts		Koffer
1	Leibchen		Taschen, Geld-
	Mäntel, Regen-		" Hand-
1	" , Sommer-	1	Schlafanzug

Arnsdorf am 20. Mai 1935.

Dienststückverwaltung der Landesanstalt Arnsdorf/Sa.

Vordruck 327. (5. 30.).

liegt deutlich unter der, die nach den Vorschriften »mindestens« mitzubringen ist. Als da sind: »4 Hemden, 3 Beinkleider, 6 Paar wollene bzw. baumwollene Strümpfe, 3 Nachtjacken, 6 Taschentücher, 2 Kopfbedeckungen, 3 Kleider (vollständig), 2 Unterröcke, 3 gewöhnliche Schürzen, 1 Korsett oder Leibchen, 2 Paar Lederschuhe, 1 Paar Hausschuhe oder Pantoffeln, 1 Wintermantel, 1 Paar Winterhandschuhe.« Erst in den Vierzigern wird, kriegsbedingt, die Kleider-Vorschrift gelockert.

Vor Richters Tante liegt eine Leidenszeit, Kreuzwegstation für Kreuzwegstation, im hell-freundlichen Benutzersaal des sächsischen Staatsarchivs Leipzig nachzuverfolgen. Menschen kommen und gehen. Papier wird rein- und rausgetragen. In wattierter Ruhe summen Computer überlaut. Was erst fern schien wie ein fast schon unbekanntes Zeitalter, ist plötzlich nah und präsent beim Studium der Akte Marianne. Zum einen nimmt die Bedauernswürdige mit immer mehr Details weiter Kontur an. Zum anderen geht von der Mediziner-Prosa nicht nur amtliche Nüchternheit, sondern ein Zynismus aus, der Richters Tante zwangsläufig in die Todeslager für Geisteskranke führen wird: nach Arnsdorf, nach Großschweidnitz, in Ballungsräume ruchloser Verbrechen. Stigmatisierte wie sie hatten als »defekte Untermenschen« nach der NS-Ideologie keinen Platz im Volk, verbannt von Doktoren, die in diesem Sinne als »Wächter am Ufer des Erbstroms« Dienst taten. Im Fragebogen – »nur Zeugnisse mit leserlicher Unterschrift sind gültig« – heißt es unter Ziffer 4 drohend: »Ist etwas von erblicher Familienanlage zur Geistes- und Nervenkrankheit ... bekannt?« »Angeblich: Nichts«!

Daheim war diese Marianne ein Kind ohne Arg und Bosheit. Schönfelders Schätzchen, über die Maßen geliebt und gehätschelt. Die Nachzüglerin schien besonders gut geraten. Wie hätte die Eltern bei ihrem Anblick je der Gedanke streifen können, welches Ende ihrer Tochter beschieden sein würde. Sie war zweifellos ihr Stern, allein der Gedanke an früher konnte die Eltern je nach Gemütsverfassung aufleben oder verzweifeln lassen. Mutter und Vater weigerten sich einfach, Marianne als hoffnungslosen Fall anzusehen. Schizophrenie war keine hinnehmbare Krankheit wie Fieber oder der gebrochene Arm, mit dem Enkel Gerd ins Krankenhaus Warnsdorf kam, sondern eine unerträgliche Vorstellung. Bis zum Schluss im Februar '45 wird die Mama in Briefen Marianne ihre »geliebte Tochter« nennen. Als könnte heißes Wünschen helfen gegen ihre sich mehrende Verwirrung. Welche Gewalt die Tante besetzt hielt, was sie um den Verstand brachte und behext hatte (ohne dass ein Gegenzauber half), darüber findet sich seit dem entscheidenden Gutachten eines Dr. Oppe vom 30. Oktober 1937 nichts. Erstattet am Tag, an dem laut der Lokalzeitung Reichsstatthalter Mutschmann »den *Juden* als die Wurzel alles Uebels« bezeichnet, kursiv und in größerem Schriftgrad gedruckt. In Hamburg eröffnet Reichsärzteführer Wagner die Reichsschau »Ewiges Volk« und verlangt, »das Volk gesund und leistungsfähig und sein Blut rein zu erhalten«. Der Führer beglückwünscht Goebbels zum 40. Chefarzt Eufinger von der Frauenklinik Dresden-Friedrichstadt darf sich seit Juni mit dem Rang eines »SS-Unterscharführers« schmücken.

Hinter dem Titel »Ob.-Reg.-Med.-Rat« des Gutachters Oppe steht ein »i. R.« für: »im Ruhestand«. Das »Beamtenbuch der Stadt Dresden« führt ihn unter den »Impfärzten« auf, Eintrag ferner als »Dr. med. prakt. Arzt« mit Praxis in der Albrechtstraße 9, nahe bei Schönfelders Wiesentorstraße. Oppe amtiert als Gerichtsmediziner unter anderem in der Gefangenenanstalt Georg-Bähr-Straße. Zum Zeitpunkt von Mariannes Begutachtung ist er 69, vier Jahre Rentner, vom »Dresdner Anzeiger« Ende '34 verabschiedet. Naiv hatte ich erwartet, eine so gravierende Entscheidung wie die Einweisung in eine Irrenanstalt fälle ein ganzes Konzil von Experten. Stattdessen ist dieser Oppe noch nicht einmal Psychiater, kein Spezialist, sondern Feld-, Wald- und Wiesendoktor. Woher nahm Oppe seine Kompetenz? Wer würde einer solchen Autorität trauen? Dennoch erklärt er Marianne zur Irren, sein Urteil steckt sie in die Anstalt, aus der sie nie mehr herauskommt.

Bis Marianne den Halt verlor, stand sie mit beiden Beinen auf dem Boden. Kein Anlass, sie für einen Sonderling zu halten. Nun war sie ein Trugbild ihrer selbst, getrennt vom Glück. Zur Nazi-Zeit einen »Idioten« in der Familie zu haben, nicht ganz gebacken, wie es im Jargon heißt, das musste Ängste auslösen. Mit dem Kranken sah sich die ganze Verwandtschaft vom kruden Biologismus der Rassenfanatiker gleich mit unter Verdacht gestellt. In Dresden, unterm Hakenkreuz zur »Stadt der Volkshygiene« ausgerufen, lagen die Tötungsanstalten für Zehntausende »Lebensunwerte« nah bei der Stadt. Die Güte (Bonitas), eine Skulptur auf dem Rathausturm, nach dem Krieg oft gezeigtes Symbol der zerstörten Stadt, war im Dritten Reich blind.

EIN DUMMER SOMMER

Elbflorenz, das war Barock mit Fassaden, an denen die Putten kletterten. Elbflorenz war die im Baedecker »Deutsches Reich« 1936 verheißene »Altstadt, die mit ihren vielen Türmen vom Fluss aus gesehen ein prächtiges Bild bietet«. Elbflorenz, das war für Hitler »eine Perle«, und das war ein brauner Sumpf. Die Kommune mit den prozentual meisten NSDAPlern aller Metropolen. Im Hygiene-Museum, DHM, bestaunte man mit dem »gläsernen Menschen« nicht nur eine technische Sensation der Zeit, sondern dort wurde die Lehre vom »Deutschen Blut und Kulturerbe« gepredigt. Die international anerkannte Institution verfiel zum Schulungszentrum nationalsozialistischer Propaganda, mit einem »Lesesaal für Erb- und Rassekunde«. In dem Bollwerk hatten sich neben anderen Organisationen das »Sächsische Erbgesundheitsamt«, der »SS-Abschnitt II«, das »Amt für Volksgesundheit« bei der NSDAP-Gauleitung festgesetzt. Unter den 77 000 Bänden der Bücherei sollen 1950 Dissertationen über Erb- und Rassenpflege gesammelt gewesen sein. In der »Denkfabrik« verfügte Punkt 2 der »Aufgabenstellung«, das Verständnis für das bevölkerungspolitische Programm der NSDAP zu wecken.

Tausende sahen einen Lichtbildervortrag mit dem Titel »Warum Sterilisierungsgesetz?«, der die »Reproduktionsfreude Erbkranker und rassisch Minderwertiger« anprangerte und plumpe Ressentiments wissenschaftlich überformte. Zum »weiteren schlagenden Beweis für die unheimliche Wirkung schlechten Erbgutes« demonstrierte die Ausstellung »Volk und Rasse« in einer Koje das Beispiel »der Sippe des Bahnposträubers Schüller«. Die acht Geschwister mit insgesamt 221 Lebensjahren seien mit »nicht weniger als 62 Jahren Zuchthaus straffällig geworden«, allein für Prozess- und Strafvollzugskosten hätten sie den Staat mit 70 000 Mark belastet. Ein Wust erbbiologischer Broschüren und Kongresse propagierte das »Zuchtziel« des Germanentums, berauschte sich an der »Aufadelung« der Blutsubstanz des eigenen Volkes. Die »Reichsschau Ewiges Volk« geißelte das »trostlose Material« in den Irrenanstalten mit Sätzen aus dem Wortschatz des Unmenschen.

In diesen Jahren ging das »Hygiene-Wanderauto« auf »Ostgrenzlandfahrt«, brachte die Parole vom »unwerten Leben« in abgelegene Gegenden, stets verbunden mit der Drohung, solche »Kostgänger« hätten im »Herrenvolk« keine Existenzberechtigung. Landauf, landab, es dröhnte nur so vom »Gesamtplan der Aufnordung«, der mythischen Kraft der Rassenlehre, im Gegensatz zum »Krankengut«, zu den »unnützen Essern«. Die Mehrheit wollte es glauben. Unter den Ahnentafeln großer Deutscher wie Bach, Luther, Wagner durften Hitler und Göring im Museum nicht fehlen. Letzterer rückte ins Ehrenpräsidium des DHM neben Goebbels und anderen aus Hitlers erster Garde ein. Eine sonderbare Volte fügt es, dass Gerhard Richter 1956 für seine Diplomarbeit das wieder eröffnete Hygiene-Museum wählt und ohne Honorar ein Wandbild aus der immer wieder gern gesehenen Serie »naiver Fortschritt« ins Werk setzt, ein Opus von 5 x 15 Meter. Von der bald nach seiner DDR-Flucht übermalten Postkarten-Idylle des neuen sozialistischen Menschen ist nur noch ein Zwickel zu sehen.

Richters Schwester Gisela kannte den Begriff »Schizophrenie« im Zusammenhang mit Tante Marianne bis heute überhaupt nicht. Sie spürt das die Krankheit begleitende »Tabu« noch stark, hörte stets nur von »Jugendwahn« reden. Eine Bezeichnung im Ungefähren, unter der sie sich alles und auch nichts vorstellen sollte. Nicht mehr als eine vorübergehende innere Emigration, »Grillen«, wie man sich auszudrücken pflegte, mit der Pubertät erklärbar, eine kleine Auszeit. Jedenfalls nichts Schreckliches beim Erwachsenwerden, das einem schon mal den Kopf verdrehen kann, überspannt und überwältigt von der Fremdheit vor sich selbst.

Ein dummer Sommer 1937, da ist es passiert. Die Verlorenheit kam über Marianne. Das Wort »Jugendwahn« vermied das Aussichtslose, das sich ihrer bemächtigt. Mit dem Übel wurden Richters Großeltern in der Privatnervenklinik Dr. Stoltenhoff konfrontiert, von ihnen wie ein Urteilsspruch aufgenommen. Vielleicht brachte der Arzt ihnen das Unfassbare mit dem Wort »Spaltungsirresein« oder »Nervenschrecken« nahe, den er für schonender hielt, da die Begrifflichkeit Laien ohnehin verschlossen ist. Psychopharmaka waren noch so gut wie unbekannt. Am 28. April 1938 ergeht das Schlussgutachten, Marianne habe »Schizophrenie«, völlige Kontaktunfähigkeit und Mangel jeglicher Einsicht bestünden fort, sie bedürfe wegen »ihrer Neigung zu Gewalttätigkeit und ihres asozialen Verhaltens der Unterbringung in einer Landesheil- und Pflegeanstalt«. Das war lapidar und ultimativ. Die nächste Klinik lag in Arnsdorf, 1938 mit elf Ärzten für 1596 Kranke ausgestattet, mit 119 Patienten überbelegt. Kaum dort auf Station B 3, zweiter Stock, eingesperrt, äußert Marianne »Fluchtabsichten«, was ausgesprochen vernünftig klingt. Sie suchte, so spätere Berichte, »alles zusammen«, als hätte sie es eilig, gleich wieder ins Dresdner Zuhause zu kommen.

SCHICKSALSSCHWESTERN

Die Chronik von Arnsdorf. Im April 1912 zogen die ersten Kranken in Sachsens größte Nervenklinik ein. Zu Beginn eine »europäische Musteranstalt«, keine 20 Kilometer östlich der Elbmetropole. Bevor die Nazis ein Monument ihres Rassismus daraus machten, war sie Zeugnis eines humanistischen Ideals. Nie war eine Einfriedung nötig. Die Häuser ausgestattet mit Zentralheizung und fließend Warmwasser. Anrainer kamen zum Gucken, »gar mancher Einwohner hatte sich davon eine Sensation erhofft. Im Allgemeinen zeigten sich die Frauen unruhiger und lebhafter als die Männer«.

Die Anstalt ist um die Kirche geschart, die sichtlich nach dem Vorbild von Otto Wagners Gotteshaus der Wiener Irrenanstalt am Steinhof entworfen ist. Die Gemeinde sitzt immer noch auf dem Originalgestühl, erleuchtet von einer gemalten Sonne im dunkelblau gehaltenen Gewölbe. Der amtierende Klinikchef Hubert Heilemann führt an einem klirrend kalten Tag im Halbdämmer durch den Bau, den Lichtschalter finden wir nicht. So nehmen wir die Jugendstil-Darstellung von der Heilung des Lahmen auf dem Altar-Aufsatz für das Original, das marodierende Russen nach 1945 aus dem Rahmen schnitten. Es ist ersetzt durch eine Kopie.

Berühmteste Insassin während der NS-Ära ist die so eigenwillige wie bedeutende Malerin Elfriede Lohse-Wächtler.

Allen Schilderungen nach hinreißend-vital und exzentrisch. Von Freiheitsdrang umgetrieben: »Von Licht und Geist / Durchdrungen / Wollen wir leben, / Das Leben«. Rauschhaftes ist um sie. Die Weggefährtin des Expressionisten Conrad Felixmüller war ihrer Zeit voraus. Sie kleidete sich schrill, schmiss sich in Russenkittel, trug eingedellte Hüte, rauchte wie ein Schlot, tanzte nabelfrei und ausdrucksstark in gewagten, von ihr geschneiderten Gewändern. Nackt räkelte sich die Künstlerin vor der Kamera auf der Chaiselongue. Eine erotische Frau, mit weiten glänzenden Augen, wie dunkle Murmeln. Herausfordernd und doch verletzlich sieht die Provokateurin in Kameras. In ihrer Atelierwohnung stand das Motto »Kunst ist Absolution« an der Wand neben Zeichnungen von Dix und Holzschnitten von Kokoschka. Kein größerer Kontrast ist zu denken als zwischen ihrer Begabung, ihrem atemlosen Wirbeln und dem Eingesperrtsein in der Psychiatrie. Zwischen ihrem mit Batikarbeiten überladenen oder geradezu tapezierten, orientalischen Gemach über dem Milchgeschäft in der Rietschelstraße 7, und den üblich spartanischen Arnsdorfer Patientenzimmern von Station B 3.

In den Schlafsaal mit zwanzig Kranken sind für jeden ein Bett und ein Nachtkästchen gequetscht, ein eigener Kleiderschrank wäre Luxus gewesen. Der kaum 15 Quadratmeter große Aufenthaltsraum ist mit einem dämpfenden Teppich ausgelegt. An der Wand ein Landschaftsbild. Elfriede Lohse-Wächtler überliefert die Versatzstücke der trügerischen Behaglichkeit »um 1933« mit Buntstift auf einer Innenansicht von gerade deshalb erschreckender Intensität. Die Leere tritt deutlich hervor. Die Szene könnte vordergründig auch in einem Mädchenpensionat spielen, trüge sie nicht den Titel »In der Krankenstube«: Sechs von einer Pflegerin beaufsichtigte Patientinnen in Schürzen am Tisch, mit gebeugten Köpfen beim Sticken oder vor sich hin stierend. An der Stirnwand ein Klavier mit geschweiften Seitenteilen, darauf ein karges Sträußchen. Der Stuhl wartet auf einen Musikanten, bestimmt den

Anstaltslehrer Scholz, der zur Erbauung aufspielen und sie einige Takte lang aus ihrer Traurigkeit erlösen konnte. An das Instrument setze ich mir in Gedanken Tante Marianne, Tochter eines Pianisten. Von ihm dürfte sie sich in ihrem anderen Leben einige Melodien abgeguckt haben. Vielleicht hatten ihre Finger es in der Arnsdorfer Zeit noch nicht völlig verlernt und schlugen den einen oder anderen in ihr nachklingenden Akkord an.

In seiner Berliner Galerie verpackt Werner Fischer bei meinem Besuch das 43 x 50,5 Zentimeter große Original der Lohse-Wächtler für eine Ausstellung. In zarten Farben gehalten exakt die Situation, die auch Tante Marianne vorfand: beide schizophren, beide in die Station B 3 gesteckt. Später noch zusammen auf B 4.

Die geschlossene Abteilung. Ein zweiflügeliger Bau mit krönender Laterne auf dem Dach, damals ein Haus ohne vergitterte Fenster. Keine Privatsphäre, Bett an Bett, »Dicht-

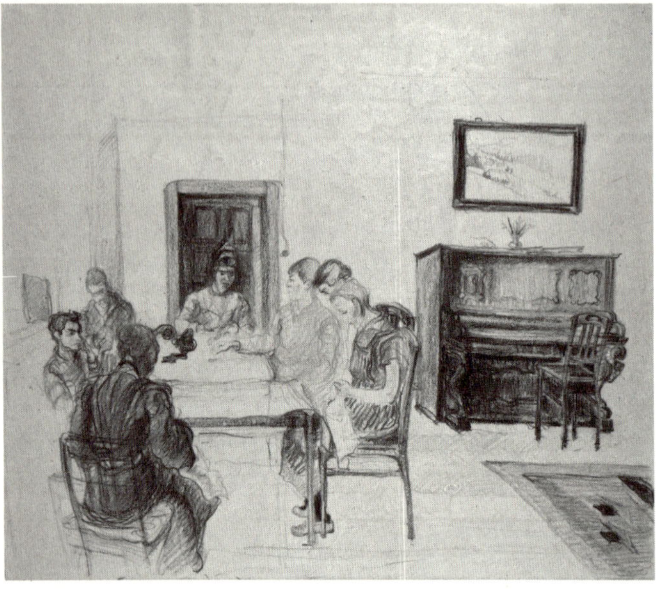

aneinandergepferchtsein mit ewig schwatzenden Weibern«, die ihre Reden halten, deklamieren, und Lohse-Wächtler erst recht in Rage treiben. Gerhard Richters Frau Sabine war vor zwei Jahren auf das Bild gestoßen. Weil es ihr gefiel, hatte sie den Kauf erwogen. Welches Elend Tante Marianne in der Anstalt mit Lohse-Wächtler teilte, konnte sie damals nicht wissen. Heute sind in der »B 3« junge Drogenabhängige auf Entzug untergebracht, deshalb möchte Klinikleiter Dr. Heilemann keine Besichtigung mit mir machen.

1933 hätte die Künstlerin die Krankenstube von B 3 in gewissem Sinn noch als Schutzraum sehen und zeichnen können. 2005 ist ihre Studie eine Unheil verkündende Nachricht aus dem Zwischenreich und schon deshalb eine verstörende Rarität: Außer der Aufsichtsperson dürfte keiner der trauten Runde die Ausrottung »Gemeinschaftsunfähiger« im Dritten Reich überlebt haben. Nach den Unterlagen kamen 1940 von anderen Standorten 19 Transporte in Arnsdorf an, die Drehscheibe zur alsbaldigen Vergasung in Pirna-Sonnenstein. Mit dem Kennzeichen »D« im Alphabet der Mörder getarnt, von der Berliner Tiergartenstraße 4 aus perfekt organisiert. Deshalb die Kurzbezeichnung »Aktion T 4« für die Nazi-Euthanasie.

Elfriede Lohse-Wächtler bittet und bettelt um Papier, zeichnet, wie andere atmen, ums Überleben in ihrer kaum zu ermessenden Verlassenheit. Sie hinterlässt erschütternde Porträts mit Titeln wie »Kopf einer Frau mit buschigen Augenbrauen«. Schon 1931 entsteht in Tusche und Deckfarbe die »Aufschreiende Gruppe«. Galerist Fischer führt weitere Arbeiten in diesem Stil vor und spricht von der »schwarzen Serie«. Dann der Titel »Der Anfall«: Mann und Frau verschmolzen zu einer Albtraumgestalt, belauert von einem bocksbeinigen Monster auf blutrotem Grund. Spiegelung der pathologischen Situation und bedrohliche Metapher einer gespaltenen Persönlichkeit mit Angst vor dem nächsten Schub. Die Kritik urteilte, in ihren Arbeiten zittere »jeder Nerv des Erlebnisses nach«.

Anstaltsleiter Kurt Heilemann bewahrt im Schranktresor die gelbe Karteikarte der Lohse-Wächtler, holt das Personalblatt 212 heraus. Fehlerfrei, akkurat ausgefüllt, ein Zeugnis deutscher Wertarbeit bei der Vernichtung von Menschen. Am 31. Juli 1940 mit dem Stempel beendet: »verlegt auf Anordnung des Reichs-Verteidigungskommissars«, fast auf den Tag genau acht Jahre nach ihrer Einlieferung. Ebenfalls nach annähernd acht Jahren starb 1945 mit Tante Marianne ihre Gefährtin im Untergang gleichfalls in der Psychiatrie. Seltsam, in einer Reportage über Gerhard Richter verschmilzt alles mit allem. Geheime Mechanismen wirken im Hintergrund, die sich nicht ohne weiteres erschließen und das Familien-Epos aus dem Bereich des Zufälligen heben. In regelrechten Ereignisfolgen führt ein Ereignis ins andere zurück. Denn seine Kollegin Lohse-Wächtler malt zeitweise in einem Akademie-Atelier mit Elbblick auf den Brühlschen Terrassen. Dort studiert eine Generation später Richter, der dann den Impuls hat, seine tote Tante Marianne zu porträtieren. Ihre Auslöschung ist weitgehend mit der von Elfriede Lohse-Wächtler identisch. Keine gewagte Behauptung, die beiden sind sich in Arnsdorf begegnet. »Mit an Sicherheit grenzender Wahrscheinlichkeit. Davon können Sie ausgehen«, meint Chefarzt Heilemann. Die Nazis zerstörten mehrere ihrer Arnsdorfer Porträts beim Bildersturm der Aktion »Entartete Kunst« 1937 in Dresden. Von der Kunstakademie gehörte Rektor Richard Müller zu den Drahtziehern. 1937 war in Dresden Marianne Schönfelder der NS-Psychiatrie in die Hände gefallen.

Der 16. Dezember 1935. Elfriede Lohse-Wächtler kommt zur Zwangssterilisierung in Professor Eufingers Dresdner Frauenklinik Friedrichstadt. Er ist noch kein halbes Jahr Chef. Den Antrag stellte Anstaltsvize Dr. Ernst Leonhardt: »Zur Unfruchtbarmachung wird heute überwiesen!« Ihr Berichtsbogen ist mit »Steri. 419« überschrieben. Die Patientin lebe getrennt, sei verheiratet, »Dissidentin, Malerin«. Die 36-Jährige muss in Aufruhr gewesen sein, eine Anamnese ließ sich »kaum machen, da Patientin stark ideenflüchtig ist«. Die Bemerkung stammt vermutlich von Eufingers Hand. Vater und Bruder besuchen »Frieda« am 18. Dezember, offensichtlich hält die Mutter die Begegnung in der Friedrichstädter Anlage mit der Kamera fest: Lohse-Wächtler im schicken Mantel mit Pelzkragen, Seidenstrümpfen, spitzen weißen Stöckelschuhen. Niemand, der sich aufgegeben hat, sieht so aus. Der entsprechende Eintrag im Tagebuch ihres Bruders Hubert lautet: »Mit Vater in der Stadt bei Frieda Friedrichstädter Krankenhaus und bei Dr. Eufinger. Comeniusstraße 35« – dessen Privatwohnung. Dort war kein Geringerer als der wüste NSDAP-Gauleiter Martin Mutschmann in einer Luxusvilla mit Bunker Eufingers Nachbar. An ihn hatte sich der verzweifelte Vater auch schon gewandt, nachzulesen unter dem 14. Dezember in seinem Kalender. Eufinger, Mutschmann, beide Herren beschwor er vergebens, seine Tochter zu verschonen; die Interventionen können den Eingriff am 20. Dezember nicht verhindern. Lohse-Wächtlers Biografie »Im Malstrom des Lebens versunken ...« bezeichnet Eufinger als denjenigen, »welcher sehr wahrscheinlich als die Sterilisation durchführender Mediziner im Friedrichstädter Krankenhaus tätig war«. Nach der im Stadtarchiv Dresden einliegenden Rumpfakte von nur wenigen Seiten operierten Oberarzt Redmann und Dr. Bäuerle die Malerin. Aber Chefarzt Eufinger war der verantwortliche Leiter. »Mit Gewalt«, notierte ihr Bruder, sei der Eingriff auf Station 41 vorgenommen worden: »Ich bei der Frieda gewesen. op. 20.12.35. traurig«! Im Staatlichen Gesundheitsamt unterzeichnete »Ob. Reg. Med. Rat und Amtsarzt Bremme« die Rechnung ebenso glatt, wie er es auch bei Tante Marianne bald tun sollte. Nach der sächsischen Gebührenordnung vom 5. September 1934 rechneten die Ärzte bei Frauen 58 Reichsmark (Männer: 22) ab, für Medikamente und Verbandsmaterial galt der Pauschalbeitrag von vier Mark. Bei beiden ist der Bezirksfürsorgeverband Dresden-Stadt »zahlungspflichtig«. An Silvester 1935 entlässt Eufinger die Malerin, schickt sie in die Irrenanstalt zurück. Zuvor sprach Vater Wächtler am 27. erneut bei ihm vor.

Nach dieser weiteren schweren Demütigung verfällt die Künstlerin in Resignation. Gebrochen, kein Antrieb mehr zum Malen, das ihr Leben gewesen ist. Die einzigartigen Bildzeugnisse aus dem Irrenhaus sichern ihr den Nachruhm neben Bedeutenden wie Géricault, Hodler oder Edvard Munch. Friedas noch 1936 fertig gestellte Bleistiftzeichnung »Leben«, eine auf den Kopf gestellte Gebärende, gleicht einem Leidensemblem für die zerstörte Kreativität, eine Entäußerung der Elfriede Lohse-Wächtler. Danach bezeugen die unscheinbaren »Stiefmütterchen in Glasvase« von 1939 (15 x 10,5 cm) und wenige Postkarten ihren raschen Verfall.

Das Haus B 3 trägt heute den Namen der Ermordeten. Eine mannshohe Stele steht davor, aufgestellt zu Lohse-Wächtlers 100. Geburtstag. Am Boden ein frisches Gesteck. Im Foyer des Verwaltungsbaus brachte die DDR 1987 zum 75-jährigen Klinik-Jubiläum endlich eine Tafel an, eine jener Kranzabwurfstellen aus kaltem Stein, die in routinierter Sozialistenpoesie behauptet: »Ehrendes Gedenken den Opfern der Faschistischen Euthanasie-Verbrechen.« Das Begleitgrün in Form gut gemeinter Kübelpflanzen wie Yuccapalmen sieht aus, als wäre es zufällig übrig gewesen und deshalb hier abgeladen. Wenigstens sind es keine Plastikblumen. 2700 Kranke schickten Arnsdorfer Ärzte wissentlich in den Tod, hauptverantwortlich Dr. Ernst Leonhardt. Sein in lateinischer Schrift gesetztes Kürzel »Dr.L« ist wie ein Siegel des Bösen auch Tante Mariannes Krankenakte aufgeprägt. Die DDR-Staatssicherheit legt später ein Dossier über ihn an, unter dem Stichwort »Belastungen« hält der Geheimdienst fest: »war Beauftragter für Vergasungsaktion«. Ein furchtbar deutscher Titel.

TODESKANDIDATEN

Nervenarzt Leonhardt beugt sich über die Patienten-Akten, studiert Lebensläufe wie den von Marianne Schönfelder. Auf Meldebögen sind die Kranken unter dem Gesichtspunkt ihrer alsbaldigen »Desinifizierung« taxiert und selektiert, jedes Votum besiegelte ein Leben. Er fertigt Transporte ab, liefert die Todeskandidaten den Mördern aus. Nach Zeugenaussagen und Berichten der Staatsanwaltschaft warteten vor Leonhardts Verwaltungstrakt C 1 die Busse der »Transportstaffel«, die nach einem geheimen Katastrophenrhythmus die Anstalt ansteuerten und die Opfer einsammelten.

Wie bei einem Grandhotel endet die geschwungene Auffahrt vor der imposanten Front des Haupthauses. Immergrüne Thujen und neue, rote Kandelaber sind Verlegenheitslösungen angesichts der Aufbruchs-Architektur. Ihre Fortschrittlichkeit imponierte 1910 dem »IV. internationalen Kongress zur Fürsorge für Geisteskranke« in Berlin. Die Planer zählten nebst »chronisch lärm- und tobsüchtigen Kranken« die Gruppe der mit »dementia praecox (Jugendirrsinn)« Geschlagenen zur Arnsdorfer Klientel. Noch wunderlicher eine Gruppe »mit Neigung zu impulsiven, verkehrten, bedenklichen Handlungen Behafteter«.

Ich fahre drei Mal zum Tatort. Aber es gelingt nicht, das Verbrechen in den Park hineinzudenken. Ein jeder Beschreibung spottendes Schauspiel, wie sich diese Prozession der Verdammten formiert, wie sie sich von den verstreut angeordneten Häusern zum Zentrum bewegt haben muss durch das Spalier der Laubbäume. Ein Chor vielfacher Stimmen jedenfalls. In welcher Verfassung waren die Aussortierten? Erwartungsvoll, verhieß der Tag doch eine Fahrt ins Blaue? Oder instinktiv von unbestimmter Panik erfasst? Sie verließen ihren eng umgrenzten Bezirk, etwas stimmte nicht. Eine getreuliche Herde, zusammengetrieben zur letzten Fuhre, einzig dass es keine Viehwagen waren.

Auf den sanft geschwungenen Pfaden erreichen die Gruppen den Treffpunkt bei der Anstaltskirche, von den Nazis zur schäbigen Kulisse ihrer Mordtaten herabgewürdigt. Vorbei am christlichen Fassaden-Schmuck, in Sandstein gehauen sind Kelch, Taube, Kreuz, die Symbole für Gemeinschaft, Frieden, Erlösung, höchsten Werten der Menschlichkeit. Leonhardt erwartet sie, mustert die Arg- und Wehrlosen, die ihn anschauen wollten von Mensch zu Mensch. Männer, Frauen, Kinder, von ungeduldigen Krankenwärtern gebracht, tappen in die Falle. Er war der Chef, er musste ihnen nicht mal etwas vorgaukeln. Sie vertrauen ihm blind. Fügsam, glauben sie, in ihrem ärgsten Feind einen Helfer zu haben. Ein barbarisches, vielfach wiederholtes Zermoniell, das auf seine Gewissenlosigkeit gründet. Von den vielen Hundert zur Vergasung weggebrachten Patienten kehrt nur ein Einziger(!) nach Arnsdorf zurück. Ob der Doktor den Elendsgestalten hinterherschaut, ehe er sich zum Üblichen an den Schreibtisch im Direktorenzimmer 22 begibt? Nach dem Krieg kampierten 1945 die berittenen Kosaken auf der Wiese, scherten sich nicht darum, was es mit diesem Platz für eine Bewandtnis hat.

Vielleicht erhaschten die Patienten noch einen letzten Blick auf die Anstaltsuhr, die vom Pförtner gern zur Orientierung anempfohlen wird. Dann ging es ab zur Gaskammer. Der Bus nahm die Hauptzufahrt Richtung Süd, die Route führte wohl durch den Karswald über die sich dehnende Landstraße zur »Schönen Höhe« von Dürröhrsdorf-Dittersbach. Nach einem kleinen Schwenk westlich via Kohlberg oder Liebethal über die Dörfer bis Pirna-Sonnenstein. Dort lagerte über der Stadt schon brandig-süßlicher Geruch der Leichenverbrennungen. Die Öfen bekamen Nachschub.

Ernst Leonhardt amtierte seinerzeit im Trakt von Klinikchef Hubert Heilemann; welch passender Name für einen Seelendoktor. Aber ganz frei bewege ich mich auf dem Gelände dort nicht, nachdem mir bei der Ankunft ein älterer Mann in blauer Arbeitskluft kichernd versicherte, »ein Doppelgänger« zu sein. In Sätzen für den Laien doziert der Leiter nun über die »nach wie vor rätselhafte Krankheit Schizophrenie«. Entgegen landläufiger Meinung sei es keine Erbkrankheit. Es könne jeden treffen. Statistisch gebe es jedoch eine familiäre Häufung. Generell bestehe bei allen Menschen die Wahrscheinlichkeit von einem Prozent, dass der Wahn ausbreche. Häufig gehe das Gefühl einer Überforderung voraus. Diese sei nicht die Ursache, sondern bereits das unspezifische Anzeichen einer geistigen Störung. Bei Elfriede Lohse-Wächtler, bei Tante Marianne trat das für unwahrscheinlich Gehaltene ein.

Hubert Heilemann trägt vom Pulli bis zu den Schuhen schwarz. Beim nächsten Treff vom Pulli bis zu den Schuhen blau. Sein weißer Arztkittel bleibt am Garderobenständer im Flur hängen. Er legt zum Dozieren die Fingerkuppen aneinander, spricht viel von »Aufklärung«, da habe die Presse noch einiges zu tun. Der Facharzt für Neurologie, Psychiatrie und Psychotherapie publizierte über den »Patienten Goethe«, befand ihn vergleichsweise gesund. Jetzt beschäftigt er sich intensiv mit dem düstersten Kapitel der deutschen Psychiatrie am Beispiel seines Arbeitsplatzes Arnsdorf. Für die Recherche hilft er mit Dokumenten, steuert manch aufmunterndes Wort und Mariannes fehlerfrei geführtes Karteiblatt bei: »Nummer 428, Diagnose: Schizophrenie«, schwarz auf gelb gedruckt. Jedes Behördenschreiben ein Beleg für die teuflisch ausgeklügelte Umklammerung, in die sie gezwungen war. Polypenhaft vom Kontrollsystem ergriffen, abgestempelt mit: »Polizeil. Anmeldung erledigt. Polizeil. Abmeldung erledigt«. Die frühere Wohnanschrift Wiesenstorstraße 5, I. Stock, ist ausgestrichen, im zunehmend entfernten Dresden, 20 unüberbrückbare Kilometer.

Der Klinikleiter blickt vom Schreibtisch auf das Gemälde eines Patienten mit Borderline-Syndrom. Mehr will er darüber nicht verraten. Rechts von ihm ein ebenso buntes, abstraktes Bild von einem Schizophrenen. Zwei Belege von Wahnsinn und Kreativität, die seine durchaus auch beunruhigende Kompetenz anmahnen, die Entscheidungsmacht darüber, ob jemand für normal oder für verrückt gehalten wird. Im Gespräch vermutet er, dass der Gynäkologe Eufinger zur Kriegszeit hier in diesem Gebäude praktizierte. Arnsdorf war der Ausweichstandort für die Frauenklinik Friedrichstadt. Tatsächlich wurden den Dresdnern diverse Räume und ein Labor zugewiesen, die Station B 9 bei der Gärtnerei konkret zur »Kinderstation« umgewidmet und Eufinger zur Verfügung gestellt. Er, Heilemann, kenne jemanden, der hier zur Welt gebracht worden sei. Seit September 1943 lief mit Katastrophenfahrzeugen des Roten Kreuzes die Verlagerung der Kranken vor die Stadt. Der Jahresbericht vermerkt deshalb, »nichterwachsene Geisteskranke, Epileptiker und bildungsunfähige Schwachsinnige« seien nach der Landesanstalt Großschweidnitz »zu verlegen«. Davon betroffen: Tante Marianne.

DAS MUSTER

Boris Böhm hat die Hinrichtung Elfriede Lohse-Wächtlers präzise rekonstruiert. Ihre klammheimliche Tötung ist eine Matrix für das, was von den Nazis auch Tante Marianne bestimmt worden war. Der Diplomhistoriker und Leiter der Gedenkstätte

Pirna-Sonnenstein sieht blass und traurig aus. Seine Institution sitzt in der alten Schlossanlage, über der früheren Gaskammer, eine Tafel am Eingang verweist auf die Vorgeschichte. Ich öffne die Tür mit dem bedrückenden Gefühl, ein Totenreich zu betreten. Böhm macht den Eindruck eines Idealisten, der zu viele Leidensgeschichten kennt, in zu viele Abgründe blickt, viel wegsteckt und sich bei alledem Sensibilität für die Ärmsten der Armen bewahren will. Er ist gehetzt von dauernder Bewältigungsarbeit, die sich aufs Gemüt legen mag. Draußen warten schon die nächsten Besucher.

Nicht dass der Wissenschaftler klagte in seiner Bescheidenheit. Aber seine Institution muss Jahr für Jahr mit viel zu wenig Geld auskommen, wie übrigens alle vergleichbaren Einrichtungen. 2,1 Millionen Euro beträgt der Etat für die sieben Gedenkstätten Sachsens, Portobeträge im Vergleich zu den Zig-Millionen, die in Berliner Monumente verbaut werden. Elfriede Lohse-Wächtler, Tante Marianne, die vielen tausend Euthanasie-Opfer waren und sind die vergessenen Opfer. Die DDR fand es nicht der Mühe wert, sich damit zu beschäftigen, der Bundestag ließ sich bis Mai 1998 Zeit, das Nazi-Gesetz zur »Verhütung erbkranken Nachwuchses« für nichtig zu erklären.

Der Leiter führt das Gespräch im ersten Stock des früheren Gebäudes C 16, auf alten Plänen der hintere Bereich des »Männergartens«. Heute die Bibliothek mit fantastischem Blick auf die Elbe, die westwärts zieht. In der Wintersonne glitzern die Bäume, wenn man unter diesen Vorzeichen für eine Aussicht etwas übrig hat. Den freien Zugang müsse ich mir zur Nazi-Zeit abgeschottet durch Bretterzäune und Mauer denken, ein Stück davon steht noch am Abhang. Früher hausten hier die »Heizer« oder »Brenner« direkt über dem Krematorium, zwölf niedrigste SS-Chargen, abkommandiert an die Öfen und in den Leichenraum. Kaum ausgeladen, drängten sich die angekarrten Kranken unten im heutigen Konferenzzimmer. Männer, Frauen, Kinder, das Jüngste zwei, der Älteste 86. Das verheißene

Bad lockte sie über die westliche Treppe in den Keller. Auf den Holzbänken im Vorraum Seifen und Handtücher. Nebenan die Gaskammer mit ihren kahlen Wänden. An der Decke zum Schein Duschköpfe. Zwölf Quadratmeter groß. Platz für maximal dreißig Opfer.

Zur Vernichtung Tausender Menschen genügte eine Hundertschaft Bediensteter. Ein Viertel davon Schreibkräfte, Listenführer für Inventur und Abrechnung, die Bücher mussten stimmen. 13 720 Kranke und Behinderte wurden in den Jahren 1940/41 in Sonnenstein ermordet, jeder Einzelne genau verbucht. Genauso viele Sterbeurkunden, genauso viele »Trostbriefe« mit frei erfundenen Daten stellte das »Sonderstandesamt« aus. Ehe es ihn nach dem Krieg den Kopf kostete, gab der Pfleger Erhard Gäbler, ein gelernter Sanitäter, zu Protokoll, für die »Sektionsarbeiten« habe er eine »Gefahrenzulage« von 65 RM monatlich erhalten. Der Polizeiposten bestand aus 15 Mann, ihr Chef Paul Rost machte in Personalunion auch noch den Transportleiter für die acht Fahrer. Später kam er kurz in U-Haft, blieb aber straffrei.

Unter sich sprachen die Exekutierer heiter von »der Sonne«. Was für eine Verbrecherlogik, mit einem Ort dieses Namens die Ausrottungspolitik zu tarnen. Der Kameramann Hermann Schweninger filmte für den bei internen Vorführungen gezeigten Streifen »Dasein ohne Leben« einen Mord durch das Beobachtungsfenster. Die Dokumentation sollte laut Entwurf von 1942 mit dem Kommentar enden: »Das von unheilbarer Geisteskrankheit und unmenschlichem Dasein ... gequälte Gesicht eines Unglücklichen ist vom Frieden eines sanften Todes geglättet, der endlich Hilfe brachte, die Erlösung.« Es konnte nur den DDR-Apparatschiks einfallen, in der Vergasungsadresse erst Angehörige einer Polizeischule unterzubringen und danach den »VEB-Entwicklungsbau« der Luftfahrtindustrie.

Am 31. Juli 1940 schafft man Elfriede Lohse-Wächtler vormittags mit 53 Frauen und 33 Männern von Arnsdorf nach Sonnenstein. Fahrzeit mit dem Bus keine 60 Minuten. Von der traumhaften Landschaft, die vorbeizieht, können die Ausgesonderten nichts sehen. Die Fenster sind zugestrichen. Bernardo Bellotto, genannt Canaletto, hatte im 18. Jahrhundert die Gegend durchstreift und für Kurfürsten und Könige gezeichnet. Mehrere Veduten von Schloss Sonnenstein entstanden. Der Canalettoweg stößt auf die Umzäunung der Vergasungsanstalt. Kultur und Barbarei, Muse und Mord.

Alles klappt wie am Schnürchen. Im Erdgeschoss von Haus C 16 messen, wiegen, fotografieren der Angekommenen. Danach Überprüfung der Identität, wechselweise durch Dr. Schumann oder seinen Stellvertreter Dr. Schmalenbach. Krankenschwestern führen die schon bis aufs Hemd entkleideten 25 Frauen ins Untergeschoss, verschließen hinter den nun Nackten die Stahltür. Der Chef öffnet die Ventile der 40-Liter-Kohlenmonoxidflaschen. Nach diesem Schema löschten die Nazis die Schwächsten aus, in Sachsen rund die Hälfte der Anstaltsinsassen.

Boris Böhm ist ein Chronist von einigem Nachdruck: »Elfriede Lohse-Wächtler musste inmitten von angstvoll schreienden und verzweifelt an der Tür ... rüttelnden Leidensgefährtinnen qualvoll sterben.« Klaustrophobie, Enge, entsetzlich die Vorstellung der mit dem Gas einströmenden Panikwelle, welche die Eingeschlossenen in einem Moment jäher Klarheit erfasst. Der Blick sucht das helle Rechteck des einzigen Fensters, 20 Gitterfelder versperren jede Fluchtmöglichkeit. Das Röcheln, nach Luft schnappen, das Zucken, Sich-an-den-Hals-greifen, ersterbendes Gurgeln, die Stille. Der Todeskampf konnte sich nach Aussagen zwanzig Minuten hinziehen. Über alle Zeitzonen hinweg werfen die Wände noch immer das Echo zurück. Die Malerin war 40 Jahre alt. Eine von 1209 Arnsdorfer Patienten des Jahres 1940, die in Sonnenstein getötet wurden.

Im Nachbarraum schmissen SSler die Toten auf den Boden, von da zerrte man sie ins Krematorium nebenan. Vier

Opfer passten auf die Bleche, die man in die Koksöfen schob. Der Leichenverbrenner Emil Hackel erzählte seinen Vernehmern mit unerträglicher Leutseligkeit, speziell Gekennzeichneten seien vom »Boehm, Karl« mit einer Zange die Goldzähne ausgerissen worden, das Edelmetall kam in die »Nachlassabteilung«. Anderen entnahmen Ärzte das Gehirn zu »Forschungszwecken«. Auf der Höhe qualmte es in seltsamer Färbung. Aus dem viereckigen Schornstein trieb ständig Rauch. Wie in einer Chemiefabrik. Der Qualm wollte sich einfach nicht verflüchtigen, stand zu bestimmten Zeiten über Pirna und roch schauderhaft. Besonders im Juli 1941, laut Statistik der schlimmste Monat mit 2537 Tötungen, über hundert pro Arbeitstag. Ohne dass der die Stadt belagernde, trübe Dunst für die Anlieger ein Alarmzeichen gewesen wäre.

36 000 Einwohner Pirnas nahmen es hin wie örtlich betäubt. Bürger, die doch bei jedem Hinaustreten vor die Haustür ihren Blick automatisch auf den östlich der Altstadt gelegenen Schlossberg richteten, im Kollektiv trotzdem wegsahen, obwohl Gerüchte kursierten und die Flüsterpropaganda weitergab, was im Burgfried geschah. Reiseführer rühmen die einem Ausläufer des Elbsandsteingebirges aufgesetzte »Stadtkrone«, sanft abfallend zur Gemeinde, in der das Unbegreifliche passierte: von ihrer Ignoranz begleitet der organisatorische Probelauf der anschließend industriell betriebenen Vernichtung im KZ. Eingeübt am lebenden Subjekt, bald folgte der perfektionierte Völkermord in Auschwitz und anderswo. Zum Teil waren die Täter von Sonnenstein, Belzec oder Sobibór identisch, Weltreisende auf sehr deutsche Art. Knapp 40 Kraftfahrer, Leichenverbrenner und Büroangestellte zogen, nach Beförderung, in den nächsten »Vernichtungssektor« weiter. Darunter der Koch Kurt Franz, der als stellvertretender Kommandant im Lager Treblinka II Häftlinge von seinem Hetzhund Barry zerfleischen ließ. Bis zum 1. September 1941 sind exakt 70 273 Kranke »desinfiziert«, sprich vergast worden. Die Schlussrechnung der sechs im Reich

darauf spezialisierten Anstalten, bis auf zwei Stellen hinter dem Komma: 885.543.980.00 Mark seien eingespart worden, entsprechend 33.733.003,40 Kilo Lebensmittel, »nebst 2.124.568 Stück Eier« und 19.754.325,27 Kilo Kartoffeln.

Die Malerin hat kein Grab. Gewöhnlich zermahlte man die Überreste der Verbrannten in der Knochenmühle »bis auf die Größe von Haferflocken« zum Wegschmeißen auf die 500 Meter nahe Deponie. Oder streute sie im Morgengrauen unweit auf die Elbleite in die freie Natur. Der kriechende Efeu, gern auf Friedhöfen gedeihend, und das gelb blühende Schöllkraut wuchern auf dem stickstoffreichen Hang besonders kräftig in einem Stangenwald mit jungen Eschen und Weiden. Der Wind wehte die Asche übers Land und trug das Verbrechen überall hin. Auf der Festung gibt die Erde gelegentlich noch Knochen preis. Böhm zeigt nach draußen, vor zwei Jahren hätten sie Bodenproben entnommen. Man versinkt buchstäblich im Elend.

Historiker Böhm könnte sich dem Deprimierenden nicht entziehen, arbeitete er nicht gleichzeitig über die besonders fortschrittliche Sonnenstein-Psychiatrie des 19. Jahrhunderts. Dem Märchenkönig Hans Christian Andersen zeigte sich im Sommer 1831 das »freundliche Pirna mit seinen roten Dächern«, die »herrlichen, vollen Moosrosen« zogen sich an den Wänden der Häuser hoch. Ihm wird es komisch dort oben, gleichermaßen fassungslos, geschockt und fasziniert von den Patienten: »Die Phantasie ... ist hier eine fürchterliche Chimäre, deren Medusenhaupt den Gedanken der Vernunft versteinert ...«

Die Familie Wächtler wollte ihre Frieda am 7. August 1940 vom Sonnenstein zum bereits gewährten Urlaub abholen. An der »Narrenburg« angelangt, wies eine Wache wie in Kafkas »Schloss« die Mutter ab. Ein elendes Schmierentheater mit der Auskunft, Elfriede sei weitertransportiert worden. Nachricht über den Zielort folge. Was kam, war die frei erfundene Mitteilung, sie sei am 12. August um 2 Uhr an »Lungenentzündung mit Herzmuskelschwäche« verstorben. Eine Postkarte mit Blumengebinde samt letzter Rose war ihr Abschiedsgruß an die Mama: »Ängstige Dich nur nicht immer so sehr, es wird schon alles wieder gut werden.« Kurz vor ihrer Tötung fand die Schizophrene sieben vierblättrige Kleeblätter, nahm dies freudig als Omen einer besseren Zukunft.

ENTFERNUNGEN

Wie aus ihren Papieren hervorgeht, landet Marianne Schönfelder 1938 auf Antrag des »Fürsorgeamtes Dresden« in Arnsdorf. Die Abteilung »Erb- und Rassenpflege« beim Stadtgesundheitsamt befürwortet ihre Einlieferung. Die Kranke sei »ohne Einkommen und ohne Vermögen«, ebenso der unterhaltspflichtige Vater, von dem es heißt, »auf Gehalt angewiesen«, Zusatz: »wird noch geprüft«. Der Hinweis auf Finanzprobleme, während sich nach außen hin bei den Schönfelders noch ein bürgerlicher Anschein behauptet. Den empfand der Enkel Gerhard Richter immer stark und beruhigend, umso mehr, da er ihn in Waltersdorf vermisste. Marianne wird ein Verpflegungsaufwand von 3,50 Reichsmark zugestanden, die Stadt Dresden versichert per »Verbindlichkeitserklärung« außerdem, »insbesondere das Pflegegeld ... pünktlich an die Anstaltskasse kosten- und postfrei zu entrichten«.

Ganz in der Nähe von Dresden ist Arnsdorf eine Anstalt in der Stadt und doch nicht in der Stadt. Für die Eltern eine Eisenbahnfahrt von »18 Minuten«. Die Mutter rechnet es den Ärzten verschiedentlich in Briefen vor. Ihre Post zeugt von hilfloser Verzweiflung. Trotzdem fällt in ihrer auch im zunehmenden Alter um Schönschrift bemühten Korrespondenz nie das unaussprechliche Fremdwort »Schizophrenie«. Es rührte an die kreatürliche Urangst vor dem Verrücktwerden. Die »Krankheit 14« ergriff mit der Herrschaft über Marianne auch Herrschaft über die Familie. Das Leiden bedeutete, Mutter und Kind hatten einander 20 Jahre gehabt, davon blieb nichts, was die Zukunft aufwog. Eben hatten sie noch zusammen musiziert, sich erzählt, Pläne gemacht. Es fiel schwer und schwerer, sich angesichts Mariannes Veränderung wenigstens an die gestundete Zeit der schönen Jahre zu klammern. Ihre Verzerrung entstellte das gemeinsam Erlebte, ließ es wie eine schöne Täuschung erscheinen, leuchtender im Rückblick. Ohne die Verklärung des Gestern wären die Momente totaler Verzagtheit unerträglich gewesen.

Zeile um Zeile huscht Dora Schönfelders Feder über die unlinierten Seiten. Marianne ist die »kranke Tochter«, die »jüngste Tochter«. Auch das »kranke Kind«, obwohl sie nun eine Frau ist. Mochten sie sich über die Ungerechtigkeit der Welt grämen, im Alltag vor Sorge vergehen, die Eltern waren gewillt, sich mit dem Wahnsinn zu arrangieren, solange sie an Rettung glaubten. Mit keiner Silbe hadern die Schönfelders gegenüber den Behörden wegen Marianne, die eine spürbare Lücke in ihrer Mitte zurückließ. Etliches mag den Argwohn von Müttern beim Aufwachsen ihrer Lieben wecken. Der Verdacht lautlos einschleichenden Wahnsinns gehört nicht dazu. »Wie gestaltete sich Ihr Lebensgang?«, lautete Frage 8 bei ihrer Erstuntersuchung. »Einwandfrei!«, hieß die Antwort. Die Schönfelders wussten nicht ein noch aus. Was sollte bloß werden? Wie würde es bloß enden?

Ein Krankenbesuch, 40 Kilometer hin und zurück. Das bedeutete, am Bahnhof Langebrück einzusteigen. Richter war jüngst da und ganz schockiert, die Station mit Brettern vernagelt zu finden. Er fuhr in den Fünfzigern zum Studieren an der Dresdner Akademie von Gleis 1 ab. Auf Gleis 2 gingen die Züge Richtung Bischofswerda, zehn Minuten bis Arnsdorf, drei Stationen. Kein Problem, zumal gemessen an dem, was noch auf die Eltern zukommen sollte.

Die Tochter ist ihnen abhanden gekommen. In Dresden quälten sich Richters Großeltern mit dem Attest, das nur bestätigte, was sie mit eigenen Augen gesehen hatten, doch nicht glauben wollten. Ein überspannter Zustand, der nicht wich, und, schlimmer noch, sich in Schüben steigerte, bis sie nicht mehr sie selber war. Für Marianne sind die Gespenster im Kopf real. Heimgesucht von Schemen, die ihre Seele zersetzen, ihre Persönlichkeit schrumpfen lassen. Das Innen, das Außen, nichts ist mehr gewiss. Einmal ins wilde Denken verirrt, half kein gutes Zureden, kein Drohen und Schimpfen, kein Flehen, nicht mal, dass die Schönfelders im Mitleid mit ihr fast ertrinken und sich selbst anklagen. Lag es an ihnen, hatten sie etwas falsch gemacht? Die üblichen Fragen in Fällen, die keine Erklärungen finden, da sie ins Philosophische gehen. Anfangs meinten sie noch, mit stetem Umsorgen sei Marianne zurückzuholen. Doch woher?

Zunächst brach Marianne die Bürolehre ab, wird aus dem Freiwilligen Arbeitsdienst entlassen. Der Irrsinn nistete sich tiefer und tiefer ein. Sie war jetzt oft böse, störrisch, aggressiv, ein Derwisch, nicht zu bändigen, der sich fürchterlich erregen konnte. Die Komplikationen schaukeln sich auf und versetzten den Eltern jedes Mal einen Stich. In Wahrheit ging Marianne einfach weg ins Unerreichbare, wollte mit keinem mehr etwas zu tun haben. Taub für Vorhaltungen beim oft jähen Wechsel von zappendusteren und lichten Momenten, die ineinander übergingen. Ihr undurchsichtiges Schweigen. Ihre Augen, die niemanden ansahen. Stimmen, die ihr nicht gehörten, denen sie aber gehorchte. Den Kalender kennt die Verwirrte gleichwohl noch. Gut im Bilde macht die Patientin am 27. Mai 1938 für den »Psychischen Befund« Angaben, hat mitgekriegt, in Arnsdorf zu sein, einer »Verrücktenanstalt«. Sie sei von einem Auto hergebracht worden, ist »örtlich völlig orientiert« und gibt sich aufgeklärt:

»Ich habe bloß keinen Geist, der ist weggekommen. Ich kenne die Gesetze. Sie werden sehen, ich bin verrückt. Aber ich rede eben deutsch.

Zu welchem Land gehört Dresden?

Sachsen.«

Fragen nach den Hauptstädten von Deutschland, Frankreich, England, Belgien, Holland, Tschechoslowakei, Ungarn, Rumänien werden prompt und richtig beantwortet.

»Wer war Luther?

Deutscher Reformator, hat gelebt im 15.–16. Jahrhundert.

Bismarck?

Ein Führer, ein Kanzler, Vereiniger aller deutschen Länder.

Wann?

1870–71.«

Sie kennt mit Columbus ohne Zögern den Entdecker Amerikas, soll erklären, »Was versteht man unter kochendem Wasser?«, tut es mit dem Satz: *»Es erreicht seinen heißesten Stand, es beginnt zu sprudeln und hat 100 Grad.«*

»Gefrorenes Wasser?

0 Grad.«

Den Spruch »Hunger ist der beste Koch« übersetzt sie mit *»Da schmeckt es am besten«*.

»Apfel fällt nicht weit vom Stamm?

Das weiß ich nicht. (Auf Vorhalt): Sohn wird nach dem Vater.

Warum lernt man?

Um sich mal zu späteren ... um seinem Volk zu dienen.

Wie denken Sie sich Ihre Zukunft?

Da muss ich erst mit meinen Eltern reden, geistig ist man ja nicht sehr begabt.

Was wollen Sie denn machen?

Ich bleibe zu Hause, das ist so eine geistige Frage.«

So geht es weiter. Marianne versendet Kassiber aus dem nur ihr bekannten Land, in dem alles seinen Sinn macht in einer uns unbekannten Ordnung. Gedanken fabuliert sie vor sich hin, die der Anstaltsinsasse und Dichter Robert Walser hätte nicht klug-versponnener formulieren können:

»Auf Deutsch gesagt, irgendein Grund muss doch von mir ausgehen.

Wollen Sie denn für immer hier blieben?

Nein, nein, Sie dürfen mich nicht suggestieren.«

Weiter geht es in Frage und Antwort:

»Was wissen Sie von Hitler?

Ich will gern dieses für mich behalten.

Sie haben einen Ruck in sich verspürt?

Ja, da kam Hitler durch Dresden gefahren, und da hat er mich gesehen, das war wieder einmal meine Verrücktheit. Da hörte ich auf einmal einen Ruck herunter, als würde der Mann sich umdrehen und mir eine Ohrfeige geben wollen.«

An anderer Stelle: *»Ich möchte mal bei Hitler anrufen, wie das mit den Katholiken ist.«*

Hellsichtig, oder schlimme Vision: Hitler gehört zu den Spukgestalten, die durch Mariannes Wirrnis geistern und die sie verfolgen. Anfang Mai 1936 kam er zur Dampferfahrt auf der Elbe mit NS-Prominenz nach Dresden und hält Hof im »Bellevue«, dem Hotel »ersten Ranges, mit Garten, 80 Zimmer mit Bad« am Adolf-Hitler-Platz 1. Zu der Zeit bemächtigt sich der Wahnsinn Mariannes. Weiter im Telegrammstil:

»Fühlen Sie sich nicht krank?

Nein, geistig nicht.«

Nachsatz, von Anstaltsleiter Kurt Sagel: »Steht auf und läuft in dem Zimmer herum, redet vor sich hin. Sehr unruhig, rückt mit den Händen immer herum, kann nicht stillsitzen, lächelt.« Kein beruhigendes, sondern das gewisse, abschirmende Lächeln. Das verzückte Lächeln einer Entrückten.

Abschließende Beobachtung: »Motorische Unruhe,

nachdem sie aufgefordert wird, sich auszuziehen, fängt sie wieder an, vor sich hin zu reden: *Ich bin der willensschwachste Mensch, sonst aber ganz friedlich. Ich muss gehorchen. Ich bin mehr als andere. Da kann ich mich aufhängen, aber ich bleibe.* Fängt plötzlich zu weinen an.«

Absurdes Theater. Mariannes Befragung nach Schema F mit der Prüfung zeitlicher und räumlicher Orientierung, die doch nur bestätigen soll, was bereits feststeht: er hat eine Irre vor sich. Die Panik der aus ihrer Familie gerissenen, aus jedem Zusammenhang gefallenen, ganz auf sich gestellten und besonders verstörten Marianne lässt Sagel kalt. Sein Patienteninterview zeugt von der Macht der Institutionen und der Verfügungsgewalt über ein Individuum. Es ist doch eine Leistung, dass sie überhaupt spricht, obwohl sie sich unter der Erschütterung windet. In der Exploration kein Vorschlag für eine Therapie, nichts über ihre weiteren Aussichten. Marianne hat die Selbstbestimmung verloren.

Bei der Einlieferung ist sie im Übrigen körperlich kerngesund. Ernährungszustand »gut und kräftig. Knochenbau mittel«. Von »sehr gutem Fettpolster« ist die Rede. Die Haut glatt und straff, das Gebiss lückenlos, »Zähne gut conserviert«. »Lunge: Sonorer Klopfschall, gut verschieblich«. Herz? »Töne rein, etwas beschleunigt, normale Grenzen!«

KRANKHEIT NR. 14

Vorher ein »gut lenkbares, fleißiges, geistig reges Mädchen«, enthüllte sich nach und nach die andere Seite ihrer Natur, von Wahn besetzt. Niemand kam je dahinter, welche Gespenster

Marianne bedrängten. Die von den Pflegern oft genug konstatierte (und notierte) Renitenz drückte inneres Chaos aus. Mal jagte Marianne gleich einem erschreckten Tier umher, panisch kreischend. Von 24-stündigen Albträumen gepeitscht, konnte sie enorme körperliche Kraft entfalten. Die anderen Patienten wichen vor ihr zurück, wollten sich nicht mehr mit ihr an einen Tisch setzen, lese ich in den Berichten.

Sie störte und ärgerte im Tagesraum, raufte sich mit den anderen. Dann plötzlich geistesabwesend mit unerträglichen Visionen, ringend mit unsichtbaren Wesen, in ihrem Wüten die Glieder verrenkt, eine steife Puppe, wie mondsüchtig wandelnd. 1938 schrieb der Gutachter, Marianne sei zu »einer ablehnenden, reizbaren, gesperrten, zeitweise aggressiven Kranken« geworden, im Haushalt der Eltern in keiner Weise mehr zu beschäftigen. Zuvor im Herbst 1937 seien sich stetig steigernde Erregungszustände aufgetreten, sehr lebhafte Sinnestäuschungen und Wahnideen aller Art, »die ihren Verbleib in der Familie unmöglich machten«.

Die allmähliche Verfinsterung der Marianne S. Es entsprach dem damaligen Stand der Wissenschaft, sie »vom 9.9.37 bis 11.2.38« mit Insulin zu behandeln, »wodurch allerdings nur eine weitgehende Beruhigung der Kranken erzielt wurde«. Doch ging das einher mit einer allgemeinen Verschlechterung. Immer läppischer, zerfahrener sei sie geworden, mit »wörtlichen und tätlichen Angriffen ihrer Umgebung«, vergleichbar einem Rückfall in die närrische Kinderzeit. Die Krankheit Nr. 14 wird eingeordnet als Überschreiten der Grenze zu einer anderen Existenzform. Bei ihr kam ein ausgesprochener Zerstörungstrieb durch, als sei sie in Konflikt geraten mit irgendwelchen Erwartungen, schere deshalb aus und provoziere so den Abbruch der Zuneigung, um sich speziell von der allzu geliebten Mutter abzunabeln. Die so Charakterisierte blieb ihre Tochter, war noch die Tante von Gerhard Richter. Aber sie war ein ganz anderer Mensch, eine andere Person in einer anderen Marianne, mit den Zügen einer anderen im früher von allen besonders lieb empfundenen Gesicht.

Die anschließende »Cardiazolschockbehandlung« durch Dr. Stoltenhoff bedeutete eine unvorstellbare Tortur für die junge Frau, die für die Injektionen von Wärtern festgeschnallt werden musste. Fatalerweise steigerte die Serie »nur die Intensität der Halluzinationen und die Erregbarkeit«. Erst um 1935 eingeführt, handelte es sich um eine umstrittene Gewaltmethode, Erfahrungen über die Langzeitwirkung lagen noch nicht vor. Der Erfinder Ladislaus von Meduna schlug vor, »regelmäßig 30 Anfälle in dreitägigem Abstand auszulösen« – eine äußerste Belastung. Vereinfacht gesagt, ging er davon aus, dass die per Medikamentierung erzeugten pseudoepileptischen Anfälle das Spaltungsirresein positiv beeinflussen würden. Eine noch scheußlichere Alternative wäre das Durchtrennen der Nervenbahnen zwischen Stirnhirn und Thalamus gewesen, wie es im Film »Einer flog über das Kuckucksnest« an der Hauptperson demonstriert wird. Es versenkte die Betroffenen in fortan unerschütterliche Gleichmut.

Intravenöse Injektionen von Cardiazol bekämpften eine Qual mit einer anderen Qual, von den Kranken als Todes- oder Weltuntergangserlebnis erlitten. »Vernichtungsgefühle stellten sich ein«, konstatiert die Fachliteratur trocken. Oft genug warfen Cardiazol-Stöße die Patienten vollends aus der Bahn, die das Spritzen »wie einen elektrischen Schlag verspürten«. Andere erlebten »Photismen« in Gestalt von Lichtblitzen und Rotsehen, oder »Schmerzen bis in das äußerste Ende des Körpers«.

Dr. Ernst Adolf Schmorl ist einer der drei »Gutachter«, die Tante Marianne 1938 in nichtöffentlicher Sitzung erbarmungslos zur Zwangssterilisation verdammen. Er referiert im gleichen Jahr in der »Allgemeinen Zeitschrift für Psychiatrie und ihre Grenzgebiete« über »Einwirkung der Cardiazol-Krampfbehandlung auf das klinische Bild von Psychosen« am Beispiel von

130 Fällen. Bei fast allen stellt er eine »deutliche Enthemmung« bis hin zu einer »sprachlichen Entfesselung« fest. Die Beschäftigung gehe leichter von der Hand. Eine »gewisse Grazie der Bewegung« will er bemerkt haben, allerdings auch »Faxensyndrome« mit hochgradiger Verworrenheit. Schmorl wollte auf Zähmung hinaus, das Krampfgift sei geeignet »ruhig zu stellen«, er empfahl dazu immer wieder einzelne »Cardiazolschläge«. Insbesondere dieser Effekt machte aus Sicht der Doktoren das Martyrium vertretbar. Bei solchen Untersuchungen weiß man nie genau, ob sie zuvörderst dem zum Versuchskaninchen degradierten Patienten oder nur der Literaturliste des Verfassers dienen. Bei Tante Marianne wurde die »Therapie« abgebrochen.

Dieser Schmorl war ein besonderer kerndeutscher Aufschneider. Der Maler Wilhelm Dodel verewigt seinen Freund mit dem befremdlichen »Bildnis E.S. (Sanitätsrat Schmorl)«. Zwei Mal abgedruckt, in dem eher abseitigen Bändchen »Ärzte-Porträts aus vier Jahrhunderten« und in der Reihe »Maler und Werk« des volkseigenen Verlags der Kunst Dresden, das ich im Münchner »Zentralinstitut für Kunstgeschichte«, ZI, entdecke. Wegen Gerhard Richter fuhr ich in die größte Fachbibliothek hierzulande, zähle 62 Kataloge und Abhandlungen über ihn. Das ZI ist im ehemaligen NSDAP-Parteizentrum am Königsplatz untergebracht, dem ersten nationalsozialistischen Großbauprojekt überhaupt. München war die »Hauptstadt der Bewegung«, der Partei-Block aus Kelheimer Sandstein mit einer Front von 85 Meter Länge wuchtiges Symbol des »unzerstörbaren« Reichs. Hier fing es an. Vis-a-vis das Lenbachhaus mit Richters »Atlas«, auf der 51,7 x 66,7 Zentimeter großen Tafel 1 ein Bild von Ex-SSler Heinrich Eufinger.

Im Parterre geht es zunächst vorbei am Großraumbüro 4, heute Sitz der »Staatlichen Graphischen Sammlung, Corpus italienischer Zeichnungen«. Für die NSDAP verwalteten dort 80 Angestellte die Zentralkartei, »vom Grundsatz peinlichster Sauberkeit in der Geschäftsführung geleitet«. Die

Machthaber verstauten in Stahlschränken mit Holzschüben sieben Millionen Dokumente für sieben Millionen Mitglieder, darunter auch Heinrich Eufingers Parteiausweis 2 246 463. Schmorl ist die Nummer 2 965 601. Beide traten am 1. Mai 1933 in die NSDAP ein, beide studierten unter anderem in Würzburg und Frankfurt Medizin, auch Schmorl arbeitete kurzzeitig im Krankenhaus Friedrichstadt. Über 50 dieser Kästen stehen noch im mittleren Kellergang, von der »Geldschrank-Fabrik Franz Leicher«, Verkaufsladen Löwengrube 7, einheitlich olivgrün mit roten Schmuckstreifen geliefert.

Nach dem Krieg holten sich die Amerikaner die bereits zur Vernichtung in eine Papiermühle gebrachten sieben Millionen Karteikarten in ihr Berliner »Document Center«. 1994 kam der Bestand ins Bundesarchiv. Dort fördert die Suche nach Richters Schwiegervater unter anderem Eufingers SS-Stammpapiere zutage sowie Schreiben der NSDAP-Reichsleitung, Kartei-Abteilung: »München den 31. März 1941« mit dem Nachweis der »ununterbrochenen Beitragszahlung«. Eufinger wird mitgeteilt, sein falsch geschriebener Eintrag auf »E*n*finger« sei korrigiert. Für Schmorl ersucht die Gauleitung Sachsen die »Abteilung Aufnahme« in »München 43« um eine Zweitschrift der »in Verlust gekommenen Mitgliedskarte des Pg. Dr. Ernst Adolf Schmorl, Pirna a.d. Elbe, Sonnenstraße«.

Die Wege kreuzen sich, es muss wohl so sein. Déjà-vu: Ich suche eigentlich nach Gerhard Richter und treffe im überkommenen Marmorprunk der NSDAP-Reichsleitung unvermutet auf die Fährten seines Schwiegervaters Eufinger und dessen Parteigenossen Schmorl, mitschuldig an Tante Mariannes Unglück. Auf dem Treppenabsatz protzte einst Hitlers großformatiges Porträt. Im Obergeschoss der Lesesaal in deutscher Eiche, zur NS-Zeit bedeckte ein Teppich mit Hakenkreuzmusterung den Parkettboden. Eine gewaltige Erdkugel forderte die Eroberungsträume der Besucher heraus. Der vom ZI erstellte Katalog »Bürokratie und Kult« präsentiert eine Aufnahme genau dieses Raums 19 aus dem Jahre 1942. Reichsschatzmeister Schwarz stand vor der Bücherwand zu meiner Linken, seine im Karré gruppierten Zuhörer haben die Hacken zusammengeschlagen. Die Kugellampen blieben die alten, die Arbeitslampen sind neu. Auf meinem Tisch dort jetzt das Bändchen über den Maler Wilhelm Dodel mit der Signatur Dod 260/20, im Regal direkt unter seinem Dresdner Lehrer Otto Dix eingereiht, dem Freund der Elfriede Lohse-Wächtler.

Dodel war Kommunist, von den Nazis im Vestibül der Dresdner Kunstakademie verhaftet, von der Hochschule relegiert, für ein Jahr ins KZ Hohenstein gesteckt. Das hielt Dix' Meisterschüler nicht davon ab, den Nazi Schmorl idealisiert in einen italienischen Palazzo zu postieren, ein kleines Bild im Hintergrund zitiert Botticellis »Venus«. Man kann lang darüber grübeln, was die von ihm bestellte Komposition nach Renaissance-Vorbild, Öl und Tempera auf Holz, im Hinblick auf seine Rolle besagt. Doch wohl, dass er gern bedeutend wäre.

Auftritt Schmorl, 29 Jahre alt, in Herrscherpose, blaue Fliege, die Linke in die Hüfte gestemmt mit gut sichtbarem Siegelring, in der Rechten einen Pfirsich. Die Mundwinkel heruntergezogen, mokanter Ausdruck und bei mir sofort die Vorstellung, wie er vor Patienten wichtigtuerisch herumfuchtelt und auf den Fersen wippt. Alles in allem erweckt der Psychiater den Eindruck, als sei ihm der Ruf »jüngster Medizinalrat Sachsens« in den Kopf gestiegen. Drei Jahre später greift er am Dresdner Erbgesundheitsgericht entscheidend in Mariannes Leben ein, hilft tatkräftig mit, sie zugrunde zu richten. Danach verstrickt er sich als »Gutachter« immer tiefer in die Euthanasie-Verbrechen. Anfang 1942 wird er aus dem sächsischen Landesdienst zur Kanzlei des Führers der NSDAP in Berlin »beurlaubt«. Sein Name steht auf der »T 4«-Gutachterliste mit dem Standort Heidelberg-Wiesloch. Kost und Logis frei. Schmorl, der sich unter dem Pseudonym Theodor Aarkadi Schmorl 1946 damit großtat, über den Barockmaler Balthasar Neumann Be-

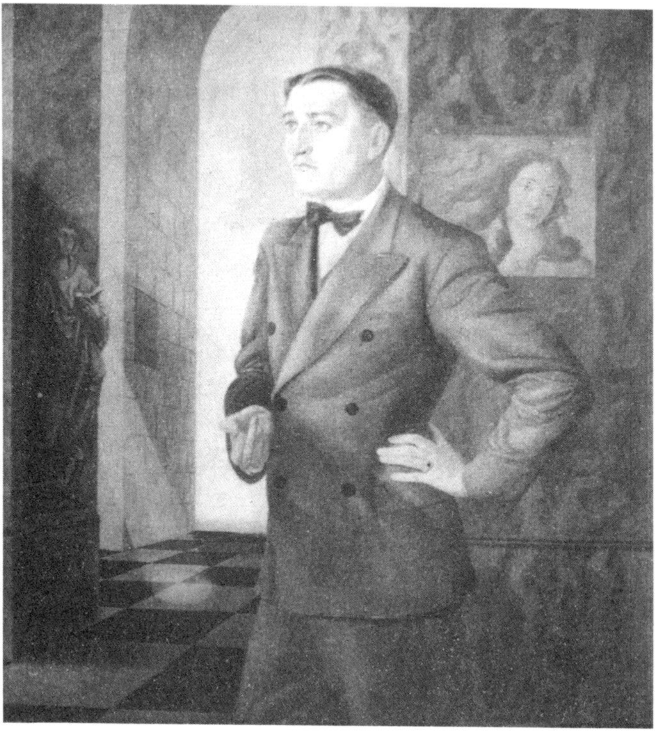

scheid zu wissen (und mit dem Buch auch im ZI vertreten ist), befasste sich mit Forschungen im Kontext des »Euthanasie«-Programms, konkret mit dem »Wasserstoffverbrauch bei Krampfkranken einschließlich Idioten«. Sein Porträtist fällt 1944 in Russland, Dodel gilt als »Frühvollendeter«. Schmorl wird am 13. Februar 1945 in Dresden »total ausgebombt«, das ist dem gläubigen Nazi im Lebenslauf eine wehleidige Fußnote wert. Er taucht im Erzgebirge unter, siedelt 1949 nach Frankfurt am Main um, tarnt seine »T 4«-Tätigkeit für Bewerbungen als Forschung für eine »Habilitationsarbeit« und darf nach dem Krieg als Oberarzt der Anstalt Herborn und Jugendpsychiater mit dem Titel Landesobermedizinalrat in Idstein weitermachen. Sein

Bild dürfte er sich 3000 Reichsmark kosten haben lassen, es war lange in Kölner Privatbesitz, kam 2003 in einer Berliner Auktion zum Aufruf, ging von 7000 auf 17 000 Euro, gelangte jetzt wieder fast an seinen Entstehungsort.

LEIDENSSTATIONEN

Richters Tante kam am 7. September 1937 zunächst in die Privatklinik Stoltenhoff. Damit war eine besonders obskure Einrichtung für die Erstbehandlung Marianne Schönfelders zuständig. Der Besitzer Heinrich Stoltenhoff firmierte unter »Sanatorium Dresden-Strehlen GmbH«, spezialisiert auf Nerven- und Gemütskranke. In den 30er Jahren alles andere als eine Mustereinrichtung, obwohl er mit der Spitzenlage in einer Vorortstraße warb. Die Querelen der Kommune mit dem offensichtlich kapriziösen Chef füllen im Stadtarchiv eine Mappe. Am 15. September 1936 beantwortet Stoltenhoff den »Fragebogen« des Gesundheitsamtes, nicht ganz firm in der Rechtschreibung. Er nehme von Kassenpatienten 5,75 bis 6,40 Mark für Verpflegung, 8 bis 15 Mark von den Privaten. Seine Klinik bot in zwei durch Wintergärten miteinander verbundenen Häusern Raum für maximal 35 Patienten. Vorhandener Wäschebestand je Bett »2 mal komplett«. Unter Heilmethoden sind »Fieber-, Schlaf- und Entziehungskuren« angeführt. Drei Ärzte, acht Schwestern und neun »Sonstige« wie Küchenmädchen und Hausburschen kümmerten sich um die Patienten. Die Bücherei verfüge über »30 Bände, wird allmählich ausgebaut«.

Im Januar 1938 ist Richters Tante immer noch Stoltenhoffs Patientin. Das Gewerbeamt monierte in dem Monat seine »geschäftliche Unzuverlässigkeit«. Die örtlichen Apotheken lösten Rezepte der Klinik nur noch gegen Barzahlung ein. Für »360 Gramm Opiumtinktur und 255 Gramm Panoptonlösung« konnte Stoltenhoff keine Nachweise erbringen. Die Führung einer Klinik erfordere »eine ganz besondere Sorgfalt und Zuverlässigkeit, die der Leitende Arzt hat weitgehend vermissen lassen«. Es geht bis zu der Frage, ob er seinen Doktor »widerrechtlich führt«. 1938 erhebt eine ehemalige Mitarbeiterin massive Vorwürfe gegen Stoltenhoff. Seitenweise legte sie dar, er kümmere sich »nur sehr wenig um seine Patienten«. Dafür stelle er ihnen »stets« die Medikamente in Rechnung, die er als Ärztemuster kostenlos erhalte. Bis zu sechs Kranke hätten sich nach ihrer Entlassung entleibt. Ein Windhund, von den Ämtern beargwöhnt. Ausgerechnet ihm kommt es zu, Mariannes Schicksal zu besiegeln. Ebenfalls 1938 weist Stoltenhoff Tante Marianne nach Arnsdorf ein. In der DDR bringt er es bis zum Arnsdorfer Psychatrie-Chef. Den Erzählungen nach ein kompetenter Direktor.

Hier war eine junge Frau, die sich in rasendem Tempo von dem Bild entfernte, das die Familie von ihr hatte. Jenes Foto, das ihr Neffe Gerhard Richter aus der DDR in die BRD mitnimmt, unter anderen Album-Fotografien auswählt und auf die Leinwand projiziert, bis ihm die Gesichtszüge der Tante so vertraut sind wie im Leben nie. Dann erschafft er in drei, vier Tagen intensiven Arbeitens ihr Ebenbild in größtmöglicher Exaktheit wie unter dem Mikroskop, ohne genauere Kenntnis ihres Schicksals. Mit dem Wunsch »menschenmöglicher Haltbarkeit« unter Verwendung »bester Pigmente und Öle« auf ein mit »Kunstharzemulsion als Binder für Titandioxyd« grundiertes Gewebe gebannt, in Düsseldorf für acht Mark den Quadratmeter gekauft. So betont pingelig berichtete er 1966 über seine Arbeitsweise. Diese bestechende und erhebende Ansicht eines blühenden Mädchens, das mit verschämtem Stolz einen Säugling beaufsichtigt und in der nächsten Sekunde knuddeln wird. Vielleicht Richters zartestes Porträt überhaupt, einem Moment anvertraut, der ihn mit der Getöteten in einen engen Zusammenhang setzt. Er hätte selbst nicht für möglich gehalten, zu welcher Empfindung er mit dieser elegischen Liebeserklärung fähig war. Ein Ruf, den er später nie mehr vernommen hat.

19-jährig ging seine Tante auf ihre Reise. Mariannes Eltern hatten anfangs noch hoffen können, ihr Kind sei in besten Händen und auf sicherem Terrain. Nachdem mindestens theoretisch mit dem Irrglauben Schluss war, in Geisteskranke sei der Leibhaftige gefahren, drückte der neue Begriff »Heil- und Pflegeanstalt« den Erkenntnisfortschritt aus. Das währte, bis Nazis »die Reinigung des Volkskörpers« forderten, und die Liquidierung von »Kostgängern« als Lösung der sozialen Frage verkauften. Die Presse hetzte gegen die »Idiotenstationen« mit. Der Pirnaer Anzeiger fordert im August 1936 hemmungslos: »Jagt die Narren zum Teufel«.

Auch bei Marianne Schönfelder nimmt das Verbrechen seinen üblichen Lauf. Sie ist ein wehrloses Wesen, als das Dresdener Erbgesundheitsgericht in der Sitzung vom 23. März 1938 ihre »Unfruchtbarmachung« verfügt. Teilnehmer: Amtsgerichtsrat Dr. Jahn als Vorsitzender, Dr. med. Schulze als weiterer Beisitzer und der bereits erwähnte Reg.-Med. Rat Dr. Schmorl, beamteter Arzt, engagierter Nazi. Das Gremium tagte nichtöffentlich, die Betroffenen waren zum Schweigen vergattert. Den Sterilisierungs-Antrag stellte das Stadtgesundheitsamt unter Verweis auf die Schizophrenie, wie es Paragraf 1, Absatz 2 Ziff. 2 des einschlägigen Gesetzes regelte. Ein Machwerk, das allem voran vom krankhaften Verordnungsfimmel der Verfasser berichtet, die zu diesem Zweck sechzig Bekanntmachungen, Durchführungsbestimmungen und Berichtspflichten erfanden. Das Urteil kommt mit den üblichen vorgefertigten Schablonen aus: Nach unauffälliger Kindheitsentwicklung und guten Schulleistungen versagte Marianne Schönfelder wegen fehlender Befähigung fürs Kaufmännische in der Lehre bei einer Großfirma und musste deshalb abbrechen.

Das mit Hakenkreuz gestempelte Dokument fährt herablassend fort, die 21-Jährige sei geistig stumpf und interesselos, »infolge mangelnden Einfügungsvermögens« im Arbeitsdienst nicht zu gebrauchen. Nach Verschlimmerung ihres geistigen Gebrechens habe sie »bereits wochenlang vor der Aufnahme in die Klinik das Bett nicht verlassen«, sie sei »ohne feinere Gefühlsempfindungen und unfähig zu geordnetem Meinungsaustausch«. Das widerspricht krass Richters von sanfter Schwermut grundiertem Gemälde, das nicht gleichgültig lässt. »Mit großer Wahrscheinlichkeit« sei zu erwarten, dass Nachkommen der Kranken an »schweren geistigen Erbschäden leiden werden«, konstatieren die »Gutachter« in ihren Männerfantasien klar, eifernd und medizinisch eindeutig falsch. Gegen den Beschluss zur Unfruchtbarmachung könne binnen einer »Notfrist« von 14 Tagen Beschwerde eingelegt werden. Auf Rechtsmittel gegen die Zwangssterilisierung verzichtete allen voran die Anstalt Arnsdorf. Im Dritten Reich trug jeder derartige Beschluss schon den Tod in sich, war häufig genug die Vorstufe zur Euthanasie.

In hundertfach erprobter Routine hält die Arnsdorf-Leitung am 22. Juni 1938 fest, der Gerichtsbeschluss sei nunmehr endgültig geworden, es werde daher »um möglichst umgehende Mitteilung gebeten«, ob, wann und in welches Krankenhaus Marianne »zwecks Operation« gebracht werden könne. Prompt kommt drei Tage später die Nachricht, »die Operation soll durch das Stadtkrankenhaus Dresden-Friedrichstadt erfolgen«. Es werde gebeten, die Überführung dorthin vorzunehmen. Der Durchschlag dieses Schreibens sei an Stelle der Einweisungsgenehmigung mit zu übergeben. Chefarzt dort war bekanntlich Professor Dr. Heinrich Eufinger: Richters Tante Marianne soll mithin bei seinem späteren Schwiegervater zwangssterilisiert werden. Zum fraglichen Zeitpunkt ist der

Herr Professor kurz vor der Beförderung zum SS-Untersturmführer. Wer zur Zwangssterilisierung ermächtigt war, musste laut Gesetzeskommentar auf dem »Boden der nationalsozialistischen Weltanschauung stehen«. Mariannes Vater Alfred Schönfelder kann den neuerlichen Schlag nicht abwehren, er kann bitten, den Eingriff in Dresden vornehmen zu lassen. Womöglich gab er in der Annahme klein bei, damit sei Hitlers Wahn ein für alle Mal Genüge getan. Bei der Stadt versichert die Abteilung »Erb- und Rassenpflege« am 15. Juni 1938 per Vordruck: »Kosten entstehen Ihnen nicht«, Durchschlag an die Landesanstalt »zur Kenntnisnahme«. Zusatz: »Dem Abteilungsarzt zur Erledigung«.

Arnsdorf war eine kleine Welt. Richters späterer Schwiegervater Eufinger muss von daher auch dem Dr. Leonhardt begegnet sein. Die beiden hätten auf dem Land Gesprächstoff genug gehabt. Weniger über Pflicht, Krieg, Beförderung, oder die Entwicklung ihrer Töchter. Mehr darüber, dass der Psychiater von den diversen Irrenanstalten Sachsens die meisten Patientinnen zur Zwangssterilisierung ins Friedrichstädter Hospital schickte.

Im Sommer 1938 hat Tante Marianne Angina. Sie leidet an schmerzhaften Nagelgeschwüren, einer Mangelkrankheit. Ihr behandelnder Arzt fühlt mit ihr, entscheidet am 25. Juni, die Operation sei »zurzeit wegen psychischen Zustandes nicht möglich. In 8 Wochen wieder!« Am 5. Juli erneuert er seine Bedenken, »die Unfruchtbarmachung der Dora Margarete Marianne Schönfelder kann wegen ihres psychischen Zustandes vorläufig nicht erfolgen«. Am 12. September 1938 drängelt die Direktion erneut mit der Frage: »Kann Unfruchtbarmachung erfolgen?« Die Antwort: »Nein.«

Wegen ihrer schlechten Verfassung ist eine Verlegung nach Dresden ausgeschlossen. Trotzdem kommt von der Station endlich der von den »Erbwächtern« gewünschte Bescheid: »Zustand erlaubt Sterilisierung in Arnsdorf!« Am 15. November beobachtet der Arzt das zur Gewohnheit Gewordene: Marianne sei »kindisch verspielt, zupft an den Fingern herum, spielt mit den Kleidern, beschäftigt sich mit nichts«. Abrupt folgt am 7. Dezember der Eintrag »Wird heute nach der üblichen Vorbereitung hier sterilisiert«. Damit entgeht sie durch eine weitere Fügung zwar Eufingers Operationstisch. Laut Aktenzeichen 156 XIII 133/38 werden jedoch direkt im Erdgeschoss von Trakt B 10 »die Eileiter unterbunden und teilweise reseziert (Leibschnitt)«. Es folgt die Unterschrift des Operateurs Prof. Dr. Fischer von der »Staatlichen Frauenklinik« Dresden, Pfotenhauerstraße 90, ihm assistieren »Dr. Müller, Dr. Weihe, Narkosearzt Dr. Schwab und Instrumentenschwester Helene«.

Wie in einem Rondo kommt die Geschichte immer wieder zu Gerhard Richter zurück. In Haus B dieser Staatlichen Frauenklinik, direkt am Verwaltungsgebäude, erblickt er am 9. Februar 1932, »7 Uhr morgens« das Licht der Welt. Es ist nicht auszuschließen, dass es ebenfalls der Prof. Fischer war, der ihn holte. Mutter und Kind bleiben auffallend lange in der Klinik, »Frieder Rudolf Horst Gerhard Richter« wird am 17. Februar in der benachbarten Trinitatis-Kirche von Pfarrer Türke getauft. Keine schlechte Gegend, nur ein Katzensprung zu den Ateliers der Kunst-Akademie mit Blick über die Vogelwiese auf die Elbe. 1932 ist auch das Jahr, in dem Eufinger noch in Frankfurt am Main der Verwaltung anzeigt: »Hierdurch teile ich Ihnen mit, dass am 18. April ... meine Tochter Marianne geboren worden ist!« Richters spätere Frau. Das Amtsdeutsch von Papa Eufinger ist korrekt, frei von jeder Freude.

Die Dresdnerinnen ließen sich in der Pfotenhauerstraße besonders gern vom Chefarzt Warnekros entbinden, Fischers Vorgesetztem. Durch Umwandlung eines bärtigen Jünglings in ein echtes Weib hatte er gerade internationales Aufsehen erregt. Ein Typ wie Rudolf Prack in dem Melodram »Roman eines Frauenarztes«. An der Elbe kursierte das Bonmot, manche hätte sich überhaupt nur schwängern lassen, um von dem blendend aussehenden Starmediziner behandelt zu werden. Vielleicht kam er auch an Hildegard Richters Wochenbett, gratulierte ihr zum Sohn. NSDAPler Warnekros galt gleichwohl als Connaisseur, pendelte zwischen Dresden und Paris, flirtete mit einer Rothschild, ließ sich in der dritten Person anreden und stürmte bei Bedarf im Frack aus der Oper zum Kreißsaal. Nach den Schriften der Medizinischen Fakultät leitete er die Entbindung der griechischen Kronprinzessin Friederike. In seinem Nachlass liegt ein Foto des unsäglichen Oberarztes Fischer: Mariannes Zwangssterilisierer sitzt verklemmt im Ohrensessel, trägt Knickerbocker und wollene Kniestrümpfe, ein schmallippiger Wandersmann mit blank gewienerten Schuhen, in Kinderpose einen Schoßhund auf den Knien. Herr und Terrier stehen gut im Futter. Das kleine Hitler-Bärtchen des NSDAP-Mitglieds ist nicht zu übersehen, wirkt angeklebt wie sein Lächeln.

Mit Lucie Simon nimmt sich Fischers Crew in Arnsdorf am gleichen Tag noch eine Gefährtin von Tante Marianne vor. Genau am Heiligen Abend 1938 schließt die Anstalt den Vorgang, schickt dem Operateur Fischer die Berichte »über die von ihnen ... hier unfruchtbar gemachten Frauen Marianne Schönfelder und Lucie Simon« zu: »Die Wundheilung verlief bei allen Kranken regelgerecht.« »Zwölf Anlagen« liegen bei. »Abgefertigt 24.12.1938«.

Professor Erich Fischer, nach Darstellung des Medizin-Historikers Albrecht Scholz »nicht habilitiert und in der wissenschaftlichen Arbeit nicht ausgewiesen«, wird nach dem Krieg am 19. Juni 1945 »Leiter der Friedrichstädter Frauenklinik«. Um keine zehn Monate später vom Stadtrat »mit Rücksicht auf Ihre frühere Mitgliedschaft bei der NSDAP« gleich wieder rausgeschmissen zu werden. Grund: »Wie uns berichtet wurde, scheint ihr Kontakt mit verschiedenen ehemaligen Nazi-Größen nicht nur beruflicher Natur gewesen zu sein ...« Die Kranken hätten während seiner Visiten »fast stramm im Bett liegen« müssen, das Personal bei seinem Auftauchen die Arbeit niederlegen und aufstehen sollen, monierte der Betriebsrat. Gekontert allerdings mit

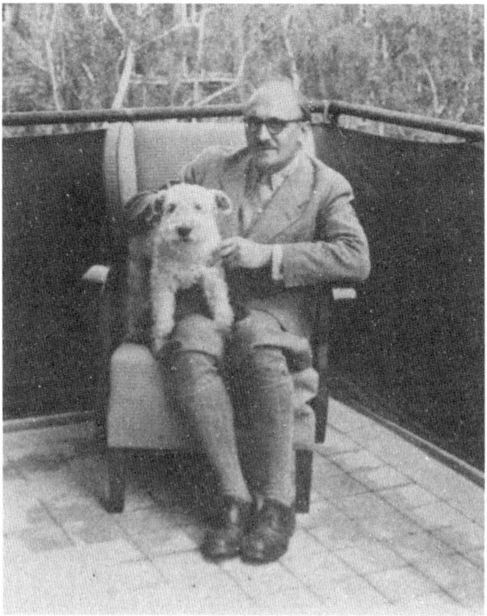

dem Hinweis, »dass die Leute bei Professor Eufinger restlos aufstanden«. Fischer wehrt sich mit der Standardausrede, nur »nominell Parteigenosse« gewesen zu sein. In den 30ern sei er bei der ersten Bewerbung um die Direktorenstelle in die »allerengste Stichwahl« gekommen, aber abgelehnt worden, »da die NSDAP und der NS-Ärztebund mich politisch ungünstig beurteilten«. Das erlaubt den Umkehrschluss, der statt seiner auserkorene Heinrich Eufinger passte den braunen Sachwaltern im Rathaus viel besser ins Konzept. Fischer schafft es unter der SED schlussendlich doch noch zum Friedrichstädter Chefarzt, scheidet 1960 aus, ohne dass er seine Großmannssucht je abgestreift hätte.

1938 Einweisung, 1938 Zwangssterilisierung, Tante Marianne tritt schnell über die Schattenlinie. Sechzehn weitere Arnsdorfer Patientinnen entgehen in dem Jahr der Unfruchtbarmachung in Eufingers Haus »M« nicht. Insgesamt mussten 1938 exakt 101 Anstalts-Insassinnen bei ihm unters Messer, fast jeden dritten Werktag eine, die mit der beim Professor gängigen Methode der »keilförmigen Tubenostienexzision / Laparotomie« operiert wurden. Darunter waren 33 Frauen mit der Diagnose angeborenen Schwachsinns und 26 Schizophrene. Mit Anträgen tut sich, so die Autorin Birgit Töpolt in ihrer Dissertation über Zwangssterilisierung, »vor allem« der ehrgeizige Nazi Ernst Leonhardt hervor, Arnsdorfs stellvertretender Direktor.

Die Klinik verteidigt vor Besuchern offensiv das »Gesetz zur Verhütung erbkranken Nachwuchses«, wirbt dafür mit einem eigens gedrehten Film, darin ausgesucht brutale Bilder »aus der Idiotenabteilung und anderen Stationen«. Ein Chronist merkt jedoch 1937 kritisch an, das besagte Gesetz werde »meist nur von denjenigen anerkannt und propagiert, die nicht persönlich irgendwie davon betroffen werden«. Noch 1942 hebt die Leitung hervor, »das Unfruchtbarmachen der Kranken« sei »in vollem Gange«, als wäre das »reinrassige Volk« nur noch eine Frage der Zeit. Währenddessen gehen in Eufingers Friedrichstädter Krankenhaus bereits die Lichter aus, werden wegen der luftkriegsbedingten Verdunklung normale Glühbirnen gegen Blaulicht ausgetauscht. Die Verblendung bleibt. Victor Klemperer notiert Silvester in Dresden: »Dieses Jahr 42 war von den zehn NS-Jahren bisher das schlimmste. Wir haben immer neue Demütigung, Verfolgung, Misshandlung, Schändung erlitten ...«

Marianne treibt auf Station B 3 wer weiß wohin. In der Anstalt sinkt die Butterration pro Kopf und Woche von 125 auf 100 Gramm. Auf Anregung von Direktor Sagel wird neuerdings eine »Anstalts-Bild-Chronik« angelegt. Nach Frostschäden ist die Ernte fast vernichtet, dennoch kommen in den Obstgehölzen 100 Zentner Äpfel und Birnen zusammen. Der Honigertrag von 27 Bienenvölkern ist »witterungsbedingt nach lang anhaltenden Frösten, mit 42 Kilo mehr als mäßig«. Dafür ist »die Erdbeerenernte sehr gut«. Große Erwartungen verbinden sich mit der Seidenraupenzucht. 1936 wurde mit dem Anpflanzen von 5000 Maulbeersträuchern begonnen. Ihre Blätter brachten ein ausländisches Grün in die Anlage, sommers verströmte die Plantage einen fruchtig-süßen Duft. Die Ernte liefert pro 20 Gramm Brut (»gelbe Ungarn«) 43,85 Kilo Seidenkokons. Dieser Erfolg bringt bei der Kleintierschau einen zweiten Preis von 20 Reichsmark. Gärtner Urban erhält später achtzig Reichsmark als »Anerkennung für wertvolle Arbeit in der Seidenraupenzucht.« In Arnsdorf finde ich keinen einzigen Maulbeerbaum mehr.

Massenmord und Seidenraupenzucht! Merkwürdigerweise stoße ich in W.G. Sebalds Erzählung »Die Ringe des Saturn« auf das 1939 publizierte Heft »Deutscher Seidenanbau« von Friedrich Lange. Nach seiner »Richtschnur«, könne »die Maulbeere dann mit Erfolg angepflanzt werden, wenn Stachel- und Erdbeeren im Orte gedeihen«. Dann folgt die tückische Begründung, an der Seidenraupe könne »die Tatsache rassischer Entartung«, die Folge »mangelnder Auslese« sowie »Auslese, Ausmerzen, Leistungskontrolle, Erbfaktoren« studiert und vielleicht das »schulgerechte und alljährlich greifbare Anschauungsmaterial für den erbbiologischen Unterricht« gefunden werden. Voraussetzung bleibe eine »entsprechende Bereithaltung von geeignetem Rasse- und Bestandsmaterial«, folgert der Verfasser. Mögen sich die Kranken an dem Kreuchen und Fleuchen erfreut oder sich vor den nackten Raupen und den plumpen, haarigen Faltern geekelt haben, sie finden ihr Ende, noch ehe 1941 die Bäume gestutzt und diesmal von 20 Gramm neuer Brut sogar 63,7 Kilo Frischkokons gesammelt worden waren. Die Puppen werden stundenlang über Wasserdampf gesotten, bis sie tot sind. Dampf ist der gasförmige Zustand von Wasser. In grausiger Analogie nahm die Seidenraupenzucht vorweg, was den Geisteskranken bald selbst geschah. Sie wurden vergast.

Auf die seelische wie körperliche Peinigung ihrer Sterilisierung reagiert Marianne mit neuerlicher, schwerer Krise. Die auf Station B 10 liegende Patientin ruiniert die Verbände und tastet »mit den Fingern in der Wunde herum«. Der folgende ärztliche Beobachtungsbogen berichtet von einer Zustandsverschlechterung, die niemanden verwundern kann: Sie »reißt noch immer aus den Büchern die Seiten heraus. Ist in allem ganz ungeordnet. Hat am Gummibaum die unteren Blätter zerstört.« Wie ein Kleinkind. Sie wird nach »B 3, zweiter Stock«, verlegt, Unterschrift: Dr. Leonhardt, 9. Januar 1939. Leonhardt arbeitet in der Arnsdorfer Etappe an seiner Karriere, der Höhepunkt wird sein, Kranke in die Vergasung zu schicken. Der Stellvertreter hat jetzt noch acht Jahre, dann wird das Schwurgericht Dresden das Todesurteil wegen zigfachen Mordes gegen ihn verhängen. Nicht mal des Galgens für würdig befunden, soll er in Dresden unter der Guillotine sterben. Bei Kriegsbeginn ist er noch obenauf. Hitler nimmt Polen im Sturm. Aber die Dresdner Stadtverwaltung verfügt sofort im September die »Organisation der Begräbnismaßnahmen bei Luftangriffen«: »Bei der Aufhebung einer Leiche wird diese in ein Leichentuch eingewickelt, um sie einer öffentlichen Einsicht zu entziehen.«

FRAUEN IN DEN ZEITEN DES KRIEGES

Mariannes Mutter Dora ist nach dem Stammbuch der Familie des Ernst Alfred Schönfelder eine geborene Albanus aus Dresden. Von Beruf Haustochter, muss sie eine rustikale, stabile, eigenwillige Patriarchin gewesen sein. Enkel Gerd Richter kennt sie nicht anders. Die Oma pafft noch mit siebzig. Lässt keine Schnäpse stehen. Ohne Kaffee, wenigstens Ersatzkaffee, kommt sie nicht aus. Tröstungen in einem Alltag voller Heimsuchungen. Richter hält seine Großmutter 1964 auf einem großformatigen Ölbild fest, die

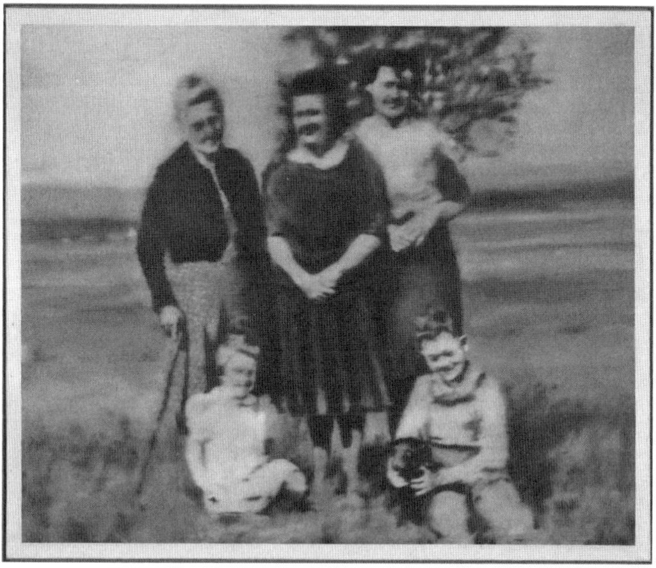

Foto-Vorlage stammt aus Waltersdorf. Wir sehen seine Mutter (die Handtasche fest unter den Arm geklemmt), ihre Dresdner Freundin, seine Schwester Gisela und ihn selbst mit dem schwarzen Langhaardackel Struppi. Dora mit Spazierstock, Westchen überm geblümten Kleid, den Kopf leicht schräg, als sei ihr das Fotografieren nicht ganz geheuer. Die Männer fehlen. Trotzdem wählt Richter aus einem nie näher definierten Gefühl heraus den Titel »Familie«. Damals kam das Wort »Weiberfamilie« dafür auf. Der Schnappschuss ist um 1943 geknipst, Frauen in den Zeiten des Krieges.

Gleichfalls im September 1943 steigt Chefarzt Eufinger per »Sonderbeförderung« zum SS-Sturmbannführer auf. Tante Marianne ist in der Anstalt Großschweidnitz. Bei jedem Besuch konnte Dora sehen, welche Verheerungen die Schizophrenie anrichtete. Ein in all den Jahren unbegreiflich bleibender Kontrast zwischen dem, was gewesen war, und dem, was geworden ist. Ihre verlorene Tochter, weit, weit weg von allem, was daheim aufbewahrt blieb: Kinderzeichnungen, Puppen, Bücher. Restposten des Seins, von Dora gehütete Kostbarkeiten, die ihren angestammten Platz behielten, als könnten die alten Spiele noch einmal gespielt und die Gemeinsamkeit irgendwann fortgesetzt werden. Sich in diese Illusion zu flüchten ist wie ein Zwang, dem Mutter Schönfelder nicht widerstand, obwohl es wehtat. Sie fand sich mit dem unwiderruflichen Verlust des doch noch lebenden Kindes nicht ab. Wer mit ihr fühlt, kann sich sehr wohl vorstellen, was Dora durch den Kopf ging.

Wie gesagt, von Waltersdorf sind es 20 Kilometer nach Großschweidnitz. Dort hielt man die Tochter unter zunehmend katastrophaleren Bedingungen fest. Bei so viel Liebe von Dora musste sie doch die Rückkehr in die Normalität schaffen können, jung wie sie war, das hoffte die Familie. Ohne diesen Gedanken hätte sie nicht ertragen, was sie sah: Mariannes nackte Not in dieser Enklave der Entehrung und Entbehrung, ihr Vegetieren im Gestank einer Gruft. Die Zustände, die jeden Monat unerträglicher wurden. Immer weniger Personal war für immer mehr Kranke zuständig. Wartesäle zum Sterben. Ob in Großschweidnitz, ob in Arnsdorf, Dora wollte zu ihrem Kind.

Was waren das für Hilferufe gewesen, nachdem Marianne im April 1941 für 17 Monate in die Gau- und Pflegeanstalt Wiesengrund, »Kreis Mies-Sudetengau« abgeschoben worden war, noch weiter ostwärts. Weil in Arnsdorf ein Reservelazarett mit 1283 Betten entsteht, schiebt man die geistig Behinderten ab, um den Verletzten Platz zu machen. Tante Marianne wird im Sammeltransport mit 480 Leidensgefährten ins vollends Entlegene gebracht. Der Bescheid lautet: »verlegt nach Wiesengrund. Ist ruhig, geordnet, bereits sterilisiert!« Es folgt eine ärztliche Schilderung, die gemessen an den sonst knappen Einträgen fast den Charakter einer Erzählung hat. »Tut kleine Handreichungen, geht mit Essen-Holen, interessiert sich für Politik, liest jede Zeitung, die sie erwischen kann. Trödelt oft vor sich, träge, an sich selbst sehr unordentlich. Liebt Näschereien, isst auch sonst gut. Zeitweise heiter, singt. Muss zur Arbeit stets angehalten werden. Besuch von der Mutter, drängt nach Hause dann, ist vorher verstimmt.«

Martha Johanna Dora Schönfelder, Jahrgang 1883, die Treue. Kaum dass die Nachricht vom Abtransport kommt, verfasst sie Briefe deutlichen Unmuts. In stets wie gestochenen Appellen klagt sie, »wir bedauern die Verlegung sehr, da wir Arnsdorf in 15 Minuten Eisenbahnfahrt von unserem Wohnort aus erreichten und deshalb unser Kind oft besuchen konnten«. Marianne ist 23, für die Verwaltung in Wiesengrund ein Kostgänger mehr, die Verpflegungsnummer 15424 auf Abteilung 9. »Ich habe die Absicht«, schreibt die Mutter weiter, »unsere Tochter bald in Wiesengrund zu besuchen.« Es klingt wie eine Drohung an die Direktion. Sie bittet vorab, die Stationsschwester zu veranlassen, »dass uns unser Kind recht bald einmal schreibt«, einen frankierten Umschlag fügte sie ihrem Päckchen vom 5. Mai bei, »Heil Hitler!, Dora Schönfelder, Langebrück/ Dresden«, Anlage: »Freimarke«. Ein andermal schließt sie »Mit deutschem Gruß«. Am 23. kommt aus der Anstalt die Nachricht, »Besuchszeit ist jeden Mittwoch und Sonntag, Briefeschreiben wird bewilligt werden«.

Eine komplizierte Tour über Prag liegt vor ihr. Zweimal Umsteigen, Reisezeit 8 Stunden, 40 Minuten für 384 Kilometer, einer Stunde Aufenthalt in Pilsen, Reststrecke 14 Kilometer. Hin- und Rückfahrt an einem Tag unmöglich. Zudem eine teure Strapaze, 34,60 Reichsmark einschließlich Schnellzugzuschlag plus eine Übernachtung. Die Fernzüge verkehrten durch das Protektorat mit »Sperrwagen«, Zivilisten sind nur mit »Reiseerlaubnisscheinen« zugelassen.

Dora ist empört. Schon am 17. Juli folgt ihre nächste Beschwerde. »Wir sahen es schon damals nicht gern, dass unser jüngstes Kind von Arnsdorf ... so weit entfernt von uns untergebracht werden musste.« Inzwischen sei ihr Ehemann schwer krank, unfähig, die weite Fahrt zu unternehmen. In seiner »vielleicht noch kurz bemessenen Lebenszeit möchte er aber sein

Kind öfter noch besuchen können«. Er wolle die Kosten einer Pflegerin oder Schwester beim Rücktransport aus dem mit 2200(!) Frauen und Männern belegten Wiesengrund (tschechisch Dobrzan) nach Arnsdorf übernehmen. Sie setzt alle Hebel in Bewegung, bis sie ihr Kind wieder in Arnsdorf hat und frohlockt: »Hiermit teile ich Ihnen mit, dass ich meine Tochter am 16. oder 17. des Monats ... nach Ihrer Anstalt bringe, in Begleitung einer staatlich geprüften Schwester.« Folgt »im Auftrag des Gaufürsorgeverbandes in Reichenberg« die Bestätigung: »Die Schönfelder wurde am 18. September '42 von ihrer Mutter aus der dortigen Anstalt zugeführt ...«: »ungebessert«! Wiesengrundchef Dr. Hever schickt »Akt und Krankengeschichte der Schönfelder Dora Margarete Marianne zur Weiterführung« hinter ihr her. Man könnte an dieser Stelle fragen, ob sie in der hintersten Provinz nicht besser aufgehoben gewesen wäre, vielleicht hätte sie dort die Hitler-Jahre überlebt.

Ein neues »Sachenverzeichnis« reist mit Tante Marianne, in wunderlicher Sütterlin-Schrift »Kopfzettel für Frauen« überschrieben: »Hemden, Hemdhose inbegriffen 5, Bluse 1, Strümpfe 1, Röcke 2, Hosen 3, Schuhe Filz 1, Kleider 5, Mäntel 1, Schlafanzüge 2, Nachthemd 1, Taschentücher 5, Socken 3, Schürzen 5, Strumpfgürtel 1, Sweater 3.«

Bei dieser zweiten Ankunft in nun schon vertrauter Arnsdorfer Umgebung geht Marianne »als Unterklasse zu nach A 4«. Im Faszikel werden die Abstände zwischen den Einträgen größer und größer. Als hätte die Anstalt das Interesse an der Schönfelder endgültig verloren. Jedem war klar, was lief. Es ging drunter und drüber, warum Patienten hegen und pflegen, die man doch umbringen will? Bei der Rückkehr ist die Kranke in ausgesprochener Plapperlaune, landet zum »Psychischen Befund« wieder in Dr. Sagels Untersuchungszimmer, nennt das korrekte Datum, ergänzt neunmalklug, »jetzt ist's Herbstanfang«. Ihr Alter gibt sie richtig mit »24 Jahre« an. Es ist ihr ein Anliegen zu betonen, »ich habe mal gelernt im richtigen Büro, im Büro Mende, wo's Lautsprecher gibt, das ist mein Fach gewesen«. Tatsächlich produzierte die OHG H.Mende & Co. in Dresden Volksempfänger, die »Goebbels-Schnauze«, mit der sich die politische Wahrheit volltönend ersticken ließ. Richters hatten auch einen im Esszimmer stehen. Hitlers blecherne Monologe ließen die Lautsprecherbespannung vibrieren. Mariannes Firma bot auch den Typ 148 im Bakelitgehäuse an, ein beliebtes Wohnstubenradio mit »2 Schirmgitterröhren«. Ansonsten stellt Mende an der Elbe Rüstungsgüter her. Zuerst habe der Vater sie »für die Schokoladebranche nehmen wollen, Hartwig und Vogel«. Ihre Mutter, sprudelt die Tochter weiter, sei nach Langebrück in die »Villa Christina« gezogen, »drei Stationen von hier«, gemeint ist das Haus in der Moritzstraße 2. Einmal am Erzählen geht es weiter, »ihr Vatel« leite »den Creditschutzverband, und dem half ich manchmal dabei«: »Das wird mein Vatel sein, der am Sonntag da gewesen ist.« Von ihm habe sie die breite Nase, den sächsischen Einschlag. Die glatte Stirn kommt von der Mutter. Egal, auf wen sie herauskam, innerlich war sie verletzlich.

SELBSTBILDNIS

Die Patientin wird auf die Probe gestellt, ein Wechsel von schweren und leichten Fragen, von ihr flüssig beantwortet, wie auswendig gelernt:

> »Warum sind Sie hierher gekommen?
>
> *Mir fehlt weiter gar nichts.*
>
> Was fehlt Ihnen denn?
>
> *Ich bin gesund, ich weiß, dass ich gesunder Abstammung bin.*
>
> Warum sind Sie in die Anstalt gekommen?

Das wollte ich auch wissen. Mich lockt es manchmal so heraus.

Haben Sie Stimmen gehört?

Habe ich noch nicht gehört. Ich bin so gesund, dass ich das gar nicht vernehme, dass ich jedem Arzt standhalten kann, der mich unter Suggestion hat. Manche Ärzte haben solchen seelischen Einfluss, dass der Patient daran gesundet oder erkrankt.

Was hat Ihnen denn gefehlt?

Mir hat nichts gefehlt ... Mein Geburtstag ist ja 1917 aufgeschrieben worden. Vorläufig.

Macht ihnen denn auch mal jemand was vor den Augen vor?

Nein.

7 x 8 = 56.

13 + 14 = 27

211: 25 = das geht nicht auf, 8, Rest 11

157 – 63 = 94.

Rechnet relativ rasch und richtig.«

Am Tag der Untersuchung sind ihre »Herztöne rein«. Der Puls schlägt in der Ruhe pro Minute 23 mal 4, regelmäßig, gleichmäßig, leidlich gefüllt und leidlich gespannt. Die Pupillen gleich, rund, mittelweit, verengen sich prompt bei Belichtung. Rachen etwas gerötet. Schädel ohne wesentliche Narben und Aufreibungen, bei leichtem Klopfen unempfindlich. »Zähne z. T. cariös, einige plombiert.«

Ärztliches Fazit: »Fasst richtig auf, ist z. T. sehr sprunghaft und ideenflüchtig, halluziniert, sucht das aber in etwas ungeschickter Art und Weise zu dissimulieren.«

W.G. Sebald fiel am Beispiel von Texten des schizophrenen Dichters Ernst Herbeck auf, zwischen den Polen Sinn und Unsinn gebe es sehr viel mehr unterirdische Verbindungen, »als unsere Schulweisheit sich träumen lässt«.

Diagnose?

»14«!

Tante Marianne wiegt 52,2 Kilo, Größe 1,66 Meter. 1938 bei der Einlieferung brachte sie 69,5 Kilo bei 1,67 Meter auf die Waage, pummelig, aufgeschwemmt, wahrscheinlich eine Folge der Zwangsruhe im Bett und längerer Insulin-Behandlung in der Klinik Stoltenhoff. Festgehalten in der »Gewichts- und Menstruationsliste«, Vordruck 148, um genau zu sein.

Teil III
FAMILIE

… nur was nicht aufhört weh zu tun,
bleibt im Gedächtnis.

FRIEDRICH NIETZSCHE

GLÜCKSVERSPRECHEN

Gerhard Richter fischt im Kölner Büro ein Familienfoto aus dem Karton. Zum besseren Erkennen lässt er für mich eine Vergrößerung machen: das Hochzeitsbild seiner Eltern vom 15. August 1931. Wie oft mögen Richters Oma und Mutter es sich in unvermeidlichen Stimmungskrisen vorgenommen haben. Sie ganz in Weiß, im Vordergrund ihre lange Schleierschleppe, von Blüten überschüttet, mit gesäumter Borte. Wer konnte so schöne florale Muster sticken? Ein Bukett in den Armen, das auf jedem Farbabzug Eindruck machte. Bräutigam Horst mit Kavalierstüchlein, Sträußchen am Revers. Sie haben sich vor dem dunklen Hintergrund der Tharandter Bergkirche »Zum Heiligen Kreuz« aufgebaut, ein viel besuchtes Kleinod mit weit sichtbarem Turm. Der Dichter Schiller erging sich einst im Liebeskummer dort. Gerhard Richter staunt, wie nobel seine Eltern begannen. Mit einem Familienausflug vor die Tore der Stadt.

Tharandt war mit dem »Vorortsverkehr« vom Hauptbahnhof Dresden, »Mittelhalle«, zu erreichen, Tarif 75 Pfennige pro Person für die 14 Kilometer in der zweiten Klasse. Ein pittoreskes Ziel. Im spitzen Winkel zwischen Weißeritz- und Schloitzbachtal thront auf einem Bergsporn die markgräfliche Burg. Griebens Reiseführer, Band 5, Dresden und Umgebung, lobt im Hochzeitsjahr »den herrlichen Blick«, empfiehlt den eineinhalbstündigen Fußweg von der Ruine durch den parkähnlichen, botanischen Forstgarten (»bis 18 Uhr geöffnet«) mit Koniferen, vorbei an den »Drei Königseichen« über das »Hein-

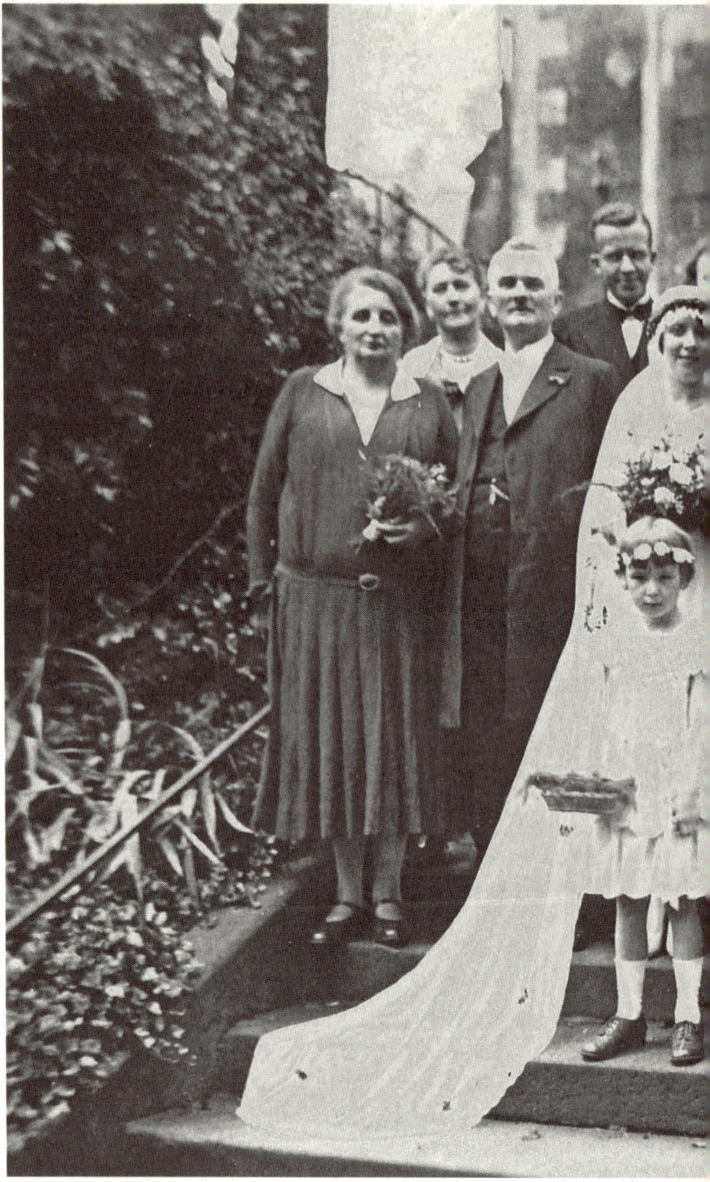

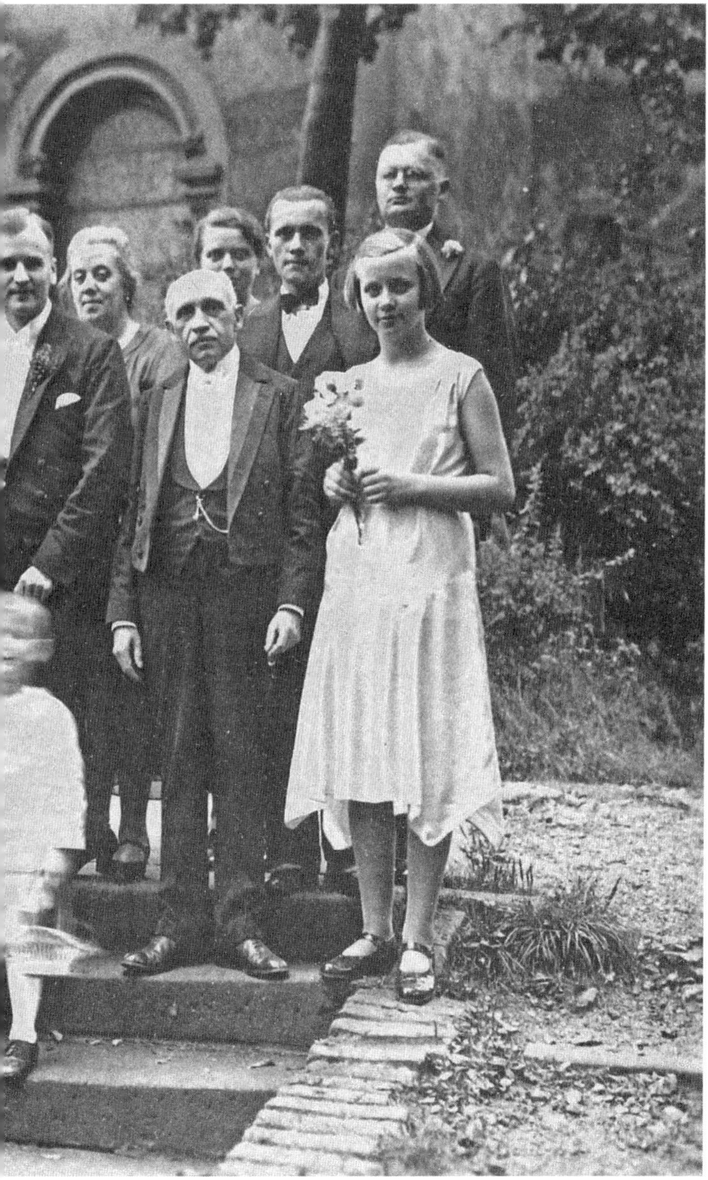

richseck« hinab durch die »Heiligen Hallen, einen herrlichen, gelichteten Buchenwald«. Auf der Talstraße wieder zurück zum Bahnhof. Der Baedeker »Deutschland in einem Bande« schlägt einen Fußweg aufwärts zum Gotteshaus vor, erwähnt die 1883 gepflanzte Lutherlinde und das Kriegerdenkmal. Eine Menge Punkte, die dafür sprechen, dass die Richters mit der innen frisch renovierten Kirche eine gute Wahl trafen. Sternengewölbe, geschnitzte Kreuzigungsgruppe am Säulenaltar und ein lebensgroßes Kruzifix mit Rosshaarperücke lohnten den Besuch. Unterhalb lud die beliebte Gaststätte »Burgkeller« zur Einkehr ein. Ein Fleckchen Erde, mit einigem Bedacht für das Ritual ausgesucht von zwei Menschen, die einen Tag lang ihre Wünsche inszenieren, sich feierlich das Ja-Wort vor Pfarrer Kirsten geben wollen. Zwischenzeitlich hat ein Fotograf auf den Kirchenstufen schon den Apparat in Stellung gebracht.

Fünfzehn Gäste sind aus der Kühle des Gotteshauses getreten, vom Fachmann vor das Westportal dirigiert: »Bitte recht freundlich!« Die zwei Blumenkinder mit rutschenden Kniestrümpfen, leicht verwackelt, als wäre Gerhard Richters spätere, für ihn typische Maltechnik des Verwischens angewendet. Wie es sich geziemt aus solchem Anlass, nehmen die Gäste die Frischvermählten in die Mitte. Neben der 25 Jahre alten Braut die Eltern ihres um ein Jahr jüngeren Bräutigams. Neben ihm ihre Eltern. So gehört es sich. Sie halten sich an das Übliche, es ist ein Blatt für das Buch des Lebens, bloß kein Lächeln aus reiner Gewohnheit und der Ehrgeiz, nicht zu zeigen, welche Anstrengung das Lächeln kostet. Eine Wolke von Kölnisch Wasser und Brillantine schwebt über ihnen, ich rieche es förmlich.

Der Bräutigam Horst Richter hatte bis 1926 das Realgymnasium besucht. Jetzt steckt der künftige Gymnasiallehrer mitten in den Prüfungen an der Technischen Hochschule Dresden, die kürzlich ihr 100. Jubiläum feierte. Das »Verzeichnis der Studierenden« nennt ihn direkt hinter einer »Richter, Hildegard«, trotz gleichen Vor- und Zunamens frappierend genug mit seiner Ehefrau nicht identisch. Im Personalverzeichnis für das Wintersemester 1927/28 ist die Kommilitonin Maria Reiche-Große aufgeführt, später eine weltbekannte Archäologin. An der Mathematisch-Naturwissenschaftlichen Abteilung doziert der Rassenhygieniker Dr. Rainer Fetscher, 1927/28 baut er im Auftrag der Justiz die »Kriminalbiologische Kartei des Freistaates Sachsen« mit bald 165 000 »Ausgangsfällen« auf, eine Basis für die seit 1928 praktizierten illegalen Zwangssterilisierungen. Fetscher behauptete, Verbrechen seien genetisch bedingt, und rühmte sich 65 Sterilisierungen ohne gesetzliche Grundlage.

Horst Richter wohnt in der Düppel- , nunmehr Archivstraße 23, direkt gegenüber dem Staatsarchiv, einem der Fundorte von Unterlagen zur Odyssee von Tante Marianne. In der vierten Etage ist der Ratsvollzieher Wilhelm Richter gemeldet. Gerhard Richters Eltern liefen sich im Viertel über den Weg, es ist ein Klacks zur Schönfelder-Wohnung in der Wiesentorstraße. Hildegard und Horst wurden zusammen in der Dreikönigskirche konfirmiert. Eine Sandkasten-Beziehung.

Noch im Juli 1931 reichte Richters Vater eine Facharbeit über »Die pädagogische Bedeutung der physikalischen Schülerübungen« ein. Seine Lehrprobe in Mathematik und Physik ist für 18. Februar 1932, 10 bis 10.30 Uhr angesetzt. Stress ohne Ende, neun Tage nach der Geburt des Sohnes, einen Tag nach der Taufe. Der Kandidat hält die Übung an der Altstädter Höheren Mädchenschule, Zinzendorffstraße 15, zu dem für die Klasse UIII nur mäßig unterhaltsamen Thema »Quadratwurzelziehen numerisch aus 3 bzw. vierstelligen Zahlen«.

Das Hochzeitsfoto erzählt zunächst von gutem Wetter, vom Hochsommer. Niemand trägt einen Mantel. Ich kenne das Ende, ich betrachte dieses Bild nicht ohne Wehmut, ein Arrangement eigenartigen Zaubers. An ein Zeremoniell gebunden, enthält es das Versprechen schöner Zukunft. Erwartungsvolles Starren ins Objektiv. Dabei ist das Gezeigte schon vergangen, dem Wesen der Fotografie gemäß. Für die hauseigene

Geschichtsschreibung bestimmt, trifft auf den belichteten Moment gewiss zu, was der wahrlich kamerascheue Franz Kafka empfand: »Bilder sind schön. Bilder sind nicht zu entbehren, aber eine Qual sind sie auch!« Nur der Betrachter darf so tun, als sei es die Gegenwart mit der doppelt trügerischen Illusion, es gebe sie noch, die fünfzehn fein Herausgeputzten von Tharandt: Das Ehepaar Richter, das Kinder bekommen wird, Gerd und Gisela. Die beim nächsten freudigen Anlass gern die Verwandtschaft zur Taufe einladen. Mutter Dora würde die Haare wieder glätten, ihren Schmuck anlegen, das liebte sie laut Enkelin Gisi sehr.

Vater Alfreds Haarkranz würde noch stärker gelichtet sein, er würde den verschossenen Rock ausbürsten, den steifen Kragen um den Schildkrötenhals legen, die Uhrenkette polieren, am obersten Knopf des Westchens einhängen, wie ich es noch bei meinem Opa erlebte. In weinseliger Stimmung würde er sich nicht lange bitten lassen, Klavier zu spielen. Die Männer würden sich in ihre zu engen Hosen und Jacken zwängen, sich mit Bindern einschnüren. Wieder frisch vom Friseur sie alle, um für neue Fotos im Licht eines Spätvormittags Modell zu stehen. Taft würde die Frauen kleiden und rascheln an einer Tafel, die nobel eingedeckt ist. Kinder krabbelten unter dem Tisch. Das Kommende ist reich an Möglichkeiten.

Doch beim Schreiben taucht allmählich die unbelichtete Seite des Negativs im Entwicklerbad auf, tintenschwarz. Zerstörte Ehen. Krieg. Verwüstung. Wahnsinn. Krankheit. Tod. Das deutsche Unheil dauert und holt die Schönfelders und Richters erbarmungslos ein. Der Tanz des Lebens ist beendet, noch ehe er richtig beginnt. Eine abgründige Geschichte.

Da sind zum Beispiel die jungen Burschen in der hinteren Reihe. In unserer Vorstellung gründen sie bald Familien. Doch sie sind schon lange tot, während sie uns ansehen und wir sie im stummen Gegenüber. Onkel Rudi (der Zweite von rechts) und Onkel Alfred (der Vierte von links), Abiturienten des Jahrgangs 1930/31 am neusprachlichen Zug der Dreikönigschule.

Wie gesagt, im Krieg geblieben. Von Alfred, dem Fred in der gebräuchlichen Nennform, ging das Gerücht, dass er in jungen Jahren nicht ganz richtig tickte, »Jugendirre war«. So hörte es Gerhard Richter. Sein Onkel studierte problemlos Rechtswissenschaften in Kiel und Leipzig, promovierte 1936 »magna cum laude« über den »Einbau der Kartelle in die staatliche Ordnung nach dem Gesetzgebungswerk ... vom 19.7.1933«. NSDAPler war er auch. Im Juni 1943 freit er eine Gutsbesitzertochter, heiratet nach Eythra, jetzt Zwenkau. Von der Hochzeitsgesellschaft lebt niemand mehr. Der Knabe, der ein Maler werden wird, kommt in sechs Monaten, am 9. Februar 1932, in Dresden auf die Welt. Aus Gründen der Schicklichkeit von den Eltern als »Sieben-Monats-Kind« deklariert. »Eine Zangengeburt«, ergänzt Richter gerührt. Das Foto ist ein einmaliges Dokument, alle halten den Atem an, keiner möchte in falscher Pose überrascht werden bei diesem Zusammensein, das sich nie mehr wiederholen sollte. So ein Tag wird strahlend erinnert, wolkenlos. Der Volksmund kennt zwei Sprüche zu diesem Anlass: »So jung kommen wir nie mehr zusammen!« Aber auch: »Unter jedem Dach ein Ach!«

TRAUERLAUFBAHN

Rechts an den Rand gerückt steht Tante Marianne, Rosen in der Hand, polierte Riemchenschuhe an den artig gestellten Füßen. Sie ist bereits größer als der befrackte Vater neben ihr. Er wirkt älter als 57, würdevoll, die Hemdbrust geglättet, er gibt immerhin seine Erstgeborene weg. Alfred Schönfelder mag ein studierter, aber verhinderter Pianist nach Aussagen von Enkel Gerd gewesen sein. Als Ernährer einer sechsköpfigen Familie ist er eine glatte Fehlbesetzung, stellte den Geschäftsmann nur vor, ist nie einer gewesen. Der Musiker war der Typus des ewigen und mehr noch des vergeudeten Talents. Widrigkeiten wich er nach allem, was zu hören ist, mit weichem, defensivem Gebaren aus. Um seine Finanzen war es selten gut bestellt.

Seine Marianne in schönster Mädchenblüte, stolzer Kopf auf langem Hals, zweifellos die schickere Braut, bald an den Tod versprochen. Ihr raffiniert geschnittenes Kleid mit Spitzeneinsatz und zipfeligem Rock schmeichelt ihr. Wer immer es kreierte, es ist elegant, entspricht aktueller Mode. Die ganze Aufmachung, Kinderfrisur, pausbäckig, weich und ungeformt, leichter Busenansatz, schmale Schultern, bloße Arme, schüchternes Blinzeln, um damenhafte Haltung bemüht – die 14-Jährige ist im schwierigen Übergangsstadium. Ein Backfisch, noch nicht fertig modelliert, irgendwo zwischen Mädchen und Erwachsensein, linkisch und zu schnell in die Höhe gegangen. Die Prinzessin des Tages, bald wird sie ein böser Kobold.

Unschuldig und rein sieht Marianne aus, ein Eindruck von Unversehrtheit, der viele für sie eingenommen haben dürfte. Doch ist es auch ein Gesicht, das trotzen kann. Neben der in die Kamera lächelnden Schwester Hilde kann der verträumt ausschauenden Marianne in den Sinn gekommen sein, eines gar nicht fernen Tages werde sie einen Liebsten finden und ihr Glück machen. Hübsch wie sie war, sollte es ihr nicht an Verehrern mangeln. Dabei verirrt sich ihr Leben alsbald in Konfusion. Eine Saite reißt und bestürzend genug verliert sich auch der Weg der älteren Brüder Rudi und Fred im Stahlgewitter. Neffe Gerd behielt nichts als drei Familienfotos von Tante Marianne, zwei im Langebrücker Garten, dies eine von der Tharandter Trauung.

Es ist noch in einem weiteren Sinn ein schicksalsschweres Dokument. Richters Vater Horst, ein stattlicher Ehemann, imposant, überragt seine Frau um einen guten Kopf, äußerlich noch von keiner Bürde niedergedrückt. Man könnte ihn heiter gestimmt nennen, sein Blick geht zuversichtlich nach vorne. Ein Arm stützt sorgend die Braut, sein Lächeln ist beruhigend gemeint, schwach vor Aufregung, wie Männer bei diesem Anlass sein können. Horst Richter sieht der Ernennung zum »Studienassessor und Probe- bzw. Aushilfslehrer« entgegen, ist damit im »Lehrerbuch« 1934 verzeichnet. Bald setzt er Pfunde zu, geht in die Breite, als müsse er sich gegen die dauernden Anfeindungen der kleineren Hilde wappnen. In ihrer Beziehung hat sie das Sagen, bis sie, schwer krank, auf ihren Samariter Horst angewiesen ist und sich das Kräfteverhältnis umkehrt. 1967 stirbt Richters Mutter. Schon kurz darauf heiratet Horst wieder. Waltersdorfer beteuern, seine zweite Ehe mit einer Krankenschwester – »Eisenbahnerwitwe mit guten Möbeln und guter Pension« – müsse ein Debakel gewesen sein. Fast auf den Tag genau ein Jahr nach dem Tod seiner ersten Frau bringt Horst Richter sich in der Ostsiedlung 347 e um, auf dem Speicher, unweit der Wohnung, in der er mit Gerd lebte. Es geschah unmittelbar vor der Sonnwendfeier, die mit Feuerwehrkapelle und Bierzelt auf dem Basaltfelsen der »Sängerhöhe« stieg, im Volksmund von alters her der »Unglücksstein«.

Laut dem Waltersdorfer »Auszug aus dem Sterbe-(Toten, Begräbnis-)register«, Jahrgang 1968, Seite 134, Nr. 17 begeht der engagierte Protestant am 20. Juni 1968 »Selbstmord durch Erhängen«. Zwei Monate später machte der erste »Spiegel«-Artikel seinen 36-jährigen Sohn bundesweit bekannt. Der Suizid wird auf dem alten Formular vom Pfarrer Roscher amtlich beglaubigt, die übliche Gebühr von 0,60 RM ist durchgestrichen. Einheimische berichten, nachdem es an dem Donnerstag passiert war, sei die neue Frau Richter schreiend zur Nachbarin S. gerannt, »könnt ihr mir helfen, mein Mann hängt auf dem Dachboden«. Es ist im Dorf strittig, ob die beiden nach oben stürzenden Frauen ihn noch abschnitten, ehe die Kripo Zittau den Fall übernimmt. Von einem Abschiedsbrief ist nichts bekannt. Sein Schweigen bürdet den Hinterbliebenen zusätzlich Schuld auf. Hildegard und Horst sterben fast gleich alt. Sie mit 61, einem Monat und zwei Tagen. Er wird 61, und 27 Tage. Horst wählt den Strick, als wolle er Hilde über alle Querelen hinweg seine Treue abstatten im Freitod, verbunden sein mit ihr. Die Tochter Gisela beendet mit einer in Waltersdorf nie verstandenen, ostentativen Geste dieses Kapitel, beerdigt Eltern und Großeltern bei sich unweit von Leipzig, meidet die Lausche fortan strikt. Das gut gepflegte Familiengrab trägt keinen Namen, nur die Nummer 481.

Gerhard Richter hat sich zuvor und erst recht danach intensiv mit Selbstmorden beschäftigt. In eigenartiger Faszination drückt er 1955 mit zwei Kommilitonen Prüfungsängste in der Installation »Wahnsinn und Erhängung« aus: Schnüre um den Hals, Richter mit aufgerissenen Augen und rausgestreckter Zunge. 1957 entsteht eine Federzeichnung mit neun Gehängten. Das beherrschende Bild seines verstörenden Stammheim-Zyklus »18. Oktober 1977« zeigt Ulrike Meinhof. Anfang Mai 1976 dreht sich die Terroristin in der Zelle aus Tüchern einen Strick. Im Oktober 1977 folgt ihr Gudrun Ensslin nach mit einer aus Kabel gefertigten Schlinge. Die Strangulationsmale am überstreckten Hals der Meinhof sind deutlich herausgearbeitet. Das Wissen um den Suizid seines Vaters lässt jetzt eine ganz andere, viel intimere Deutung von Richters meistdiskutiertem Werk zu, das am politischen Ereignis sehr Privates bearbeitet. Die aus 15 Teilen bestehende Bilderreihe ist mit »1988« datiert, 20 Jahre nach dem Tod des Vaters.

Die Brautmutter blickt auf dem Hochzeitsbild zur Seite. Dora Schönfelder sieht weniger gütig als energisch aus, gleichzeitig abwesend und illusionslos. Die Laune mit Sorgen versetzt, als wisse sie mehr als die anderen. Ich meine, Skepsis in ihrem männlich herben Gesicht aufscheinen zu sehen, eine Ahnung von karg bemessener Zeit der Freude, als spüre sie die heraufziehenden Schläge. Nie mehr ist ihr Sorglosigkeit vergönnt, nie mehr kann sie die Last abschütteln. Bis Richters Oma 1969 mit 86 Jahren stirbt, hat sie ihren Gatten Alfred, vier Kinder und den Schwiegersohn beweint. Ihre Jüngste überlebte sie um 24 Jahre, saß daheim zwischen den Andenken an all ihre Toten, es war schwer, die Davongekommene zu sein.

Auf die lange Strecke gesehen gerät die Existenz von Dora Schönfelder mit einer Wortschöpfung von Robert Walser zur »Trauerlaufbahn«. Das Dritte Reich nahm ihr alles, was sie liebte. Als laste ein Verhängnis über ihr, verlor sie Marianne und beide Söhne an die Nazis. Die wollte sie als Anwälte oder Kaufleute erleben, sie waren tote Soldaten geworden. Von keinem der Gefallenen kannte sie das Grab, kein Ort, nirgends, sie zu betrauern. Schwiegersohn Horst kam nach dem Krieg nicht mehr zurecht. Nichts mehr wurde, wie es war, in den improvisierten Jahren seiner Rückkehr in Umstände, die in jedem Sinne andere waren. Wäre sie ausgezogen, das Fürchten zu lernen, mehr hätte ihr nicht widerfahren können. Enkelin Gisela erlebte die Großmutter noch mit dem schwarzen Schleier und wunderbarerweise doch als eine liebevolle Oma, die Kinder herzen und trösten konnte.

Je öfter ich also diese wie von Gerhard Richter gemalte Tharandter Hochzeits-Erinnerung studiere, desto mehr wird sie zum Gleichnis: Nichts kann man festhalten, schon gar nicht die schönen Stunden. Die Aura eines undurchschaubaren, unaussprechbaren Geheimnisses liegt über der Feier, das Geheimnis des Existenziellen. Der Zweite Weltkrieg kommt. Die Euthanasie-Verbrecher holen Tante Marianne, Gerhard Richter beginnt zu zeichnen. Die Jahre legen sich über das Vergangene, in seinen Bildern wird es Gegenwart. Die Gemälde scheinen von Beiläufigem zu handeln, dabei sind sie mit dem Elend des Vergangenen beschwert, das Drama versteckt sich in einem Spiel der Imagination. Eine solche Serie von Unheil und Trauerfällen, ich frage mich, warum gerade die Richters? In komplizierter Metamorphose entsteht Kunst.

DIE HOFFNUNG

Im Hochzeitsjahr von Richters Eltern besucht Marianne Schönfelder noch die Dresdner »Höhere Mädchenschule« in der Weintraubenstraße 1/3. Auf dem Weg dorthin entdeckt sie die Stadt für sich, ich versuche ihr zu folgen. Von der elterlichen Wohnung in der Wiesentorstraße, (ihre Hausnummer 5 existiert nicht mehr), ein Gang von gut zehn Minuten, geben wir fünf dazu für Trödeln und Herumstehen an Läden und Ecken. Der Carola-Platz bleibt rechts liegen, sie überquert die König-Albert-Straße, kommt an den Kleingärten der Villiersstraße vorbei, durch den Unteren Kreuzweg, wahlweise rechts durch die Melanchthonstraße. Dort umrankt jetzt Grün verwunschene und verwilderte Kriegsruinen. Entlang der Tieckstraße, wo die Großmutter wohnte, war einiges über den Unterschied von Arm und Reich zu lernen. Ein fast geschlossener, historischer Straßenzug, der von Wohlstand zeugt. Prächtige Fassaden machen weiterhin Eindruck. Die Bebauung ist einigermaßen heil geblieben. Gerhard Richter ist aus der Nachbarschaft der imposante Zirkuspalast von Sarrasani geläufig. Immer gab es was zu gucken.

Noch ein paar Schritte, dann glänzen von der Außenwand der unter dem Wortungetüm »Neustädter höhere Mädchenschule mit Mädchengymnasium« zusammengeschlossenen Gebäude Lorbeerkränze, die von Ferne für goldene Girlanden gehalten werden konnten. Stattliche Häuser, die den Schülern riesig vorgekommen sein müssen. Auf dem First scheinen zwischen Himmel und Erde die allegorischen Darstellungen der »Bildung des Gemüts und des Charakters«, für »Geschichte und Literatur« zu schweben, als sollte gesagt werden, unsere Pädagogik ist das Höchste. Ob Frechdachs oder Streberin, in diese feierliche »Studienanstalt« muss eine Elfjährige mit ziemlichem Bammel eingetreten sein. Ein kleiner Umweg hätte sie ans Terrassenufer geführt, vorbei am Gebäude der »Sächsisch-Böhmischen Dampfschifffahrt A.G.« mit Schankwirtschaft. Ausflüge ins Leben, kein schlechter Unterricht.

Das Kind bewegte sich auf gewohnter Bahn. Zuvor hatte es in der Tieckstraße 14 die Volksschule besucht. An der Höheren Mädchenschule kommt Marianne in der Klasse III a mit dem falschen Geburtsjahr 1918 (statt 1917) neben weiteren 36 Neulingen ins Schülerinnenverzeichnis. 82 Anwärter hatten sich zur Aufnahmeprüfung gemeldet, 68 bestehen. Marianne ist dabei. Wie froh wird sie gewesen sein. Und erst ihre Eltern.

Pascal hat einmal gesagt: »Niemand stirbt so arm, dass er nicht irgendetwas hinterlässt.« Von Tante Marianne haben wir ein unvergessliches Bild. Sonst wenig, was ihr Leben ausmachte. Nur ärztliche Atteste und die Schulaufgaben. Die zum kleinen Brevier gebundenen Jahresberichte überliefern ihr Pensum, berichten von der Last der Pflicht, 30 Unterrichtsstunden pro Woche. Je fünf entfallen auf Deutsch und Englisch, vier auf Mathematik, jeweils zwei auf Religion, Geschichte, Erdkunde, Naturgeschichte, Zeichnen, Turnen und Gesang. Ein Stundenplan wie im Jahr 2005. Zur Einübung ins Frauenfach war »Nadelarbeit« mit einer Doppelstunde angesetzt. Keine Lehrerin hätten ahnen können, Mariannes Fingerfertigkeit werde sich bald in wechselnden Irrenanstalten beim Knopfannähen für die Hauswäsche erschöpfen. Weiter wird vom »Hochbetrieb« in den Landheimen berichtet, »Eltern und Schülerinnen erkennen gerade in dieser Notzeit doppelt dankbar den Segen der Heime an, für den größten Teil der Schülerinnen bieten die 2 Wochen ... die einzige Möglichkeit, in der freien Natur Geist und Seele zu stärken«.

Nun kann man abschätzen, welche Lebensvorstellung sich in der Entscheidung von Richters Großeltern verborgen haben mag, ihre Kleine auf diese gute Schule zu schicken. Im Rückblick ist es ein letztes Sich-Ergötzen, umhegt, in feiner Gegend. Von Dora und Alfred nach Weltkriegserfahrung, Inflation, Massenarbeitslosigkeit ausgewählt im Wissen, wie schwer es ist, den Alltag zu bestehen. Ihren Söhnen hatten sie das Gymnasium ermöglicht. Nun verband die Schönfelders mit der Mädchenschule die fortschrittliche Ambition, Töchter müssten in dieser Zeit einen Beruf haben; Richters Mutter hatte schon Buchhändlerin gelernt. Auch mit Marianne hatten sie größere Pläne als nur ein Hausfrauenleben, ließen sie deshalb in die Fußstapfen ihrer Schwester treten. Richters Mutter besuchte von 1913 an für zehn Jahre ebenfalls die Weintraubenstraße. Hilde ist im II. Hauptbuch am 1. März 1924 als Abgängerin eingetragen, das Reifezeugnis in der Tasche: »Betragen I, Leistungen III«. Es soll nicht kleinlich klingen, Marianne ist eine ganze Note besser. Vater und Mutter registrieren gespannt jeden Fortschritt.

Die Höhere Mädchenschule war sonst nichts für kleine Leute. Die Elternschaft setzte sich aus oberen, mittleren und unteren Beamten zusammen, nur 61 waren Angestellte wie Mariannes glückloser Vater, der im Rathaus wechselweise als »Revisor«, »Handelsvertreter« und »Kaufmann« eingetragen ist. Offiziere, Beamte und Oberbeamte, Rechtsanwälte, Ärzte, Ingenieure schickten ihre Kinder, eher Leute, zu denen Vater Alfred aufschauen musste. Elternabende galten der unter den sonstigen Umständen luxuriösen Frage »Welche Ernährung ist für die Jugend zweckentsprechend?«.

Ihren Bildungsweg beginnt Marianne Ostern 1924 auf der noch feineren »Noldenschen Mädchenschule« in der Georgenstraße 3. Eine Festschrift trägt Goldschrift auf dem Titelblatt. Später sind Schüler »aus unserem Erzgebirgsspiel«, als Sonne, Mond und Sterne verkleidet, auf einem Foto zu sehen. Ein Zipfel der Hakenkreuzfahne hängt ins Bild. Dieses Institut für Höhere Töchter überstieg offensichtlich bald Schönfelders Möglichkeiten. Die Familie stand finanziell immer auf der Kippe. »Dora hatte wenig Geld«, sagt Richter, trotzdem steuerte sie manches bei, unterstützte ihre Enkel mit dem Geringen. Gerhard sah seinen Opa Alfred mit gebeugtem Haupt bei der Urgroßmutter um Geld betteln.

Die Adressen wechseln, aber Marianne bewegt sich stets in einem Karree von 1,5 Quadratkilometer. Nach dem ADAC-Stadtplan »Dresden mit Radebeul« spielt sich ihre Schulzeit auf den Feldern 12 J und 13 J ab. Ein Hin und Her im Quartier, Schule, Zuhause, Zirkus, Freunde, die Oma. Fällt man auf der Karte ein gedachtes Lot von Anlaufstation zu Anlaufstation, ergibt sich ein tortenstückgroßes Kreissegment. Seine äußere Form entspricht genau dem Zielsektor beim Dresdner Luftangriff, als richteten Ereignisse sich nach einem unsichtbaren Kraftfeld aus. Auch der Zufall gehorcht einer Ordnung, in verblüffender Geometrie entsteht noch einmal diese Figur, sobald die späteren Leidensorte von Tante Marianne in Sachsen abgesteckt und gedanklich durch Geraden verbunden werden. Kein Planer könnte die Schauplätze akkurater arrangieren.

Marianne muss Lehrbücher von Autoren durchackern, die zum Bildungskanon zählen, die bekannt und doch abschreckend klingen. Für Erdkunde natürlich Dierckes »Schulatlas, Große Ausgabe«, schwer wie Blei. Die »Geographie für sächsische höhere Lehranstalten« von Seydlitz. Die allseits bekannte Pflanzen- und Tierkunde von Dr. Otto Schmeil mit dem raunenden Vorwort ihres Verfassers: »Wie stets in den Zeiten der Not, sind gegenwärtig die Blicke aller Vaterlandsfreunde auf die Jugend gerichtet, die uns eine bessere Zukunft bringen soll.« Der Schulbiologe taucht warum auch immer in einer Porträtserie Gerhard Richters aus den 70ern auf. Marianne ist ein kleines Fräulein, durch 58 staubtrockene Paragrafen des »Geschichtsbuchs für die deutsche Jugend, 1. Band«, über das »Versailler Diktat« aufgeklärt. Tenor: »die Ausplünderung Deutschlands.

Die Deutschen sollen nur noch für ihre früheren Feinde als Sklaven arbeiten.« Ergänzt durch die »Bilder aus der vaterländischen Geschichte« in Gaudigs Lesebuch, III. Teil. Von Mensing hat Marianne das »Deutsche Hilfsbuch«, im Ranzen. »Learning English« (Dinkler, Zeiger, Humpf) gehört zum Pflichtstoff. Dazu die Schwarten für Chemie und Physik. Im Rechnen gilt die »Einheitsausgabe«. Fehlt noch das »Liederbuch für Sachsen«, das »Neue Testament«, der »kleine Katechismus«.

Dann war in Biologie der Affe los. Die Kleineren nehmen sich mit Entdeckerfreude das Kapitel »Wirbeltiere« vor. Sie lernen praktisch »Wie man Tiere tragen soll«, den Hasen am Genick, den Vogel in der schützenden Hand, die Hühner packe man an den Flügeln. Die Größeren wie Marianne stoßen unter Anleitung des Dr. Schmeil in die Wildnis anderer Erdkreise vor: »Die Urwälder von Sumatra und Borneo bilden die Heimat eines schwanzlosen Affen, der stehend eine Höhe von 1,40 Meter erreicht und von den Malayen Orang-Utan, d.h. Waldmensch genannt wird.« Der Körper sei mit einem gelb- oder rotbraunen, zottigen Haarkleide bedeckt. Hört sich unheimlich an. Er werde ausschließlich in den Kronen der Bäume angetroffen. »Er ist also ein echtes Baumtier.«

Die aus der Tiefe der indonesischen Inselgruppe kommende Orang-Utan-Familie ist farbig-expressiv ausgemalt, was die Sache gleich interessanter macht: Der Vater mit mächtigen Backenwülsten, Mutter, Baby und ein freches Affenkind. Am rechten Rand der Illustration bezeichnet ein kleines »N« ihr »Nest« im Gestrüpp von Lianen, Luftwurzeln, Orchideen. Tauglich für Traumvorlagen, die Einbildungskraft kann sich im Dickicht verlaufen, wuchernde Vegetation erfüllt von nächtlichem Schnattern. Vexierbilder dieser Sorte rufen nach Walter Benjamin Erkenntnis im Kinde »wach«. Dann kommt die Aufgabe: »Zeichne einzelne Körperteile und bilde sie in Ton oder Plastilin nach«. Punkt 4: »Besuche so oft als möglich einen zoologischen Garten und beobachte die einzelnen Tiere genau und stelle – fünftens – soweit dies angängig ist, Fußabdrücke her«. Im Dresdner Tierpark konnte Orang-Utan-Mann »Buschi« für den Unterricht beobachtet werden. Ein Kraftprotz, der erste seiner Art, der in Gefangenschaft Vater wurde.

Naturkunde war auch das Fach, in dem Marianne die Grundzüge der Abstammungstheorie lernte. Hier der Mensch (Herr über alle Tiere), da der Orang-Utan (aus der Ordnung der Herrentiere), nebeneinander die Strichzeichnungen ihrer Skelette: Eine erste Bekanntschaft mit Darwins Evolutionslehre, nach der das Überleben einer Art an die Umwelt gebunden ist. Bei aller Verwandtschaft, neben der Hand des »Homo sapiens« sieht der »Greiffuß« des »Pongo pygmaeus« wegen seines Stummeldaumens Furcht erregend aus. Schon in der Einleitung erfährt Marianne, wie besonders anfällig der Kopf des Menschen ist: Die Schädelknochen bilden »eine feste Kapsel, in der das außerordentlich empfindliche Gehirn liegt«. Später erhält die Schizophrene wegen Fehlschaltungen in ihrem Gehirn die Diagnose 14, sie wird Opfer der von den Nazis zum übelsten Sozial-Darwinismus pervertierten Lehre. Eine tödliche Lektion.

Die Zeugnisse lassen keinen Zweifel: Marianne war helle, so klar wie nur irgendwer, froh und eifrig bei der Sache. Ehe sie 1934 ausscheidet, lernt sie, »Eine Fahrt in der Straßenbahn« lebendig zu schildern. Sie lernt, sich über »Siegfried und Kriemhild« Gedanken zu machen. Sie lernt, »Wilhelm Tells« Durchhalteparole »Verbunden werden auch die Schwachen mächtig« zu deuten. Von Goethe lernt sie, den »Getreuen Eckart« auswendig herzusagen: »O wären wir weiter, o wäre ich zu Haus!/ Sie kommen, da kommt schon der nächtliche Graus ...«. Das war schon härtere Kost.

Den alten Schulkram anzugucken bedeutet für mich, ein weiteres Porträt von Marianne zu entwerfen. Ein an Klassikern und vergessenen Titeln reiches Sortiment, aus heutiger Sicht teilweise verstaubte, aber auch hehre Erziehungsziele, den ganzheitlichen Menschen im Blick. So viel hat sich gar nicht geändert. Hebels »Schatzkästlein des rheinischen Hausfreunds« wird noch immer gelesen, ausgeschmückt mit Miniaturen vom »klugen Richter«, die davon handeln, »wie in dem menschlichen Leben alles zusammenhängt«. Hebels Erzählung von den traurigen Kindern mit ihren vom Hungern »blauen Nägeln« schildert, was Marianne in der Psychiatrie später erleidet.

So geht es fort mit »nützlicher Unterweisung« bis zu den wohlgesetzten »Arbeitssprüchen« im Lesebuch. An die sollen sich die Kinder halten, aber die Alten tun es nicht. Draußen dämmert schon herauf, was solche Tugenden verderben wird: »Sei nicht wie ein Wind- und Wetterhahn/ und fang nicht immer Neues an!/ Was du dir wohl hast vorgesetzt,/ dabei beharre bis zuletzt!« Der Herausgeber Gaudig setzte 1930 in seiner Abhandlung »Die Schule im Dienste der werdenden Persönlichkeit« (unsere Ausgabe trägt den Stempel der Pasinger Hochschule für Lehrerbildung mit Hakenkreuz) stark auf den Gesangsunterricht. Die Mädchenschule solle sich fleißig »im Gebrauch« von Volksliedern üben.

Nachdem sich ihr Naturell verzerrte, stellt das psychiatrische Gutachten fest, Marianne habe »insbesondere auch ihre früher vorhandene Neigung zu Musik verloren«. Die Schönfelders hatten eine künstlerische Ader, ihr Vater und die elf Jahre ältere Hildegard konnten sie beim »Kranzsingen« auf dem Klavier begleiten, nach altem Brauch im getragenen 4/2 Takt: »Ich kumm aus fremden Landen her und bring euch viel der neuen Mär, der neuen Mär bring ich so viel,/ mehr denn ich euch hie sagen will.« Oder nach Vorgabe des Lehrers, flotter im Viervierteltakt, Heines inniger »Abschied von der Heimat«: »Tränen hab ich viele, viele geweint, dass ich scheiden muss von hier, doch mein lieber Vater hat es gemeint, aus der Heimat wandern wir ...«

Von Dora Schönfelder ist keine einzige Notiz über Marianne erhalten. So bleibt es eine Erwägung, ob ihre Tochter nach den Lektionen das Nichtstun genießen konnte. Führte sie ein Tagebuch, sammelte sie Bildchen für das Poesiealbum? Wie war es überhaupt, das Mädchenleben um 1930. Ebenso spekulativ, welche Perspektive sich auf der Basis ihres Unterrichts mit beinah progressivem Anspruch entfalten sollte. Im Stadtarchiv, untergebracht in der ehemaligen »Heeresbäckerei«, von der sich die preußisch-deutsche Armee, die Wehrmacht und die Rote Armee verpflegen ließen, sind erstaunlich viel Schulinterna aufzutreiben, Ausgangsmaterial für Ausflüge und Erkundigungen auf Mariannes Spuren, bis sich ihr stehendes Bild bewegt, belebt und zu reden beginnt.

SPRICH, ERINNERUNG, SPRICH

Auf der Schule fühlt sich Marianne Schönfelder anscheinend wohl. Abseitig der Gedanke, das kaum 17 Jahre alte Mädchen hätte damit bereits den Gipfel seiner Selbstfindung erreicht. Mit der Note I in Betragen und der Note II b im Gesamtdurchschnitt der Abschlussprüfung scheidet sie aus. Die Zeugnisausgabe könnte ihr glücklichster Tag gewesen sein oder ihr bangster. Aus dem Dokument ergibt sich klar: Mariannes Leistungen, ihr Schwung, ihr Ehrgeiz ließen einiges erwarten. Motiviert von der Schwester und den zwei Brüdern, von denen sie bestimmt profitierte. Dann wurde sie zunehmend eigen. Etwas ergriff von ihr Besitz, dem sie nichts entgegenzusetzen hatte, dem auch ihr Stolz über das Erreichte nicht standhielt. Ich sehe im Rückblick eine dünnhäutigere, sensiblere Persönlichkeit, als ihre Umgebung wahrnimmt. Überzart.

Marianne bricht aus. Der Alltag erlegt dem kindlichen Mädchen Forderungen auf, die zu schultern es nicht fähig ist, manifestiert in ihrer Krankheit »Schizophrenie«. Ein dehnbares Etikett, damals rasch und gern für diffuse Befindlichkeiten aller Art vergeben, die in kein Schema passten und 70 Prozent der Anstaltsinsassen betraf. Jeder ist irgendwo ein »Schizo«, kämpft mit Verpflichtungen, die einen um den Verstand bringen können. Nicht ausgeschlossen bei ihr ein Empfinden, überflüssig zu sein. Marianne verpasst den Sprung in die Bürgerlichkeit. Ihr Wegtreten scheint ein Befreiungsversuch, beginnt mit dem Abtauchen vor Bewährungen, die sie zu überwältigen drohen und sich gleich einem unüberwindbaren Hindernis vor ihr auftürmen. Eine mögliche Erklärung wäre die Furcht vor der Zukunft, vor dem Erwachsenwerden, ihre Erkrankung mithin eine Verweigerung. Es ist ja tief im Innern die Angst vor dem Leben, die bekanntlich der vor dem Tod vorausgeht. Eine Wirklichkeitsflucht, da Marianne sich mit Ansprüchen überfrachtete, sich unter dem Erwartungsdruck mehr abverlangte, als sie geben kann. Derweil spürt sie wahrscheinlich daheim die Geldnöte.

Insbesondere linke Theoretiker deuten Schizophrenie als eine Rebellion und meinen, im Zusammenbruch ein verstecktes Aufbegehren zu sehen, einen psychischen Widerspruch zu den herrschenden Lebensverhältnissen im Beharren auf sich selbst. Das ging bis hin zu der provokativen These, die Kranken seien die eigentlich Gesunden. Es sei nur ein Problem der Perspektive. Wer seinen Verstand verloren habe, wisse mehr als jene, die ihre Vernunft bewahrten in einer verrückten Welt. War Marianne vom Wahnsinn verlockt, weil sie verwundbarer war, keine Nehmerqualitäten hatte? Unfähig, sich anzupassen. Es fehlt ansonsten jede Begründung, was sie zerrüttete und in ihr wütete. Die Nazis ordnen ihrem Abschwirren aus der Realität die Ziffer 14 zu.

Der Krankheitsbegriff klassifizierte ein diffuses Spektrum pathologischer Ausschläge, die anders diagnostisch nicht unterzubringen waren. Ebenso gut hätte die Klinik den Begriff »Ausweglosigkeit« wählen können. Die Heranwachsende ergab sich, reagierte, wie es in der Fachliteratur beschrieben ist, »auf unspezifische seelische Belastungen mit einer schizophrenen Psychose«. Die Betroffenen sind mit den Worten des Psychiaters und Schriftstellers Heinar Kipphardt »nach innen gerichtete Schauspieler«. Archaisches überwältigt das Zivilisatorische, vom Patienten als animalische Angst erlitten. Damals wie heute Ausdruck einer vollkommen schleierhaften, innerlichen Zerrissenheit. Der Schweizer Eugen Bleuler hatte die Erkrankung 1911 mit einer »spezifisch gearteten, sonst nirgends vorkommenden Alteration des Denkens und Fühlens und der Beziehung zur Außenwelt« zu deuten versucht. Per Definition im Handlexikon der Medizin, Ausgabe 1980, »Psychose mit charakteristischem Verlust des Strukturzusammenhangs der Persönlichkeit und Spaltung von Denken, Affekt und Erleben (einschließlich des Zusammenhangs ihrer Komponenten), wahrscheinlich auf einer Interaktion psychischer und somatischer Faktoren beruhend. Auftreten meist zwischen 20. und 40. Lebensjahr, entweder akut oder chronisch.«

VERZWEIFLUNGSZEIT

Benommen von einer Diagnose, die eine undefinierbare Angst wie einen Ring um die Brust legt, sehe ich die Eltern von der Stoltenhoff-Klinik in die Wiesentorstraße 5 zurückkehren. Sie hatten Unbegreifliches gehört. Noch in der Sekunde flog sie der Gedanke an, es könne unmöglich weitergehen. Aber es musste weitergehen. Welche Weiterungen die Angehörigen mit der Krankheit (die sie unter sich mit »Jugendwahn« schönreden) verbinden mochten, Verzweiflungszeit bricht an. Zunächst wollte niemand das Schlimmste glauben. Nichts schien abwegiger als die Annahme, ihre Marianne würde in dem Strudel untergehen. Die wird schon wieder. Aber ich muss nur die Krankenakte durchblättern und lesen, wie jeder Monat die Überzeugung verfestigt, Marianne kehrt nicht zurück. Wie in einem System kommunizierender Röhren verstärkt sich bei den Eltern der Zustand der Ratlosigkeit.

Zuerst schwindet Mariannes Sanftmut, mit ihr die Begabung, das Besondere an ihr. Dann die Anmut, die Ausdrucksfähigkeit, das freundliche Mienenspiel. Obwohl Alfred und Dora nicht glauben wollen, was sie sehen, war es nicht länger zu leugnen: Mit ihrer Schönen würde es kein gutes Ende nehmen. Das schloss mit ein, ihr eigenes Leben war in gewissem Sinn vorbeigegangen. Zumal Angehörige, überwältigt von den Problemen, selbst oft zu verletzten Menschen werden. Jedenfalls pflanzte sich mit der Diagnose ein Schmerzpunkt in sie. Der blieb.

Wie mögen sie sich fortan begegnet sein, die Eltern und die Kranke? Wie ging es mit Hilde und Marianne? Was bedeutete es für Mutter Dora, durchs Arnsdorfer Anstaltstor einzutreten, Besuchszeiten jeweils nach Absprache mit dem behandelnden Arzt? Den langen Hauptweg zu nehmen, sich nach links zu halten, in die Station B 3 zu kommen, vorbei am Wärter- und am bedrohlichen »Isolier«-Zimmer gleich bei der Treppe? Im Obergeschoss »für hochgradig unruhige Frauen« das derangierte Kind wieder zu sehen, im neun Quadratmeter engen Besuchszimmer. Im Kopf die Frage, wird sie mich überhaupt erkennen? Dora packte Päckchen für Marianne, jede Lieferung eine Botschaft, penibel in den Krankenblättern verzeichnet: »ein Paket von Mutter« oder »ein Paket mit Esswaren«. Liebevolle Sendungen signalisieren: Wir vergessen dich nicht! Und vielleicht: Wir holen dich da raus! Sie sollte spüren, Mutter und Vater lassen dich nicht im Stich, mochte die Empfängerin auch von Sinnen sein, ihr Selbst sich zum unentwirrbaren Knäuel verknotet haben.

Die Schönfelders und die Richters müssen mit Entsetzen die Verunglimpfung »Andersartiger« durch die Nazis registriert haben. Ein Schwall hysterischer, sich überschlagender, alles durchdringender Propaganda zur Verächtlichmachung der Schwachen, unverhohlen auf ihre »Beseitigung« zielend. Pseudowissenschaftlich angereichert, um den »Defekten« und »Krüppeln« die Menschwürde zu nehmen. Vorlauf und Einstimmung auf die skrupellos in Gang gesetzte Ausrottungspolitik. Die Braunen hämmerten dem Publikum ihren im »Erbgesundheitsgesetz« kaum verbrämten Sauberkeitswahn ein, meinten konkret die »allmähliche Reinigung des Volkskörpers«, als ob sie wegen den Ausdünstungen ihrer Politik unter schwerstem Waschzwang litten. Ein schizophrenes Kind zu haben bedeutete, auf der Hut sein zu müssen, beargwöhnt zu werden, der Verachtung ausgeliefert zu sein, gewahr zu werden, wie fragil das Wort »Sicherheit« ist. Die Krankheit 14 bedeutete tödliche Gefahr, bescherte den Schönfelders zu allem anderen Unglück ein Leben mit entsetzlicher Bedrohung. Ihre Marianne war unter Hitler ein Objekt des Hasses, sie könnte Konfliktpotenzial in der Familie gewesen sein. Sohn Alfred und Schwiegersohn Horst hatten sich, und sei es nur pro forma, bei der NSDAP eingeschrieben. Die Eltern waren ganz allein, nach der amtsärztlichen Meldung von Mariannes »psychischer Anormalität« bestand keine Chance, die Tochter bei sich versteckt zu halten. Unter dem propagandistischen Trommelfeuer mussten sich die Eltern als Versager fühlen. Es kann schon niemand damit umgehen, dass sein Kind dem Irrsinn gehört. Ihre Marianne widersprach dem germanischen Menschenideal.

Dresdner Kongressbesucher chauffierte man hinaus in die Landesanstalt Arnsdorf, bizarres Ausflugsziel das »Krüppelheim« mit unheilbar Kranken, die sich anstarren lassen mussten wie wilde Tiere. Im eigens eröffneten Kinosaal lief ausweislich der Jahreschroniken ein Propagandafilm zur Rechtfertigung von Sterilisierungen; im Dritten Reich traf es 400 000 angeblich

Erbkranke. Seit 1936 vertrieb das »Rassenpolitische Amt der NSDAP« den widerlichen 22-Minuten-Streifen »Erbkrank«, Prädikat »staatspolitisch wertvoll«. Die Rassenpolitischen Ämter bei den Gauleitungen waren angewiesen, Gesundheitsämtern das Machwerk »jederzeit« kostenlos zur Verfügung zu stellen. »Sünden der Väter« oder »Alles Leben ist Kampf« hießen weitere beklemmende Filme, die – fiktiv, dokumentarisch, kürzer, länger – den Mythos vom reinen Blut behaupteten, die psychisch Kranken in einem, wie gesagt wurde, »endlosen Zug des Grauens« vorführten. Im Gegenschnitt waren Kraftbündel zu sehen, blond wie Bier. Derweil entsprach ihr Reichskanzler mit seiner Paranoia viel eher dem Bild des total Gestörten.

Musik schwillt an, Reihen von herrschaftlichen Häusern, eine »Anstalt für unheilbare Geisteskranke«. Menschen stehen herum, dann Schwenk der Kamera zu Kranken, die sich beim Essen voll sabbern, unterlegt mit dem Text: »Manche Irre müssen gefüttert oder sogar künstlich ernährt werden.« Es dauert wenige Minuten, bis der Film »Erbkrank« zur Sache kommt: »Entgegen allen Naturgesetzen wurde das Ungesunde übermäßig betreut, das Gesunde wurde vernachlässigt.« »Sehr viele Irre« würden ein hohes Alter erreichen. Thomas Schilters in zehnjähriger Recherche entstandene Dissertation zur »Geschichte der Psychiatrie im Nationalsozialismus« resümiert 1997: »Nie hatte ein Kulturvolk versucht, in einer planmäßigen Aktion die Ausrottung seiner Geisteskranken zu betreiben.«

NAZI-EINMALEINS

Dorners Mathematikbuch, Quarta bis Untersekunda, kleidete 1936 das geplante Verbrechen in den Dreisatz ein, der unter der Hand bereits Jugendliche für die Politik der »Aufartung« werben sollte. Tante Marianne wird das Rechenexempel gekannt haben: »Ein Geisteskranker verursacht 4 RM. Nach vorsichtigen Schätzungen sind in Deutschland 300 000 Geisteskranke, Epileptiker usw. in Anstaltspflege. Wie viele Ehestandsdarlehen zu je 1000 RM könnten von diesem Geld jährlich ausgegeben werden?«

DER LANGE ABSCHIED

Draußen formiert sich das Land im Gleichschritt. Drinnen in der Psychiatrie beginnt Tante Mariannes Tod auf Raten. Es ist zu hoffen, dass sie das zunehmend Monströse um sich herum nicht in voller Schärfe wahrnahm. Der Verfall dauert Monate, dauert Jahre. Ihre Krankenakte füllt sich mit routinemäßig-lieblosen Einträgen. Bei aller Wirrnis ist die Schönfelder von stetem Sehnen nach zu Hause erfüllt. 29. Mai 1942: »Seit einigen Tagen stark aufgeregt, tanzt über Tisch und Bänke, führt ausgiebig unsinnige Reden, nässt im Tagraum, rauft sich.« Ihre Mutter ist im

Anmarsch. Mariannes nach Monaten und Tagen gegliederter »Arbeitsnachweis« registriert die vielen Auszeiten, weist anfangs noch stundenweise Beschäftigung aus, dann fast nur noch Nullen: Sie verweigert jede Tätigkeit, will nicht mehr. Der 20. Juli 1943 kommt. »Ungeordnet und lebhaft, redet viel, reißt sich die Augenwimpern aus und isst sie.«

Letzte Ausfahrt. Die Richters wohnen seit Juni 1943 in Waltersdorf. Nach fünf Jahren Psychiatrie wird Marianne am 27. August in einem Elendstross mit 75 weiteren gestörten Frauen von Arnsdorf zur nahe gelegenen Landesanstalt Großschweidnitz in Marsch gesetzt. Vielleicht in einem der Busse der angeblich »gemeinnützigen Kranken-Transport-GmbH«, deren graugrüner Tarnanstrich nichts Gutes verhieß. Die Geschundenen hofften bestimmt, heim zu dürfen. Denkbar aber auch, dass sie unter Tabletten oder Beruhigungsspritzen standen. In Mariannes Kladde vermerken die Arnsdorfer Bürokraten zum Abschied für immer: »unverändert läppisch und verworren, arbeitet wenig!«. Es ist bitter, dass der Psychiater Leonhardt Vertrauensperson der Schönfelders war, die ihm ihre Marianne zur besonderen Obhut empfahlen und an ihn glauben mussten. Wie alle Eltern erwarteten sie vom Arzt besondere Sensibilität.

Arnsdorf war schon düster, die ehemalige königlich-sächsische Heil- und Pflegeanstalt Großschweidnitz das Tor zur Unterwelt. Die Gründer wollten einst abseits von Verkehr und Großstadt ein »Reservat« für die Kranken schaffen, das Ideal einer »agrikolen Anstalt« in einem ehemaligen Rittergut. Mustergültig konzipiert, bestens platziert in der Abgeschiedenheit, dazu angetan, die Psyche zu besänftigen. Trügerische Ruhe.

Zunächst ist das Dorf auf der Topografischen Karte »Lausitzer Bergland, Löbau, Maßstab 1: 25 000« nur ein entlegener Punkt. Am Ortseingang werden Besucher »herzlich willkommen« geheißen. In den Sprengeln Groß- und Kleinschweidnitz klapperten zwölf Wasser- und Windmühlen, ein weit gespanntes Eisenbahnviadukt imponierte. Das sind die romantischen Seiten der Gemeinde, dauerhaft entstellt vom Dritten Reich, das Gewalttätiges in ihre Idylle brachte. Ihre Heimat ist seitdem mit einer bestimmten Trostlosigkeit verhängt.

Weitab vom Getriebe verschmelzen die Gehöfte mit Feld und Flur, mit Obsthainen auf krummen Wiesen. Raum genug zwischen bestellten und unbestellten Äckern. Bei der planmäßigen Tötung Wehrloser konnten sich Gewalt und Zerstörung im schönsten Grün verlieren, von den Nazis zum Komplizen ihrer Schandtaten gemacht. Wachtürme brauchte es keine in der Finsternis, der Marianne nicht mehr entkam. Wenn der Begriff gottverlassene Gegend jemals der Wahrheit entsprach, dann dort. Das Dorf liegt im alten Durchgangsland, stößt südwestlich an den 800 Meter breiten »Höllengrund«, mit dem es seine eigene, Unheil verkündende Bewandtnis hat. Die Transitstraße S 148 führt vorbei, Bauernsträßchen gehen ab ins Nichts. Die Wege werden schmäler und stiller, die Forste dunkler. Die Krähen schwärzer.

24 Männer, 24 Frauen mit Pflegern und Pflegerinnen kamen am 4. März 1902 mit der Bahn an der Güterhaltestelle Großschweidnitz an »und wurden in die Anstalt überführt«. Die Planer wählten für diese »Stätte treuer Pflichterfüllung« mit Bedacht eine helle Klinkerarchitektur, die Dächer mit türmchenähnlichen Verzierungen. Kein Vergleich mit den Festungen und einschüchternden Kasernen herkömmlicher Bauart. Die für 3,5 Millionen Mark hochgezogene Zukunftsinvestition ähnelte mit ihren Pavillons einer Gartenstadt, 161 Hektar gesäumt von Lindenalleen. »Tätige Nächstenliebe« sollte all jene, die unvermeidlich eingeliefert würden, »glücklicher machen«, wenn sie schon nicht gesunden konnten. Hat je eine Präambel wie eine Verheißung geklungen, dann dieses Verordnungsblatt für das Königreich Sachsen, »15. Stück von 1913«. Schweidnitz würde »den armen Mitmenschen, die dort Unterkunft und Rettung suchen müssen, zum Trost und zum Segen ... gereichen«.

Das Projekt war ein herausragendes Ereignis für die Gegend. Zum Richtfest formierte sich ein Festzug mit zwei Kapellen, der sich durch eine von den Bürgern gebildete Pforte zur Gaststätte »Zum Sachsenfreund« hinbewegte. Die Mitarbeiter gelobten, »dass wir allezeit bereit sein werden, all unsere Kraft einzusetzen, um dem Namen dieser schönen Anstalt einen guten Klang zu erringen«. Nach den 34 Punkten des Statuts war »mit den Kranken ... human, freundlich, geduldig und rücksichtsvoll« zu verfahren. Selbst die Korbgitter vor den Fenstern der geschlossenen Abteilungen für gefährlichere Kranke waren schön verziert und erlaubten »das Hinauslehnen der Patienten«. Der hauseigene Lehrer Müller sorgte für »Belehrung, Unterhaltungen und Vergnügungen«, machte den Kapellmeister und war nach den Annalen fast der wichtigste Mitarbeiter. Ein Naturtheater entstand. Die Patientenbücherei hatte bereits 1700 Bücher. Nazi-Direktor Alfred Schulz schaffte Einschlägiges dazu an. »Zur Fortsetzung« bestellte er die »Zeitschrift für Rassenkunde« und vierzig Exemplare von Hitlers »Mein Kampf«, Feldpostausgabe je 7.20 Reichsmark, am 13. März 1941 laut Rechnung 12090 geliefert von der Firma »J. G. Walde in Löbau, Buch-, Kunst-, Musikalien- und Instrumenten-Handlung«, Gesamtsumme 288 Reichsmark. Am 10. April zur Begleichung angewiesen.

Pflegerinnen hießen in Schweidnitz einmal »Schwestern«. Nach englischem Vorbild versuchte man ein »open door system« mit Arbeitsmöglichkeiten in Landwirtschaft und Gärtnerei, den damaligen Grundsätzen der »Irrenpflege« weit voraus mit Regeln, die nicht mehr auf Zwang und Einschüchterung gründeten. Die Ausstattung auf dem aktuellsten technischen Stand, versteht sich. Stolz vermeldete die Direktion, fast 95 Prozent der Kranken seien »heilpädagogisch beschäftigt«, das Gros davon im Freien. Beim Lesen in den Schweidnitzer Schriften musste es Mariannes Verwandtschaft vorkommen, als gäbe es keinen besseren Platz für ihre Kranke.

Da war die umfangreiche Gartenanlage mit den Obstbäumen. Die Patienten wurden mit dem Straßen- und Wegenetz beschäftigt. Da waren die Näh- und Flickstuben. Die Zuputze, die Spülküche, die Wäschelege- und Plättstuben. Die Schreibstuben. Da waren Tischlerei, Schlosserei Klempnerei, Buchbinderei, Schneiderei, Schuhmacherei. Kurse in Steno und Maschinenschreiben zählten zur Therapie. Und da galt die Absicht, dank »überreicher Gelegenheit, Kranke nach Neigung, Leistungsfähigkeit und Vorbildung ... zu beschäftigen«. Kein Kapo drängelte zu schnellerem Takt, auch den Schwächsten sollten sich Möglichkeiten eröffnen. Nur eine Generation später funktionierten Nazis diese Modellanlage in ein Zentrum der »Wilden Euthanasie« um. Das Teuflische bestand darin, die Kranken verschwinden zu lassen, wo sie einmal besonders geschützt schienen. Rettung hätte den »Verrückten« nur eine List wie in Edgar Allan Poes fantastischer Erzählung »Dr. Thaer & Prof. Fedders« bringen können. Darin tauschen die Irren die Plätze mit den Bewachern, sperren diese ein, ohne dass der Rollenwechsel den Anstaltsbesuchern überhaupt aufgefallen wäre.

Sofort bei Kriegsbeginn am 1. September 1939 verschlechtert sich die Betreuung drastisch, der Auftakt zum Serienmord an den Behinderten, wie Heinz Faulstich in seiner Grundsatzarbeit über »Hungersterben in der Psychiatrie 1914–1949« nachweist. An den »Erbkranken« sollte gespart werden, das Eingesparte den »Erbgesunden« zugute kommen. Die Anstalt geht in die Topografie des Terrors mit der »Großschweidnitzer Vitaminkur« ein. Der schändliche Begriff findet sich in nur wenigen Geschichtsbüchern. Wahrscheinlich stammt er von dem Psychiater Paul Nitsche, gemeint ist die Kombination von Mangelkost und Medikamentenüberdosierung, bei der nach seiner Gebrauchsanweisung Veronal, Luminal oder Trional die endgültige »Ruhigstellung« beschleunigten.

Bereits im Dezember 1937 kritisierte das Dresdner Innenministerium, in außersächsischen Irrenhäusern würden

»zum Teil nur 39 Reichspfennige für den Kopf und Tag aufgewendet«. Die Kost würde einfacher gehalten durch mehr fleischlose Tage, es würden »abends mehr Suppen ausgespeist«. Ergo: Der »Tageskostsatz für die untere Verpflegungsabteilung« (Mariannes Klasse) wird reduziert. In vorauseilendem Gehorsam teilen die Großschweidnitzer Nazis um Direktor Schulz im April 1938 mit, die »angeordnete Sonderkost« werde als »Breikost« schon seit Monaten ausgegeben: »Teilnahme 200 Personen – Verbilligung der Kost eingetreten.« Breikost war ein anderes Wort für Hungern.

Jetzt geht es Schlag auf Schlag. Butter, Vollmilch und andere hochwertige Nahrungsmittel dürfen an Marianne Schönfelder und ihresgleichen nicht mehr abgegeben werden. Weißbrot nur auf ärztliche Anordnung. Dann Herabsetzung auf 45, am 1. Januar Reduktion auf 35 Pfennige, Halbierung der Mittel innerhalb von Wochen. Im Ministerium konnte es sich bei so viel Erfolg der zuständige Amtmann Kießig gut gehen lassen. Direktor Schulz beschreibt später seinen Vernehmern das folgende Essen: »Für liegende Kranke ... so genannte Breikost, die bestand aus Gemüse, Kartoffeln, Kartoffelwalzmehl und Kartoffelschalen in Form eines Breies ... Die Breikost wurde 3-mal täglich verabfolgt ...« Der Krieg verschlingt alles. Die Patienten löffeln undefinierbare Pampe. Viele hungern, den meisten ging es laut Zeugenaussagen »unvorstellbar schlecht«, mit Ödemen an den Beinen, aufgetriebenen Bäuchen, angelaufenen Lippen. Der Herr Direktor Schulz bewohnt derweil seine Dienstvilla, Haus 8, das zweite Gebäude nach dem Eingang, leicht zu finden, jetzt Sitz der Apotheke. Richters Tante ist wie ihre Leidensgenossen auf dem Weg zu einem wandelnden Leichnam. In diesem von Amts wegen bewusst herbeigeführten Zustand richten schon wenige Tabletten die Geschwächten endgültig zugrunde.

Neue Stempel kommen in Mariannes Kladde, der erste Eintrag an ihrer Endstation: »Geht zu nach A 11. Zeitweise laut, lebhaft, gereizt. Hilft ab und zu bei der Hausarbeit. Im Übrigen Defektzustand. Diagnose: Schizophrenie 14.« Die »Deutsche Wochenschau« berichtet zeitgleich in ihrer 37. Ausgabe des Jahres 1943 foxtönend über den Tod des bulgarischen Königs Boris, Hitler lobt ihn zu Bildern ihres Treffens am Obersalzberg als » Freund und Bundesgenossen«. Von der »Hauptkampflinie« wird ein »Geburtstagsständchen« eingeblendet, Einschläge eines Fliegerangriffs »untermalen das Konzert«. Sequenzen aus »Fronterholungsheimen« zeigen Landser mit »unverwüstlich guter Laune« bei der Kaffeetafel im Freien. Raffiniert aufgenommene Maschinenästhetik weiht das Publikum in die Präzision deutscher Geschütze »schwerer und schwerster Kaliber« ein. Bedient von furchtlosen Soldaten mit nacktem Oberkörper, unverwundbar wie Siegfried.

Marianne ist eine Rätselgestalt, kein Mensch beschäftigt sich mehr mit dem schleichenden Unglück in ihr. Von geregeltem Anstaltsleben konnte in der überfüllten Psychiatrie sowieso keine Rede mehr sein, die Kranken blieben sich weitgehend selbst überlassen. Jeder ein Einsiedler unter vielen. Betreuung und Behandlung erschöpfen sich bei Richters Tante in sporadisch gemessener Temperatur, monatlich werden in lakonischen Bemerkungen Stuhlgang oder Puls vermerkt. Wenn überhaupt.

Großschweidnitz war ein Vernichtungslager. Die wichtigste Behandlungsform der Jahre 1939 bis 1945 war glatter Mord. Eine Klinik, ausgelegt für 800 Betten, die nur noch vorgab, eine fürsorgliche Psychiatrie zu sein, mit jetzt zeitweise 1800 Patienten. Wahnsinnige, Verwirrte, Traumatisierte, Hysterische, Depressive, kein Hahn krähte nach ihnen. Über ein Dutzend Gebäude, ein einziges Mausoleum. Apokalyptische Zustände, Gewimmel wie auf Gemälden des Hieronymus Bosch. Die Wehrlosen verrecken wie die Fliegen in Dreck und Elend, immer mehr, immer schneller. Das Personal – 1943 sind es gemäß den fein linierten Verwaltungsbögen »68 Pfleger, 12 Wärter, 16 Schwestern« bei einem Kostenaufwand von 21 666,47

Reichsmark – beseitigt mit den verbliebenen Kranken potenzielle Zeugen und Spuren. Unter dem strengen Siegel einer »Geheimen Reichssache« entledigen sie sich in unheiliger Allianz mit den Ärzten systematisch ihrer eigenen Klientel.

Marianne Schönfelder war am Ende angekommen. In ihrem Ankunftsjahr 1943 zählte die Anstalt 1122 Verstorbene! Im nächsten Jahr: 1372! Das sind Opferzahlen, die sonst von Seuchen bekannt sind. 1944 enden 119 Transporte mit insgesamt 6022 Frauen und Männern in Schweidnitz. Die Mortalitätsrate steigt bis Mai 1945 auf 1012 Tote oder 67,8 Prozent. Zum Vergleich: 1936 waren es noch 5,3 Prozent. Holm Krumpolt kommt auf fast 8000 Krankenmorde an seinem heutigen Arbeitsplatz. Er ist dort Chefarzt. Seine Dissertation enthüllte die unterdrückte Dimension der »wilden Euthanasie«.

8000 Tote. Wie nach einer Schlacht. Für den obersten Kriegsherrn Hitler bloß eine andere Art Gefecht, ein Vernichtungsfeldzug gegen Wehrlose. Ein pausenloses Verscharren setzt ein, als ließe sich damit das Töten ungeschehen machen. Das Verhalten kennt man von Serientätern. Der vor dem Anstaltseingang liegende Gottesacker war dafür nie gedacht.

DIE VORHÖLLE

Weites Land. Beim Ortstermin spannt sich über dem nunmehrigen sächsischen Krankenhaus Großschweidnitz ein blauer Himmel. Postkartenwetter. Ein schmeichlerischer Nachmittag im Altweibersommer, mit Stimmen aus den angrenzenden Schrebergärten hinter moosbewachsenen Mäuerchen. Samtene Luft, ferner Horizont, malerische Ansichten, sanft gewellte Felder, über denen der Falke in der Luft steht und rüttelt. Gartenhäuser, die kleine Villen sein wollen, als möchte die Gegend mich von dem ablenken, was unter Hitler in ihrer Lieblichkeit passierte. An der Busstation nahe der Pforte zu Tante Mariannes Todeslager die NPD-Parole »Arbeit zuerst für Deutsche«. Bei meinem zweiten Besuch ein paar Monate später, nieselnder November, fehlt der Aufkleber. Ich blieb, bis es Nacht war. Es fällt schwer, sich nicht überwältigen zu lassen. An der einst mit einem goldenen Turmknopf bewehrten Kirche die Losung »Dienet dem Herrn mit Freuden«. Frisch renoviert und einladend, aber sosehr man an der Türe rüttelt, sie ist verschlossen. Die Uhr kündigt die volle Stunde an.

Zweite Straße links, zweites Haus, die Nummer 11 mit roter Alarmlampe und modernem Schild: »Neurologie, EMG-Diagnose«. Dort lebte, nein vegetierte Marianne. Ich versuche mich in ihre Umgebung einzufinden, zu verstehen, was Einsamkeit bedeutet, von Angst eingemauert zu sein wie sie. Ich möchte wenigstens nachschauen, wo es sich abspielte, umrunde den Bau, suche die Fenster ab, hinter denen sie hauste, setze mich hin mit dem Wunsch, die Tristesse möge sich auflösen. Ein Spitzahorn überragt den Bau. Verharrte die Kranke unter seiner Krone, vor der Sonne geschützt? Registrierte sie, wie schön die Schatten laufen? Wartete sie auf die Wiederkehr des Frühlings, erfreute sich der sommerlichen Luft, hörte den Regen aufs Blätterdach prasseln? Sah Marianne im dahinschwindenden Jahr das Laub fallen, den ersten Schnee rieseln? Unrettbar dem Siechtum überlassen. Im rechtsfreien Raum von allem abgeschnitten, dann mutmaßlich auf die jedenfalls stille, heimtückische Art des Hauses umgebracht.

8000 Tote! Mit dieser Opferzahl im Hinterkopf bewege ich mich im ausgedehnten Gelände von Marianne Schönfelders Verlorenheit. Die Bauten, die Bäume, die Menschen. Geschichten brauchen Bilder, Bilder bewahren Geschichten. Sie sind unser Gedächtnis. Es geht darum, die Wahrheit eines bestimmten Porträts von Gerhard Richter zu erforschen, der seinen Ruhm mit Werken wie diesem Einen begründete. Bedrängt von der Nähe steigt in mir das Gesicht von »Tante Marianne« auf. Fast kann ich sie vor dem Hintergrund der Anstalt sehen in ihrer Kittelschürze. Und damit kommt das Wissen um die vielen, die mit ihr gelitten haben und ausgelöscht worden sind: Dies ist der Ort, hier ist es 1945 geschehen. Mit Mariannes Untergang bricht eine Koordinate meiner Suche ab, die sich mit dem Weg von Heinrich Eufinger in der Dresdner Wiener Straße 91 kreuzt. Die Laufbahn des SS-Obersturmbannführers war mit dem Dritten Reich noch lange nicht zu Ende.

Als wäre es eine ganz normale Familie, gruppiert das italienische Magazin »Flash art« 1972 in einer Richter-Story die Fotos der beiden Protagonisten auf einer Doppelseite nebeneinander und bedient sich dabei mehrerer Schnappschüsse aus dem Maler-Fundus. Im Wissen um die Fakten wirkt die damalige Aufmachung wie eine Montage unter Geständniszwang. Oder als ob der Künstler in einem rückwärts laufenden Film dem Betrachter einen Faden zum Ausgangspunkt hätte in die Hand geben wollen. Sein Medium sind vordergründig nichts sagend beliebige Motive der Richters und der Eufingers, der Gynäkologe präsentiert ein Hirschgeweih oder ist als Oberhaupt in den Sessel gepflanzt. Links und rechts flankiert von Frau und Töchtern, zu seiner Glorifizierung hingegossen. Eufinger ist es gewohnt, im Mittelpunkt zu sein.

Ich beobachte die jetzigen Patienten. Ein Kommen und Gehen. Viele schlurfen, manche kreiseln aufgezogen durch das Gelände, saugen gierig an Zigaretten. Neugierig rufen sie von der Veranda gegenüber Unverständliches, ruhen nicht, bis der Gruß ebenso lautstark erwidert ist. Vertrauensselig wie die Opfer, die vor einem halben Jahrhundert eliminiert worden sind. Das Terrain von irrationaler Gewalt besetzt, kontaminiert, eine verborgene Ebene unter der sichtbaren Oberfläche. Die Zeit vergeht, die Trostlosigkeit bleibt.

Für Mariannes Mutter vergrößert Großschweidnitz die Schwierigkeiten um ein Vielfaches. Es machte rein rechnerisch von Dresden 86 Tarifkilometer zur Tochter, einfache Fahrt, jedes Mal 3,50 Mark, Holzklasse, versteht sich. Die günstigste Reisemöglichkeit bot der D-Zug von Dresden über Bautzen nach Löbau, Abfahrt 7.29 Uhr, Ankunft 9 Uhr. Von dort ab 9.05 Uhr bis Schweidnitz. Der Kriegsfahrplan gilt. Seit 1942 mussten Zivilisten in Stoßzeiten wegen des Andrangs von Soldaten auch für diese Fernzüge »Reiseerlaubnisscheine« beibringen. Unter Angabe von Gründen bei der Polizeibehörde zu beantragen. Zunehmend aufwändige Unternehmungen. Sie kannte jeden Baum auf der Strecke, die stete Wiederholung hatte nichts Tröstliches, im Gegenteil, sie zerrte an den Nerven. Zunächst kommen die Stationen Radeberg, Arnsdorf. Dann folgt die Litanei mit Großhartau, Weickersdorf, Bischofswerda, Demitz-Thumitz, Seitschen, Bautzen, Kunschütz, Pommritz, Löbau. Früher eine wichtige Verbindung gen Osten, heute fast alles aufgegebene Bahnhöfe, manche stehen zum Kauf. Dora passiert die Namen und Kaffe mit zunehmendem Verdruss. Das kann man sich gut denken. Sie war aufgewühlt, in mütterlicher Alarmbereitschaft.

Bergauf via Radeberg zieht die leichte Schnellzuglok der Serie BR 03 zunächst an der Dresdner Heide mit den typischen Kiefernwäldchen vorbei. Dann rollt sie durch die sich verflüchtigende Landschaft wieder hinunter in die Ebene. Eine Passage mit lichten Mischwäldern, ehe die Bahn hinter Demitz-Thumitz ins flache Bautzner Land stampft, durchs »Lausitzer Gefilde« mit Bodenwellen, steppenartigem Gras, einzelnen Gehölzgruppen, Biotopen von besonderem Reiz. Die Heimat könnte so lieblich sein mit ihren prächtigen Sonnenauf- und untergängen, welche sogar die Nachtseiten von Schweidnitz zum Leuchten bringen. Man muss dafür empfänglich sein.

Die Reisende hätte auch die enteilenden Bahnwärterhäuschen zählen können, alle 800 Meter kam eines auf der zweigleisigen Strecke der Sächsisch-Schlesischen Eisenbahngesellschaft. Bald schiebt sich der Spreeviadukt in die Aussicht. Über seine 15 Bögen Einfahrt nach Bautzen, das turmreiche »sächsische Nürnberg«. Sie konnte es wohl kaum erwarten, bis es hinter Breitendorf endlich in den Löbauer Kessel zur »Stadt am Berg« ging. Jedes Mal eine Reise in eine andere Welt, Mariannes Welt. Jedes Mal eine Ankunft am Ende der Welt. Die Besuche gaben ihren zunehmend einsamen Tagen zwar eine Richtung, verwandelten die Beziehung zur Tochter in eine dauerhafte Fahrt, Sinnbild dafür, dass sie ihr Kind vergeblich zu erreichen versucht. Zwischen den Treffen lagen Wochen. Stets zerstob die Erwartung einer Besserung. Die Mutter durfte schon glücklich sein über jedes noch so dürftige Echo. Was würde die machtlose Beschützerin in der Anstalt zu sehen bekommen? Das Wichtigste war, dass Marianne noch lebte.

In Löbau kommt der Zug auf Gleis 1 zum Stehen. Dort führt ein kleiner Fußweg vorbei am Glaskasten des Fahrdienstleiters zum Kopfbahnhof mit drei Gleisen Richtung Obercunneswalde, Zittau, Ebersbach. Inzwischen eine stillgelegte Verbindung. Damals wartete der Anschlusszug zur Nebenlinie noch. Acht Minuten bis Schweidnitz. Schon hebt sich hinter einem kleinen Wäldchen linker Hand die Anstaltskirche gegen den Himmel ab, legt sich aufs Gemüt, kündigt die Irrenanstalt an, ein beunruhigendes Thema. Nie hätte ich mich damit befasst, wäre nicht Richters Tante Marianne dort getötet worden. Nun tauchen die gelben Ziegelbauten für die Patienten auf. Das Signal, sich zum Aussteigen fertig zu machen. Die Mutter kann es kaum erwarten, gleichzeitig fürchtet sie den Moment. Vom Bahnhof geht es zu Fuß ein gutes Stück aufwärts. Der Weg kam sie schwer an. Aber man kann tief durchatmen.

Am Abend ist der Heimweg noch trauriger als die Hinfahrt, fast flieht sie vor dem Erlebten. Dora hätte jetzt Zuspruch dringend nötig, verbindet ihre Krankenbesuche schon deshalb mit Abstechern zu Hildegard Richter und den Enkeln in Waltersdorf. Die konnten sie aufmuntern. Gisela Richter erinnert sich jedenfalls, dass die Großmutter »sehr oft bei uns war, ganze Vierteljahre«. Daheim in Langebrück bewohnt sie nur noch einen einzigen Raum im ersten Stock, rechts neben dem Balkon. Seit ihr Mann an Krebs starb allein mit ihren Sorgen, suchte sie Gesellschaft. Die fand sie bei der Hilde, wiewohl ihr Verhältnis von Enkel Gerhard als nicht grade ungetrübt geschildert wird. Seine Mutter konnte eine Meckerliese sein, speziell weil die Oma eine Kaffeetante war. Das kostete.

Von Waltersdorf klappte der Krankenbesuch problemlos. Man nahm den roten Bus »auf Großschönau«, Abfahrt an der Kirche, umsteigen in den Personenzug Zittau-Löbau, von dort bis Großschweidnitz. Macht 36 Kilometer laut der vom »Museum zur Geschichte der Zittauer Schmalspurbahnen« ermittelten Verbindung.

MUTMASSUNGEN ÜBER DORA

Akten, Fahrpläne, Chroniken, Geburts- und Sterbeurkunden, Atteste, Taufscheine, Gesetze, Filme, Zeitungen, Fotos zuhauf, Kirchenbücher, Schlachtpläne, mit Gerhard Richters Familie bin ich inzwischen vertraut. Aber kein amtliches Dossier kann ermessen, wie es seiner Großmutter Dora Schönfelder unterwegs zumute war. Ob Mutter und Tochter sich in die Arme fielen, ob es herzzerreißende Begegnungen waren, die man in Hospitälern jeden Tag beobachten kann? Weinen vor Freude, vor Leid, wer kann das wissen. Hat mir nicht auch Gerhard Richter erzählt, dass viel geheult wurde bei diesem Thema? Was hätten sie anderes tun können angesichts von Mariannes Katastrophe. Die Mutter betrachtet ihr Kind verstohlen. Spindeldürr, nur Haut und Knochen, sollte das Marianne sein? Sie will ihr über das zersauste Haar streicheln, früher war es seidig. Sie will ihre Wangen tätscheln, früher waren sie rund. Sie will sie nett zurechtmachen, früher hatte sie das gern. Sie kontrolliert und richtet ihre Wäsche, es war wenig genug. Manchmal kommt trotzdem Heiterkeit auf, von Traurigkeit unterlegt. Dora kann in ihrem Mitleid, in ihrer Liebe wütend werden, wer verstünde dies nicht. Von den Umständen gedemütigt, ringt sie um Fassung, versucht sie bloß nicht aufzuregen, kann es nicht lassen, auf Marianne einzureden, sie müsse wieder zur Vernunft kommen. Ich sehe nichts, was dem Bild des Jammers das Entmutigende hätte nehmen können.

Schweidnitz ist ein Niemandsland. Stationen, Flure, Räume, die zu überfüllten Verliesen geworden waren, die keiner lebend verlassen sollte: Verbannte, in verdrehten Posen. Besessene, die schreien und sich die Ohren zuhalten. Gequälte, die ihre Wortwirrnis abspulen, Weltverbesserer, die ihre Theorien loswerden wollen. Finden sie in dem Aufruhr überhaupt ein Plätzchen für sich? Kann sie der Tochter Essen zustecken? Das ganze Elend musste bei der Besucherin die Gewissheit verstärken, mit jedem Tag mehr geht es um Leben und Tod. Kein Arzt, der ihre Nöte angehört hätte. Dora überspielt ihre Ängste, versucht vielleicht das erwachsene Kind mit Berichten von daheim zu ködern. Marianne war die Schwächste der Familie und die, die sie am meisten vermisste. Immer galten ihr die zärtlichsten Blicke. Ihre Beziehung war durch die Krankheit noch inniger geworden, obwohl die Wahnsinnige oft richtig böse und gemein wurde, mitunter gewalttätig und rauflustig sein konnte. Man kann es in ihrer Akte nachlesen. Sie waren sich fremd und nah zugleich. Sollten Glaube, Liebe, Hoffnung Doras Plan zur Errettung Mariannes gewesen sein, war er von vornherein zum Scheitern verurteilt.

Sofern sie nicht hilflos geschwiegen haben, war ihr

Beisammensein erfüllt vom besseren Gestern. Vom Frieden. Von Dresden und Langebrück. Unter der Last geriet längst das ganze Familienleben aus den Fugen. Denn Schizophrenie galt ja als vererbbar, zermürbte die Verwandtschaft unter Ahnungen und Unheilsgedanken, der Fluch kehre wieder, der »schlechte Keim« (wie die Nazis es nannten) könnte in ihnen stecken, die Nachkommen ebenfalls davon befallen werden. Die Schönfelders und die Richters blieben besetzt davon. Gerhard Richter trug nach seinen Worten lange an der Befürchtung.

Doch der Nachhall des Vergangenen brachte nichts. Hätte die Mutter die Schizophrene mit dem Schnappschuss der Tochter und des Enkels im Garten (dem Ausgangspunkt dieser Geschichte) verglichen, dann hätte Marianne dieser Wunschvorstellung immer weniger entsprochen. Suchte sie nach dem unversehrten Mädchen, fand sie eine Ruine, in sich versackt, geschrumpft zu einer Kindermumie. Am schlimmsten waren Mariannes Ausbrüche, von Energieströmen durchflutet, hyperaktiv, wie von der Feder geschnellt. Still, sich in Gedanken verlierend, Schimären nachhängend, monologisierend, in sinnlose Texte verstrickt, das innere Auge auf Unbekanntes eingestellt. Ihre Metamorphose ging immer weiter mit diesem Brüten oder exaltierten Fabulieren, ihrem Lamentieren mit unsichtbaren Feinden, ihrer schlingernden Fantasie im abrupten Wechsel von Dunkel und Hell, ihren ausschwärmenden Gedanken. Wer wusste schon, wohin. Gefangen in Beziehungslosigkeit, von der Fachliteratur als eine Hauptfolge der chronischen Schizophrenie bezeichnet. Gisela Richter erinnert hell die »Lebensstärke« ihrer Oma Dora. Ach, hätte sie mit ihrer Zuneigung die in Marianne sich drehenden und drehenden Räder anhalten können.

Die Mutter brachte Neuigkeiten von den Richters mit. Da gab es viel zu berichten. Ob Dora ihr je sagte, dass ihr »Vatel« gestorben war? Hat die Kranke überhaupt reagiert? Erreichten sie die vielen Nachrichten? Interessierte es sie, dass Neffe Gerd aufs Zittauer Gymnasium sollte, Giselas Volksschule inzwischen Goetheschule hieß. Kam die Sprache auf Mariannes Brüder Rudi und Alfred, wich sie besser aus. Die standen noch im Feld, kreuz und quer durch Europa, die Post klang bedenklich. Selbst als der Krieg ihr die Söhne genommen hatte, wird sie das verschwiegen haben. Ein schönes Thema: Der Gerd zeichnet gern. Ob er ein Maler werden wird? Das sind Mutmaßungen über Dora. Unmöglich, Klarheit zu gewinnen.

Zurück in Waltersdorf erstattet Dora Schönfelder ihrer Ältesten Bericht. Sie bemühen sich, vor Gerd und Gisela unbeschwert aufzutreten: »Wir Kinder sind in das Drama von Schweidnitz nie eingeweiht worden. Das war damals so.« Sie lassen nichts heraus über die erdabgewandte Seite der Tante. Bis zu dieser Recherche ahnte auch von Gerhard Richters Jugendfreunden keiner etwas von deren Anstalts-Existenz. Beschämt von ihrem Unglück hat es Mutter Hildegard den Nachbarn verborgen, sogar ihrem Friseur Brückelt verheimlicht. Der erfuhr sonst alles.

Tage aus Blei, Nächte aus Blei. Marianne unter vielen in der Festung der Einsamkeit. Sie ist und bleibt die Nummer 826 mit dem Zusatz »14«, der Todeschiffre. Die Tante aus Gerhard Richters ferner Jugend ist zu einer kleinen Statue erstarrt. Wer sie besucht, hat Mühe, einen Fluchtreflex zu bezwingen. Die närrische Sehnsucht eines Moments geht über in die Narretei des anderen. Weitere 15 ärztliche Einträge in ihrem Schweidnitzer Dossier passen sich in knappen Sätzen dem reduzierten Sein der jungen Frau an.

Zurückgeworfen auf sich selbst, näht sie »fleißig« Knöpfe an. »Nett und ansprechbar« heißt es zum Beispiel im November 1943. In Dresden beginnt das Versprechen auf den »Endsieg« zu bröckeln. Amtsintern kursiert ein »Schnellbrief« zur »Identifizierung von Kindern nach schweren Luftangriffen«. Bei Tante Marianne geht es hin und her. Manchmal zieht sie sich zurück ins Schneckenhaus, »vollkommen unzugänglich« im Monologisieren in verschiedensten Tönen, die sich selbst genügen. Dann »zeitweise vollkommen laut«. Im nächsten Monat »tändelt« sie nur herum statt zu schaffen, ist »gleichgültig, albern, macht allerhand dummes Zeug«, ist »ein seelischer Kontakt mit der Kranken nicht möglich. Äußerst unrein, arbeitet nicht«. Jede dieser standardisierten Anmerkungen könnte sich mit der Erörterung verbinden, was an diesem »Negativzustand« chronisch ist oder die Folge von Hospitalisierung in Irrenhäusern, die jedenfalls nicht gesünder macht. Der Begriff dafür ist »Krankheitskarriere«, begleitet von dem bekannten Phänomen, dass die Patienten lernen, hysterische Krisen perfekt zu imitieren, und nicht wenige sich besonders von ihren Psychiatern verfolgt fühlen.

Mager sei sie und blass, die Leiborgane ohne Befund. Es war schon viel, »keine große Änderung« zu notieren in den Akten ihrer schlussendlich acht Jahre währenden Qual. Sie atmet, sie stirbt allmählich und still. Im September 44 »spricht sie wenig«, ist aber orientiert. Die Dächer der Anstalt sind weithin sichtbar mit dem roten Kreuz auf weißem Grund gekennzeichnet.

ENDZEITSTIMMUNG

1944 ist Gerhard Richter zwölf, Tante Marianne 27, schon sieben Jahre im Irrenhaus. 1944 ist das Jahr von Professor Heinrich Eufinger. »Der gute Kamerad« steigt aus Anlass seines Fünfzigsten weiter auf, protegiert von SS-Brigadeführer Udo von Woyrsch, der nicht müde wurde, ihn seiner Wertschätzung durch die Schutzstaffel zu versichern. Intern wird über die rasche Beförderung Eufingers gemault. Depeschen werden zwischen Dresden und Berlin hin und her gejagt, bis von Woyrsch gemäß Order »Reichsführer-SS« dem Parteigenossen mit Glückwunsch und Dank den »Obersturmbannführer« übermitteln darf: Das entspricht einem Oberstleutnant, wahrlich die Krönung für den Arzt. Der Gynäkologe kostet den neuen Rang richtig aus, brüstet sich in einem Brief vom 2. März damit: »SS-Obersturmbannführer Prof. Dr. med. Heinrich Eufinger ... SS-Nr. 284 645. Heil Hitler!« Man kann förmlich seine Schritte im Krankenhaus widerhallen hören.

Woyrsch legt sich für Eufinger wiederholt direkt bei SS-Führer Himmler ins Zeug, Patenonkel seines Sohnes Edgar. Für »Geburtstag« und »Weihnachten« ist jedes Geschenk Himmlers an den kleinen Woyrsch verbrieft: Holzauto, Segelschiff, Mundharmonika, Laubsägekasten, »Robinson«, was ein deutscher Junge halt so braucht. Woyrsch kennzeichnet Eufinger in kaum lesbarem Gekritzel als wahren Gesinnungsfreund: »Er setzt sich in jeder Beziehung für die Belange der SS und SA ein«, beispielsweise mit Ratschlägen, die sich um den weiteren Führer-Nachwuchs sorgten. Eufinger bemühe sich »ganz besonders um die Angehörigen der SS«, ergänzt der Schlesier an anderer Stelle. In dem »Höheren SS- und Polizeiführer« hat der Professor einen besonders übel beleumundeten Fürsprecher, ständig in Händel verstrickt, nach dem Krieg wegen »Mitgliedschaft in einer verbrecherischen Organisation« zu 20 und zu zehn Jahren Zuchthaus verurteilt. Insgesamt sitzt er sieben Jahre ein.

Ebenfalls 1944 muss die Verwaltung in Großschweidnitz am 7. August wieder einen neuen »Gräbernachweis« anlegen, ein graubraunes, ausgebleichtes DIN-A5-Heft. Ein Produkt der Not, vom vielen Gebrauch labbrig geworden, ein rares Dokument. Dresden beginnt sich mit der »Abbeförderung und Bestattung von Gefallenen nach Luftangriffen« zu beschäftigen. Für die »Truppführer der Bestattungskommandos« wird unter Punkt 12 die Anordnung des »Totensammelplatzes« geregelt: Dazu brauche es zwei Tische für die ärztliche Untersuchung, desgleichen genügend Wasser, eine Schere und ein Schwamm seien bereitzuhalten. Weiter der Befehl, die Einheiten, acht an der Zahl, seien an weißen Binden mit schwarzem Stern kenntlich zu machen. »Vertrauliche Dienstanweisungen« für den Einsatz der Kriminalpolizei verfügen, unbekannte Tote mit einer roten, namentlich Bekannte mit einer gelben Karte zu versehen. Sie seien mit »Leichentüchern zuzudecken«. Der Sargbestand, einschließlich Gefäßen für die Feuerbestattung, ist mit 900 angegeben. Davon stammen 20 von der Firma »Zur Ruhe«, 30 von der Firma »Hoffnung«. 60 stellt die Firma »Zum Frieden« in der Brühlschen Gasse 2, Telefon für alle Fälle 20455. Stadtweit stünden 21 Leichen- und Totenwagen zur Verfügung. Zusätzlich habe man für die Bestattungskommandos »325 ungepolsterte Särge« in Reserve. Den Helfern stehe für die Arbeit pro Tag eine »Sonderration« zu: »0,2 l Spirituosen, 1 1/3 Zigarren, 4 Zigaretten oder 5 große Rauchtabak«. In der Bombennacht bewahrheitet sich die Prognose der Bauverwaltung, »aller Voraussicht nach« würden die vorbereiteten Bestattungsflächen für »2000 Tote auf dem Johannis- und 1000 für den Heidefriedhof« nicht ausreichen.

Anfang 45. Über Tante Marianne wird notiert: »Herztöne ... Grenzen normal, Füße nicht geschwollen. Klopfschall über Lungen hell. Keine Geräusche.« Für den 13-jährigen Neffen wäre es zu ihr nur eine Radtour gewesen. Aber es ist Krieg. In seiner Waltersdorfer Zeit schaffte es Gerhard Richter nie dorthin. Weder wusste er, wo genau Schweidnitz liegt, noch dass es Mariannes Sterbeort war, und ist jetzt erstaunt zu hören, wie nah es war. Das Kind wäre bestimmt auch nicht reingelassen worden. Richter musste erst ein großer Künstler sein, um sich der eigenen Geschichte zu versichern. Oder frei nach Karl Kraus: Je weiter die Vergangenheit weg ist, desto näher tritt sie auf uns zu. Selbst wenn ich in Mariannes Porträt und den Bildern Heinrich Eufingers einen tieferen Sinn gesucht oder angenommen hätte, dass es sich nicht um reine Kunstgeschöpfe von Richter handelt, nie wäre ich darauf gekommen, welche realen

Leben sich dahinter verbergen. Auch nicht, dass die Zeitläufte ihre divergierenden Bahnen zu einer unauflöslichen Gesamtheit verschmelzen, die Motive in Wahrheit zusammengehören und ineinander greifen. Jetzt öffnet sich eine radikal andere Perspektive auf diese Familienbande, kommt gleichsam unter den Deckfarben das Bild der deutschen Katastrophe hervor. Richter lernt im Alter von 73 zu verstehen, was es bedeutet, sie mit 33 gemalt zu haben.

Teil IV
TÄTER

Bilder sind schön. Bilder sind nicht zu entbehren, aber eine Qual sind sie auch!

FRANZ KAFKA

RÄUME DER ERINNERUNG

Das Haus, in dem alles begann, steht seit langem leer. Dresden Strehlen, Wiener Straße 91, die Fensterrahmen der frisch renovierten »Villa mit Einfriedung« sind grün gestrichen. Der Garten verwildert, das Tor hängt schief in den Angeln. Jelängerjelieber blüht. Flieder welkt. Ein stark duftender Nussbaum breitet seine Zweige aus, Heckenrosen wuchern bis zum Nachbargrund. Gras wächst über die Historie des Prachtbaus. Es ist nur dem Kalender nach lange her.

Im Kölner Atelier malt Gerhard Richter den Wohnungsgrundriss der »Wiener« auf Notizpapier – ein Herumstreifen in Räumen der Erinnerung. Ins große Zimmer zeichnet er mit blauem Kuli den Flügel ein. Der Dachboden wird schraffiert, ehe er das Wort »Küche« in die Skizze setzt. Irgendwo ist der Aufgang, und irgendwo muss das Fenster sein, durch das er auf eine Tanne springen musste, sonst hätten ihn die zur Unzeit heimkehrenden Eufingers beim Fummeln mit Ema ertappt. Der Professor redete zwar hessisch, was nach außen die Strenge milderte. Liberales Schmunzeln wäre von ihm dennoch nicht zu erwarten gewesen.

In der Akademie-Zeit wohnt Gerd zunächst mit einem Freund im Haus nebenan. Verliebt bis über beide Ohren in seine Ema, zieht er rasch mit unters Dach der Eufingers. Sie fallen auf, brünett und blond, der Tolle neben der Schönen hätte Neid erwecken können. Zwei Talente, entschlossen, in schöpferischer Verbindung die Kunstwelt zu erobern, sie in der Modeklasse, er bei den Wandmalern. Bald knattern die Verliebten auf Richters »Wiesel«-Motorroller durch die Straßen, besitzerstolz lassen sie sich um 1957 mit der aufgebockten Maschine im Garten Eufingers fotografieren. Ein schickes Pärchen, ausgesprochen modisch, zurechtgemacht wie Karin Baal und Horst Buchholz im Film »Die Halbstarken«.

Die »91« erschien Richter als rettende Insel im Strudel der Zeit. Kein Wunder, das Traumhaus übertraf noch die »Villa Christina« der verehrten Tante Gretl in Langebrück. Gerd war ein Heimatloser, mindestens ein Suchender, die Wiener wird das Basislager seines Aufstiegs. Ema war die Tochter eines »großen Arztes«, wie die Waltersdorfer erfuhren, denen er seine Eroberung beiläufig vorführte. In der Architektur materialisiert sich, was dem Studenten vorschwebte: eine schicke, schützende Hülle für das junge Glück. Die weitläufigen Räume glichen Salons. Stuck, Kamin, Krüppelwalmdach, zweigeschossiger Giebel mit Fenstererker, Pflanzenornament an der Konsole, Eichenholztür mit Fensteroval und Rankengitter, der Gartenweg mit achteckigen Platten gefliest. Der vom Krieg kaum angekratzte Bau umgab sie mit Flair, alter Klasse, bis hin zu der aus Metall gegossenen Hausnummer, die immer noch hängt. Was wollte Gerd mehr? Liebe lag in der Luft, er war im Zustand des Poussierstängels, er fühlte sich geborgen, vielleicht zum ersten Mal im jungen Leben, das ihn hin- und hergeworfen hatte. Ema verlieh ihm Schwung, baute ihn auf, sie war eine gute Partie, das Unterpfand seines Glücks, er dank ihr in die ganze Welt verknallt. Dem Kommilitonen Wieland Förster, später renommiertester DDR-Bildhauer, gefiel das Pärchen. In Berlin erzählt der 75-Jährige, »Gerd hat sehr an ihr gehangen«, lässt es altersweise offen, ob bei der Verbindung »55 Prozent Liebe und 45 Prozent dem Wohlstand galten, wer weiß das schon«.

Am 17. Mai 1909 reicht der Architekt und Baumeister Heinrich Watzlawik beim Rat der königlichen Haupt- und Residenzstadt Dresden seinen Plan 1:100 für die »Einfamilienvilla« an der Wiener Straße ein: Beim Entfalten des handkolorierten Entwurfs im Stadtarchiv knistert das Pergamyn, vulgo: Butterbrotpapier. Professor Heinrich Eufinger kauft das Haus im Juni 1940 von »Müllers Erben«, die Familie steht zuvor viele Jahre als Grundbesitzerin im Adressbuch. Was Eufinger bezahlt, ist nicht bekannt, die Akte verbrannte. In solchen Fällen lautet die gerichtliche Auskunft lapidar, es sei »rechtsgeschäftig« erworben. 1935 nach Dresden berufen, zieht der Frauenarzt samt Ehefrau Erna, geborene Möhle, und den Töchtern Renate und Ema zunächst in die Comeniusstraße 35, Dresden A 16. Der gebürtige Wiesbadener findet mit der Wiener 91 schließlich das Standesgemäße, genau richtig für einen, der ein Statussymbol sucht. Mit geschmiedetem Zaun gegen Störungen verbarrikadiert. Ums Eck der Wiener lag der Zoo, den der Chefarzt mit den Töchtern besucht. Später wird Gerhard Richter ein Foto in sein »Atlas«-Werk stellen, Eufinger ist mit Renate und Ema im Tierpark zu erkennen. Im Hintergrund ein Spitzmaulnashorn, Hansi mit Namen, das einzige Exemplar seiner Spezies in Deutschland.

Von der Fassade bis zum Garten ist die »91« eine kaum verhüllte Zurschaustellung von Wohlstand und Arriviertheit, als wolle der Klinikchef sagen: Seht her, ich bin angekommen. Medizinischer Rang, Fachaufsätze, Reputation, akademische Weihen, eingereiht bei der Elite der SS, der selbst ernannten Avantgarde des Nationalsozialismus. 542 Quadratmeter Wohnfläche, 1300 Quadratmeter Grund in 1a-Lage, wie es einem zukommt, der laut »Verzeichnis der beim Stadtkrankenhaus Dresden-Friedrichstadt beschäftigten Ärzte« mit 1000 Mark Bruttogehalt schon am 15. Oktober 1936 der Spitzenverdiener unter den Leitenden der angesehenen Klinik ist. Nach einem Jahr an der Elbe. Ein in jeder Hinsicht attraktiver Arbeitsplatz auf dem Gelände der ehedem königlichen Lustgärten, eine Stadt für sich mit 20 494 »Verpflegungsfällen« pro Jahr. Eufinger darf 25 Privatbetten belegen.

Der SS-Kader hatte freie Sicht auf das großartige Wasserspiel Dresdens, der Neptunbrunnen rauschte zu bestimmten Zeiten mächtig. Ein 100 000 Taler teures Kunstwerk mit den Flussgöttern Nil und Tiber, der Sphinx, pyramidalen Aufbauten und Obelisk. Romulus und Remus mit der Wölfin sind zu sehen, auf dem bekrönenden Wagen steht Neptun, anmutig sitzen Amphitrite und Delphin neben ihm. Das angemessene Dekor für einen Professor, der gern seine humanistische Bildung herauskehrte. Über dem eigens angelegten »Ehrenhof« des Hospitals spannte der Reichsadler die weiten Schwingen. In einem fürs Publikum geöffneten »Napoleonszimmer« komplettierte eine Hitlerbüste das bizarre Arrangement vor der gemalten Panoramatapete der »Insellandschaft am Sikiang-Fluß Richtung Wutschou« mit ihren sich verzweigenden Strömen. Eintritt zur 16-Uhr-Führung mit der »Volksbildungsstätte« 0,40 Mark.

HAUS »M«

Eufingers Revier im verschachtelten Klinikkomplex ist das Haus »M«, kürzlich vergrößert auf 167 Normal- und 36 Säuglingsbetten, einen neuen Gebärsaal im ersten und einen neuen OP-Trakt im zweiten Stock. 1937 folgt noch der Anbau eines Südflügels. Die Zahl der Entbindungen stieg auf 1350 im Jahr, tausend größere gynäkologische Operationen kamen hinzu. Dresden bot mit dem zunehmend rassenideologischen Hygiene-Museum einen Resonanzboden für Eufingers Spezialisierung auf Fruchtbarkeitsfragen. Sei es, dass er sich mit dem »Einfluss der Witterung auf Schwangerschaft und Geburtenablauf« befasste, seine Habilitation über die »Kolloidstruktur des Plasmas während der Schwangerschaft« vorlegte oder das

Thema »Einwirkung exogener Faktoren auf den Zyklus mit Blick auf die Sterilitätsbehandlung« erforschte. Eufinger gehört an der Seite seines Lehrers Seitz mit dem Thema »Biologie und Pathologie des Weibes« zu den Autoren des »Handbuchs der Frauenheilkunde und der Geburtshilfe«. Der Parteigänger war der rechte Mann zur rechten Zeit am rechten Ort, das Krankenhaus ist schon gleichgeschaltet. Sofort im April 1933 waren acht Mitarbeiter entlassen worden, mutmaßlich SPDler, Kommunisten oder Juden. Im Rahmen der nazistischen Flurbereinigung wurde mit dem Neuen eine weitere Spitzenposition besetzt. Muss eigens erwähnt werden, dass von den in Dresden und Umgebung praktizierenden 33 jüdischen Ärzten 1939 nur noch zehn in der Stadt lebten?

Heinrich Eufinger galt als großes Licht, belegt durch eine reiche Publikationsliste. Schon 1932 beantragt sein Frankfurter Mentor Ludwig Seitz für ihn eine »außeretatmäßige außerordentliche Professur«. Zur Begründung zählt er 66 seiner Arbeiten auf, beginnend mit der Inaugural-Dissertation über »Umschriebene Fettknoten der Leber«, über die »Beeinflussung der Froschlarvenmetamorphose durch Schwangerenblut« und endend mit dem »Nachweis des organisch gebundenen Jods im Blute und seine Bedeutung in der normalen und toxischen Schwangerschaft«, publiziert in Band 152, Heft 3 des »Archivs für Gynäkologie«. Er sei würdig für diese Position, weil er sich vortrefflich »als Mensch, Forscher und Dozent bewährt« habe und über »feinen Instinkt für ärztliche Dinge« verfüge. Eufinger sei ein sehr geschickter und erfolgreicher Chirurg und guter Redner. Die Krankenhaus-Chronik lobt später, er habe als »vorzüglicher Operateur die vaginale Technik perfekt« beherrscht, sei darin bei Todt in Budapest ausgebildet.

Seitz war ein vehementer Befürworter und treibende Kraft der Zwangssterilisation. Seinen Assistenten Eufinger impfte er schon früh mit Rassenideologie. Bestimmt lauschte der Oberarzt im November 1933 dem Chefvortrag in der Frankfurter Universitäts-Aula »Wie können Arzt und Frauenarzt zur Verhütung erbkranken Nachwuchses und Förderung erbgesunden Nachwuchses beitragen?«. Vor der »Medizinischen Gesellschaft« forderte Seitz wie bestellt, »die Zwangssterilisierung bereits vor Eintritt der Geschlechtsreife vorzunehmen (zwischen dem 12. und dem 15. Lebensjahr), um eine sehr große Sicherheit gegen eine Schwangerschaft zu erhalten«. Da weiß man, wes Geistes Kind Heinrich Eufinger war. Noch 1961 pries der Schüler im Nachruf seinen Ausbilder Seitz für »frauenärztliche Kunst« und moralische Größe, bescheinigte ihm »menschliche Hochwertigkeit«. Seitz habe Ärztepersönlichkeiten »mit einwandfreier Haltung« herangezogen. Solche wie Eufinger sind gemeint, schwarzbraun wie die Haselnuss.

Vom September 1933 datiert Heinrich Eufingers Bitte, ihm »Kongressurlaub gewähren zu wollen« für die Teilnahme am Gynäkologen-Kongress in Berlin vom 9. bis einschließlich 14. Oktober, »vertragsmäßig zustehende finanzielle Beihilfe« für Fahr- und Tagegelder wird erbeten. Zur Eröffnung schickt die Versammlung eine Ergebenheitsadresse an Hitler, diesen »Mann, der Deutschland gerettet hat«, diesen »edlen Menschen«, dem die Gilde »in begeisterter Verehrung« zu Füßen liegt. Das Tagungsprotokoll verzeichnet »lang anhaltenden, lebhaften Beifall«. Eufinges väterlicher Freund Seitz referiert am zweiten Tag im Hörsaal der Charité-Frauenklinik breit über »Ärztliche Eingriffe aus Gründen der Eugenik«. Unbeeindruckt von den Abgesandten der Reichsführung auf ihren Ehrenplätzen, widerspricht der Görlitzer Kollege Albert Niedermeyer als Einziger, »mag es kosten, was es wolle«. Keine Hand rührt sich zum Beifall. Der Sterilisationsgegner kommt wegen seiner Kritik in die Konzentrationslager Dachau und Sachsenhausen. Ein Jahr darauf bittet Eufinger erneut bei der Krankenhausverwaltung Frankfurt um Beurlaubung – diesmal »vom 7. IX. bis einschließlich 11.IX. zwecks Teilnahme am Reichsparteitag in Nürnberg«. Parteitag »der Einheit und Stärke«, Leni Riefenstahl dreht ihren »Triumph des Willens«, Premiere mit Hitler im Berliner Ufa-Palast. Mit gleißenden Lichtdomen, krachenden Kommandos, Trommelwirbel, Sprechchören und unterm Schellenbaum wogenden Kolonnen, wie kein anderer Nazi-Auftrieb als »Ritual der Mobilmachung« in die Annalen eingegangen. Keine zwölf Monate darauf folgt der jüngste Bewerber 1935 »glücklich und stolz« dem Angebot von Dresden-Friedrichstadt. Per Postkarte aus Sachsen bittet ein hochgestimmter Eufinger die Frankfurter mit einem »Heil Hitler!«, ihn aus seinem Vertrag zu entlassen. 1936 war er 42 Jahre alt, Professor, Chefarzt mit der Parteinummer 2 246 463 und der Schutzstaffel-Nummer 284 645. Parteizugehörigkeit und Laufbahn sind aufs Sinnreichste synchronisiert, als verspreche sich das eine vorteilhafte Auswirkung vom anderen. Zeitgleich mit dem Wechsel nach Sachsen tritt er Mitte 1935 in die SS ein.

Laut seiner im Bundesarchiv gefundenen Personalakte ist Eufinger ein Karrierist der ersten Stunde, ausgestattet mit allen Sekundärtugenden »fleißig, bescheiden, solid, treu«. Ein Zeitgenosse von hastiger Energie. In Elan, »Vollzugstreue« und Gebaren Prototyp seiner Zunft. Auf Hitlers Spuren konnte es ihm gar nicht schnell genug vorangehen, insbesondere die Ärzteschaft wollte seinen Durchmarsch nicht versäumen, 45 Prozent der Mediziner gehörten der Partei an. Eufinger absolvierte die ärztliche Prüfung mit »sehr gut«. Auch der Professor legitimiert sich zum Herrenmenschen, füllt getreulich Bogen um Bogen des Ahnennachweises für das »Rasse- und Siedlungshauptamt SS« aus, verzweigt den Stammbaum bis zu den »Ur-Urgroßeltern«, erledigt beflissen auch den in epischer Breite über seine Frau zu liefernden Schreibkram. In einem für einen Spezialisten seines Rangs frappierend unterwürfigen Ton teilt er sich den SS-Gliederungen mit. Im Lebenslauf von 1934 fügt er ein: »40 Jahre alt, verheiratet mit arischer Frau.« Auf Anschreiben spreizt er sich stets mit »Direktor« und zeichnet mit »Heil Hitler, Prof. Eufinger«.

Weil er bei der Aufnahme in die SS schon verheiratet

war, muss Heinrich Eufinger befehlsgemäß die nachträgliche Ehe-Genehmigung der Schutzstaffel einholen und ersucht unter Betreff »Sip IIIe/V.B.Nr. 55032/Ti/Ja« höflichst um die »Übersendung eines Untersuchungsbogens für meine Frau«: »Da ich größten Wert auf meine Eintragung in das Sippenbuch lege, bitte ich die fehlende Untersuchung meiner Frau nachholen zu dürfen.« Im Resultat »kein Einwand«, was die Abstammung anbelangt, auch »keine wesentlichen Bedenken« bei der »Erbgesundheit«. Frau Eufinger erhält das gewünschte Gütesiegel, das »zusammenfassende Urteil über Ehetauglichkeit« lautet im Passus »Ist Fortpflanzung im völkischen Sinne wünschenswert?«: »ja«. Vom sachkundigen Gatten handschriftlich eingesetzt. Gleiches gilt gemäß Eufingers »ja« für die »Zeugungsfähigkeit«. Die erforderliche Konsultation erledigte der Professoren-Kollege Letterer aus dem Friedrichstädter Krankenhaus.

Bei der SS erhält Eufinger unter »rassisches Gesamtbild« die Idealnote »vorwiegend nordisch«, von Kopf bis Fuß gewissermaßen der Ideal-Nazi: »deutschblütig«, das Haar »hellblond«, die Augen »grünlich«, Haltung und Gang »straff-aufgerichtet«, Muskulatur »kräftig«, Brustkorb »gut gewölbt«, Bauch »straff«. Die »persönliche Haltung«? Natürlich »einwandfrei«! Er sei »zielbewusst, klar, hart«. Kurzum: »einwandfreie Persönlichkeit, hervorragender Facharzt«. Und, das fehlte noch, selbstverständlich, »einwandfreier SS-Mann«!

Die Fotos in seinen Papieren – »Raum zum Aufkleben der Lichtbilder« – zeigen einen schlanken, nicht allzu großen Eufinger, 1,74 Meter bei 75 Kilo. Die Profile, die Seitenansichten, wie für einen Steckbrief, bekunden seine aufgeräumte Erscheinung. Dunkler Anzug, Schlips, weißer Kragen, das zurückweichende Haar glatt gestrichen. Arme vor der Brust verschränkt, Spielbein nach vorne gesetzt, sei's aus klassischer Pose, sei's aus Gefallsucht. Dieser Eufinger ist ergriffen von sich selbst: jeder Zoll der Herr Professor. »Parteibonbon«, das NSDAP-Abzeichen, links am Revers. Dann noch in Ausgeh-

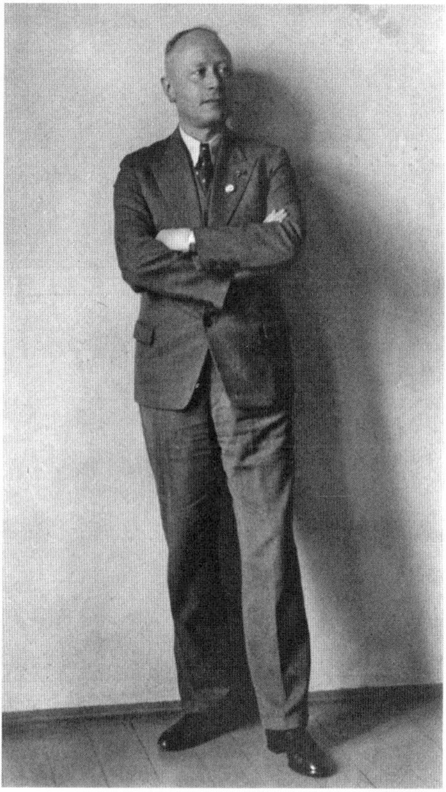

uniform, behängt mit EK I und EK II, Äskulapstab auf der Brust, Leutnantsknöpfe auf den Schultern.

Man geht nicht fehl in der Annahme, dass der Arzt das Trauma des geschlagenen Soldaten mit sich herumschleppte. Der spätere Eufinger ist das Produkt des Ersten Weltkrieges. Er trat am 8. August 1914 beim 2. Nassauischen Feldartillerieregiment Nr. 63 in Frankfurt ein, machte »den ganzen Feldzug mit der Waffe in vorderster Linie« mit. Viereinhalb Jahre, bis zum bitteren Ende.

Der »Kriegsranglisten-Auszug« für Heinrich Eufinger

nennt 36 »mitgemachte Gefechte, bemerkenswerte Leistungen« und beginnt mit den Kämpfen bei Roye, Frise, Andechy, auf den endlosen Weiten an der Somme und in Verdun, Plätze, die nie für etwas anderes geschaffen schienen als für den vaterländischen Krieg. Er ist bei der »Erstürmung der Höhe 344w Beaumont« dabei, bei der »Doppelschlacht Aisne-Champagne«, bei der »dritten Flandernschlacht«, bei der »Durchbruchsschlacht« bei Saint-Quentin und La Fère, bei den »Verfolgungskämpfen« bis »Montdidier-Noyon«, bei der »beweglichen Abwehrschlacht« zwischen Marne und Vesle, bei der »Tankschlacht« um den Eisenbahnknotenpunkt Cambrai, mit 95 000 Toten und Verletzten. »Auf dem Tanzplatz des Todes« steht Eufinger mit Ernst Jünger an der Somme, in Verdun und Cambrai, Gemetzel, wie es sie noch nie gegeben hatte. Auf der Gegenseite kämpft der junge Bildhauer Henry Moore gegen die Deutschen. Eufinger bleibt trotz einer Gasvergiftung bei der Truppe, will nicht heim, klagt nicht. Extrem geistesgegenwärtig, ein Hasardeur, der mit eingewurzeltem Überlebensinstinkt dem Gemetzel entkam. Er konnte sich für unverwüstlich halten. Ich habe Gerhard Richter zu einem Gespräch den Schlachtenplan von Eufinger mitgebracht, den Bericht von einem Deutschen, zäh wie Leder, hart wie Kruppstahl. Er kann ihn nicht in Übereinstimmung bringen mit dem Mann, den er kannte. Zur Erklärung gräbt er extra ein Foto aus, das Eufinger auf dünnen Beinen stehend im flachen Wasser zeigt, umspielt vom Hund an langer Leine.

Eine Helden-Saga, 1929 mit Widmung der Stadt Frankfurt »unserem Regiment zum ehrenden Gedächtnis« gedruckt, erwähnt Leutnant Eufingers Tapferkeit gleich vier Mal. Nur sein Major von Reckow hat eine Nennung mehr. In der Ost-Berliner Staatsbibliothek kann ich die bei einem Feuer angekokelte Schrift im Lesesaal unter den Augen von Humboldt, Leibniz und Buffon einsehen. 24 Tafeln, 7 Karten, 14 Seiten mit den Namen der Gefallenen. Eufinger kam durch! Was anderen im Gedächtnis blieb, war, wie furchtlos Eufinger dem »Franz-

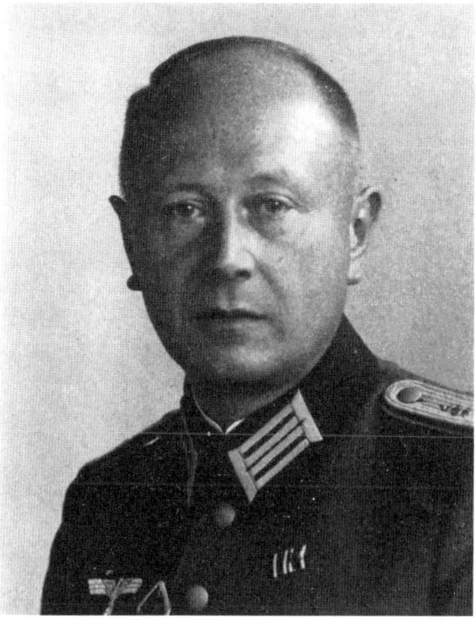

mann« gegenübertrat. Obwohl Mediziner, habe er es »vorgezogen, mit der Waffe zu kämpfen«. Ein Zwanzigjähriger, der die Weite des Abenteuers suchte. Den Freiwilligen prägte die schwere Niederlage, zumal das Militärische zum »Kernholz der Erinnerung« (Heimito von Doderer) gehört. Vielleicht eine Erklärung dafür, warum er sich den Braunen anverwandelte. Die eigene Schwungkraft reichte Eufinger nach dieser Demütigung nicht mehr, er verzehrte sich nach Rehabilitierung, suchte in der SS Verankerung und Bestätigung. Der Mediziner wähnte sich mit Hitler auf der Seite der Sieger.

Auffallend die gerade Nase in einem Gesicht nicht frei von Hochmut. Der Blick aus kleinen und eng stehenden Augen ungut. Ihm fehlt was Eigenes, was Besonderes. Die ihm oft nachgesagte Güte oder Gutmütigkeit eines Doktors ist nicht zu entdecken. Nicht in diesem zeitlosen Anpassergesicht. Vielleicht ist Heinrich Eufinger verkrampft, weil es zwanglos aussehen soll, diesmal beobachtet nicht er, sondern er wird beobachtet. Die Kamera sieht Details, die dem menschlichen Auge verborgen bleiben. Bei ihm enthüllt sie Angeberisch-Dünkelhaftes, falsches Pathos in der Herrschergebärde eines Akteurs, der jedenfalls keinen gefühlsbetonten, von Empathie geleiteten Mediziner darstellt. Es ging ihm mehr um den Eindruck, den Eindruck von Konsequenz und Willen. Hier passt der bekannte Ärzte-Witz: »Gynäkologe wird man vor dem Spiegel.« Er ist zum Typus des »biologischen Soldaten« mutiert, einer aus der Kaste, ohne den Hitlers Irrsinn nicht funktioniert hätte. Der Gynäkologe gehört zur Forschergilde, die sich geheimbündlerisch, willfährig und komplizenhaft mit dem Anstreicher aus Braunau verbrüdert, ihm mit akademischen Weihen Prestige verschafft und die fundamentalen Werte verrät, denen Ärzte verpflichtet sind. Eufinger kam aus kleinen Verhältnissen, mühsam genug hatte er sich vom Steuersekretärssohn zum Großverdiener hochgearbeitet. Er ist nicht gewillt, sich auf seinem weiteren Weg aufhalten zu lassen. Der katholische Heinrich Julius Josef hat noch jede Hürde gemeistert.

Der Ehrgeizling muss gar nicht der ganz große Fanatiker gewesen sein. Zumindest wurde ihm das später in Festschriften zugute gehalten. Doch alle vergeudete Verehrung ändert nichts daran, dass er wie so viele geschmeidig genug war, sich von der Macht korrumpieren zu lassen. Denn es gab zwei Eufingers: Den gewissenhaften und herausragend beurteilten Fachmann. Daneben den Ritualbüttel, mit ausgeprägtem Dünkel, Gefallen am SS-Ordensdenken, der Nazi-Ästhetik von Stiefeln und Uniformen. Das entsprach seinem Selbstverständnis, schuf Beziehungen und war Grund genug, zur Maskerade die schwarze Uniform zu wählen. Bereit zum Wagnis mit Hitler.

Das Disparate an Eufinger scheint offenkundig und ist doch schwer greifbar. Hier der Gynäkologe, der Kinder zur Welt bringt, da der Chirurg, der die von den Nazis überstellten Psychiatrie-Patientinnen zwangssterilisiert oder zwangssterilisieren lässt, auch um die Preisgabe jeder sittlichen Norm. Verhärtet, abweisend im Dienst der Sache, die er zu seiner eigenen macht. Die abstrakte Kälte rassenpolitischer Paragrafen wurde unter seinem Skalpell ziemlich konkret. Dazu brauchte es einen Blick, der unbarmherzig auf das aus den Irrenanstalten zugewiesene »Krankengut« herabsah, »Unwerte« wie Tante Marianne. Egal, warum er die SS wählte, die Verführung entwickelte ihr Eigenleben, gewann Herrschaft über sein Denken. Zum oft erwähnten ärztlichen Geschick gehörte bei Eufinger offensichtlich auch ein destruktives Potenzial. Für das brutale Geschäft der Zwangssterilisierung konnte er eine abweisend-eiserne Haltung gegenüber Wehrlosen annehmen, denen er von Berufs wegen an der Seite hätte stehen müssen. Seele auf Eis. Für die Art von Geschäft hatte er die Gabe, sich abzuschirmen vom Leid anderer, bei gleichzeitiger Rührseligkeit gegenüber den Seinen. In beiden Bereichen agierte er perfekt. Hinter den Funktionen als brillanter Frauenarzt und fanatischer SS-Dienstgrad stand der Vater zweier Töchter, die ihn von seiner schwachen Seite kannten. Mit denen fuhr der passionierte Jäger und Angler Urlaubsanträgen zufolge ausgiebig in die Ferien, wochenlang zum »Hofgut Ahlersbach/bei Schlüchtern« zum Beispiel. Ein Doppelgesichtiger, wie viele aus dem Tätervolk. Seine geordnete Schrift von einem Experten nach den Kriterien Raumverteilung, Linienführung und Bewegungsbild der Buchstaben begutachtet, drückt im Grafologischen das Dilemma aus: Man hätte es mit einem intelligenten, in sich ruhenden, logischen, offenen, künstlerischen Verfasser zu tun, wäre da nicht das auffallende »U«. Dem Sachkundigen verrät es wegen seiner unstimmigen Bögen Heimlichtuerei, ja eine gewisse Unehrlichkeit. Die starr eingehaltene Unterlinie deutet auf Zwanghaftigkeit hin. Eufinger konnte sein Inneres verbergen.

Die eigene Gespaltenheit mag der Professor bemerkt und gleichwohl ignoriert haben. Zwei Seelen in der Brust, man könnte fast von einem paradoxen Charakter sprechen. Im Ergebnis ist es unwichtig, warum es ihn zum Stakkato des Gleichschritts drängte. Ob ihn Berechnung, Feigheit, Amoralität, Gutgläubigkeit, Überzeugung, Karrierismus, Männerbündelei, Gedankenlosigkeit, Eiferertum, Kalkül oder die Furcht, beim Aufbruch zu kurz zu kommen, zum Heil-Schreien verführte. Heinrich Eufinger hat sich forttragen lassen, war Mitmacher, entschied sich aus freien Stücken für Führer und SS, die sich nach eigenem Verständnis als »neuen Adel« begriff. Er tat, was er konnte. Seine Patientinnen hatten es nicht mit einem Mitläufer, sondern mit einem Vollstrecker zu tun. Ihn zeichnete kühle Vernunft aus. Ihm halfen seine SS-Kameraden, er half ihnen. Mit sich zufrieden werden sie Kriegsrat gehalten haben. Hinterher konnte Eufinger sich nicht damit herausreden, er habe sich halt mit den Verhältnissen arrangieren müssen. Der Doktor ist ohnehin keiner, der von Geschehnissen überrollt wird. Vielmehr lässt sich sein Verhalten gegenüber Hilflosen doch wohl nur durch 100-prozentige Übereinstimmung mit der Politik erklären. Nehmen wir sehr zu seinen Gunsten an, dass er nicht wissen musste, wie oft Zwangssterilisierungen von Psychiatrie-Patienten die Vorstufe zur endgültigen Vernichtung waren. Ein aufwändiger Abgleich der im Bundesarchiv liegenden »Euthanasie«-Akten mit den Zwangssterilisierungs-Dokumenten der Klinik Friedrichstadt könnte auch ein anderes Ergebnis erbringen.

Der Dresdner »Anzeiger« geleitet den neuen Direktor am 21. Juli 1935 nobel ins Amt, Einweisungsfeier in der »festlich geschmückten Turnhalle« des Krankenhauses. Verpflichtung zusammen mit dem Kollegen Letterer nicht ohne Betonung der »verantwortungsvollen und hohen Aufgaben, die den leitenden Ärzten im Dienst der Allgemeinheit, insbesondere im nationalsozialistischen Staate obliegen«. Beide versprachen, ihre ganze Kraft »zum Wohle der leidenden Volksgenossen und zum Segen der gesamten Volksgemeinschaft einzusetzen«. Ende der Veranstaltung mit einem »dreifachen Sieg-Heil auf den Führer und Volkskanzler«. Schon Tage zuvor hatte Eufinger laut ärztlichem

Bericht die schizophrene Charlotte Z. »fortpflanzungsunfähig« gemacht, eine 19-Jährige.

Der unaufhaltsame Aufstieg des Heinrich Eufinger. Binnen vier Jahren vom SS-Untersturm- zum SS-Sturmbannführer avanciert (und später noch zum Obersturmbannführer gekürt), das war schon was. Im Dezember 1942 steht Heinrich Eufinger unter dem »Betreff: Stellenbesetzungsanträge des Führers des SS-Oberabschnitts Elbe« auf einem Schreiben an seinen Reichsführer. Im Gleichtakt mit Tante Mariannes Schicksal fällt seine Ernennung in den gleichen Monat wie ihr Geburtstag am 30. Dezember. Am gleichen Tag werden im Rathaus Dresden 143 Armbinden mit der Aufschrift »Bestattungstrupp« bestellt. Zusammen mit Eufinger wird Dr. Alfred Fernholz befördert. Wäre das nur ein Zufall, dann ein beziehungsreicher und mehr als bedenklich. Jedenfalls einer, der Heinrich Eufinger weiter kenntlich macht und ihn prominent in Sachsens SS verortet.

Alfred Fernholz sitzt als Amtsarzt im Erbgesundheitsobergericht – einziger Verhandlungsgegenstand: Zwangssterilisierungen. Reichsweit führt Dresden die Statistik über Anträge zur Unfruchtbarmachung an, 1934 mit 8222 Fällen, vor dem ungleich größeren Berlin (6550). Fernholz hat überall seine Finger drin, Psychiater, Gaugesundheitsführer, Chef des Nationalsozialistischen Ärztebundes im Land, NSDAP-Mitglied sowieso. Der Abteilungsleiter koordinierte nach Feststellung der Gedenkstätte Pirna-Sonnenstein als »Schreibtischtäter« im sächsischen Innenministerium die Mordaktion der Berliner »Organisation T 4«. Er sei einer der »maßgeblichen Organisatoren des Krankenmordes in Pirna« gewesen.

Ermittlungen nach dem Krieg ergaben, Fernholz kümmert sich »auch vor Ort um den reibungslosen Ablauf der Vergasungsaktionen«. Auf SS-Fotos demonstriert der Stiernackige die selbstgefällige Miene des Tatmenschen, das Haar klebt am »arisch-fälischen« Kopf. Fernholz sieht Furcht erregend deutsch, Furcht erregend wohlgenährt aus. In seinen Psychiatrien verhungern die Menschen. In der Anstalt Arnsdorf weiht dieser Fernholz 1940 mündlich den für Tante Marianne zuständigen Dr. Ernst Leonhardt in das Morden ein, »es wäre ein Gesetz von Hitler, wonach die Geisteskranken vernichtet werden sollten«. Die beiläufige Bekanntmachung kostet Tausenden das Leben.

Nach dem Krieg taucht der schwer Belastete im Westen unter. Seine Verfolger klagen, er »ist nach Leipzig gemacht bzw. geflüchtet«. Der Ermittlungsrichter am Volksgericht Dresden forciert die Fahndung nach ihm, »der von mir in einer Mordsache benötigt ... wird«. Die Amerikaner verdächtigen ihn nicht näher spezifizierter »Kriegsverbrechen«, nehmen ihn im Juni 1945 fest, lassen ihn mangels Beweisen wieder frei, statt in Dresden bei den Russen nachzufassen, die über ihn sehr wohl Bescheid wussten. Der Ludwigsburger Zentralstelle zur Ermittlung von NS-Verbrechen ist 2005 kein Urteil gegen Fernholz bekannt. 60 Jahre nach Kriegsende hört der Sohn Hans-Jürgen erstmals von den gravierenden Anschuldigungen gegen seinen Vater. Am anderen Ende des Telefons atmet er tief durch. Er bestätigt in einem freimütigen Gespräch dessen »sehr guten Draht« zu Eufinger; seine Mutter habe bei ihm ein Kind entbunden. Weder in der Dresdner Zeit noch danach habe der Papa je über die SS gesprochen: »Kein Wörtchen« habe er erzählt, »er ist jeder Frage, die man gestellt hat, ausgewichen«. »Beschämterweise muss ich sagen, das ist in der Familie nie zur Sprache gekommen.« Sein Vater blieb sich selbst und dem Sog des Gewesenen ausgeliefert. Er eröffnete später eine Allgemeinpraxis in Plettenberg. Der Sohn spürte, »dass eine deutliche Angst hinter ihm stand, sobald es darum ging, nach Dresden zu fahren. Er hat sich strikt verweigert, war nicht zu bewegen und hat sich gewunden.« 1993 starb der Marionettenspieler, an dessen Fäden viele später verurteilte Euthanasie-Täter hingen, unbehelligt in Karlsruhe. Bekanntlich »die Residenz des Rechts«.

Der getreue Eufinger. Mit »Personalverfügung« vom

5. Januar 1943 wird er zum »Führer beim Stab SS-Oberabschnitt Elbe« ernannt. In jenem Jahr greift er auch noch nach dem SS-Zivilabzeichen, ein kleines Begehren nur, das Lust auf Imponiergesten verrät. Der Professor wünscht es mit der Begründung, er lege »allergrößten Wert darauf, in Zivil als SS-Angehöriger kenntlich zu sein«. Am 1. April geht das Abzeichen Nr. 176 190 ein mit der Bitte, »den fälligen Beitrag an das SS-Personalhauptamt zu überweisen«. Kurz darauf, im August 1943, kommt Marianne Schönfelder nach Großschweidnitz. Dort verfügte Anstaltsleiter Schulz aus gegebenem Anlass, »dass Kranke keine Streichhölzer oder Feuerzeuge bei sich tragen dürfen«. Seine einzige harmlose Dienstanweisung.

Heinrich Eufinger, die braune Eminenz vom Main, fand sich auch an der Elbe rasch zurecht. Der Gau Sachsen des Nationalsozialistischen Ärztebundes stellte mit 1314 Mitgliedern die zahlenmäßig stärkste Gruppe im Reich. Der Gynäkologe erwirbt sich ausweislich seiner Unterlagen »um die Frauen und Bräute unserer SS-Männer größte Verdienste«, beweist sich als »besonders treuer Helfer für die SS-Frauen«, geizt nicht mit fachmännischem Rat. Von seiner Mission erfüllt, erstattet er am 8. März 1943 auf offiziellem Briefpapier seinem SS-Chef »im Verfolg Ihres Auftrages« Bericht über seine Eindrücke bei »der Behandlung von SS-Frauen und der Durchführung zahlreicher Ehetauglichkeitsuntersuchungen von SS-Angehörigen«. Mit dem hybriden Zug des Auserwählten verbreitet er sich umständlich und langatmig darüber, »eine Verschärfung« der Untersuchungsrichtlinien »anzuempfehlen«. Vorschlag: »die obligatorische Forderung der fachärztlichen gynäkologischen Untersuchung jeder SS-Braut in den Gesundheitsfragebogen aufzunehmen« und »die obligatorische Untersuchung der Samenflüssigkeit jedes SS-Mannes vor der Eheerlaubniserteilung zu fordern«! Beim Zuchtexperten geht es verklemmt weiter: »Zweifellos kann lediglich aufgrund der üblichen Untersuchungen des allgemeinen Körperstatus niemals eine Sicherheit gewonnen werden über die Funktionstüchtigkeit der Fortpflanzungsorgane.« Heinrich Eufinger formuliert es wörtlich so. Dem Scharfmacher konnte die Bestenauslese für Führer, Volk und Vaterland nicht konsequent genug ausfallen. Maßgeschneidert fügt sich seine Sexualwissenschaft in die zur Staatsdoktrin erhobene Rassenpolitik, die eine »Ausmerzung der erbkranken Familien aus dem gesunden Volkskörper« fordert und Hitlers Parolen gehorchend den »Übermenschen, gesund, kräftig, rein arischer Abstammung« verlangt.

Sein Jargon der Eigentlichkeit begreift den Germanen als biologisches Material. Im Klartext: der Gesinnungstüchtige will taube Nüsse auslesen; die hatten im Blutkult nichts verloren. Sendungs- und standesbewusst lebte Eufinger in Einklang mit dem Regime: Er war der Spezialist und er war der gute Mensch, der sich »besonders einsetzt und weitgehendst SS-Angehörige kostenfrei behandelt«. Dem die Leitung Dank für »seinen Einsatz für die Schutzstaffel übermittelt«. Nachzulesen in seinem Dossier.

DIE STADT DES FÜHRERS

Der Führer reist gern in die Sachsen-Metropole, eine Stadt, die ihm laut Dresdner Anzeiger »huldigt« und ihn zum Ehrenbürger ernennt. Die »Gauhauptstadt« lag dem Braunauer zu Füßen, 48,32 Prozent für die NSDAP bei den Reichstagswahlen im März 1933 in Eufingers Stadtteil Strehlen. Vor der Semper-Oper grüßt der »Gröfaz« aus dem offenen Wagen anlässlich der »Reichstheater-Festwochen«. Kein Fahnenmast soll unbeflaggt geblieben sein. In undurchdringlichen Reihen die Bannerträger, Standarten sind aufgezogen vor dem Musentempel, der Goethe, Schiller, Sophokles und Euripdes einen Ehrenplatz gibt, dem »Wahren, Schönen, Guten« geweiht. Joseph Goebbels schmeichelt in der Eröffnungsrede »dieser in Deutschland fast einzigartigen Stadt musischen Schaffens und künstlerischen Gestaltens« und damit den Bürgern. Dresden war wie besoffen. Die sensible Marianne, damals 16, erlebt den Führer-Taumel aus der Nähe mit. Am anderen Elbufer, schräg gegenüber der Schönfelder-Wohnung, drehten die Dresdner beim rhythmischen Heil-Rufen durch.

Mit seinen romantischen Häusern, Gassen und Plätzen, kam Dresden Hitlers Idee einer deutschen Stadt entgegen. Ihm zur Freude ließ Elbflorenz die historischen Ensembles anlässlich eines Besuchs erstmals nachts anstrahlen. Ein »Forum für nationalsozialistische Kundgebungen« soll am Königsufer (vor der Haustüre der Familie Schönfelder) entstehen, ein »Adolf-Hitler-Monumentalplatz« ist vorgesehen, flankiert von der »Halle der Dreißigtausend« aus Elbsandstein, und was der Größenwahn sonst noch ausspann. 1937 wird die Gemeinde mit Nürnberg, München, Berlin zur aufwändigen Umgestaltung auserkoren. Am 4. Jahrestag von Hitlers Ernennung zum Reichskanzler stiftet der Oberbürgermeister einen Preis, gewidmet »Künstlern deutschen Stammes für hervorragende Leistungen«. Aus Dresden holt sich Hitler mit Hans Posse, dem langjährigen Direktor der Gemäldegalerie, seinen »Sonderbeauftragten« für Kunst. Den angesehenen Wissenschaftler beauftragt er persönlich mit dem Aufbau des »Führermuseums« im geliebten Linz. 1938 führt Posse den Führer durch die Dresdner Galerie. Hitler, der trunken vom »Mythos des reinen Blutes« die Kunst als »Spiegelbild der gesunden Rasse« sah, habe sich bei der einstündigen Führung besonders für das monumentale Gemälde »Neptun und Amphitrite« von Tiepolo interessiert. Thematisches Gegenstück zum Neptun-Brunnen vor Eufingers Friedrichstädter Krankenhaus.

Hitlers Dresden-Verehrung mag mit seiner Halbschwester Angela Raubal zu tun gehabt haben, einer Bekannten Hans Posses. Sie war in zweiter Ehe mit Martin Hammitzsch verheiratet, dem Direktor der Sächsischen Staatsbauschule. Nach Auskunft des Stadtarchivs wohnte der »Dr. Ing., Prof., Oberbaurat« in der Wiener Straße 61, er ist der Verfasser einer Beschwerde vom 11. November 1938 an die »Herren Oberbürgermeister« von Dresden, Leipzig, Chemnitz, Zwickau, Plauen, Zittau. Tenor: »Die in der Nacht vom 9. und 10. November 1938 in Brand geratenen Synagogen gefährden die öffentliche Sicherheit, verschandeln die unmittelbare Umgebung bez. das weitere Ortsbild und erregen öffentliches Ärgernis. Diese Brandruinen und die eventuell noch bestehenden restlichen Bauteile sind ... sofort zu beseitigen, zumal eine Baugenehmigung für die Wiedererrichtung der Synagogen an der gleichen Stelle ausgeschossen ist.« Sonst lief es zu Hammitzsch' voller Zufriedenheit. Hatte die Kommune doch schon Ende März 1933 angewiesen, »sämtliche Bedienstete jüdischer Rasse ... zu entfernen«, und gefordert, »Der Kampfruf Sieg-Heil« solle »zum Wahlspruch unserer Verwaltung werden«. In diesem Geist verwehrt die Stadt seit August 1940 Juden den » Zutritt zur Brühlschen Terrasse«, untersagt ihnen die »Benutzung der Elbschiffe«, um nur einige der Schikanen anzusprechen. Am 1. Juli 1942 fuhr der erste Lkw-Transport »V/1« mit 50 meist über 60 Jahre alten Juden von Dresden ins Ghetto Theresienstadt ab.

SCHÖNES GEHEGE

Die Wiener Straße war auf ihrer Länge von 2,5 Kilometern eine Augenweide. Beidseitig bepflanzt, alleenartig, eine jener Lagen, die sofort ihre Zweckbestimmung anzeigen, nämlich: schönes Gehege für Situierte zu sein. 26 denkmalgeschützte Häuser stehen noch, prächtige Entwürfe und viel Grün, »die ganze übliche Dresdner Herrlichkeit« für Victor Klemperer. Zu Gerhard Richters Zeit in den 50ern konnte es so still und verschlafen sein, dass man die Gehölze knacken hörte. Obwohl jetzt der Verkehr fließt (und es unter dem DDR-Sozialismus optisch nicht unbedingt aufwärts ging), auch manch unschöne Lücke besteht, ist sie längst wieder eine Strecke, in der das Geld gut wohnen kann. Die Straße hat was: Charakter.

Mochte die Welt in Scherben gehen, Chefarzt Eufinger konnte hinter seiner Jugendstil-Fassade einen ästhetisch-verbrämten Faschismus pflegen. Vom »Julleuchter« beschienen, einem kultischen Objekt, der reinste Kitsch zwar, aber von SS-Himmler mit Widmungsurkunde verliehen und in Eufingers Personalblatt vermerkt. Er wäre nicht der Einzige, der sich daheim einen Hitler-Schrein gebaut hätte. Der Fetisch für die ausgezeichneten Männer war zu bestücken mit wachsfarbener oder roter »Julkerze«, gleichfalls vom Reichsführer-SS zu Silvester geschenkt. Den Liebhaber klassischer Musik kann ich mir beim Hauskonzert vorstellen, hingerissen von den Klängen. Eufinger bearbeitete mit Chirurgenhänden das Klavier. Die Töchter Ema und Renate taten es ihm gleich. Er soll es gern gehabt haben, wenn seine Erstgeborene ihm sein dünnes Haar kraulte, wird in

Dresden kolportiert. Ein sanfter Unmensch sozusagen, für die Klinik jederzeit unter der Privatnummer 41080 zu erreichen. Noch im hohen Alter griff er in die Tasten, spielte, schlecht, Beethoven und Mozart. Ob der SS-Obersturmbannführer überhaupt wahrnahm, wie dramatisch und schnell um ihn herum die Nachbarschaft wechselte? In Hausnummer 25 nahm das »Geheime Staatspolizeiamt«, Gestapo, seinen Sitz. Seit 1935 hat die »Judenabwehrstelle« der NSDAP-Kreisleitung in der Wiener Straße 13 ihr Büro, eine Schaltstelle bei der Verfolgung der Juden.

DIE VERNICHTUNG

Auf dem Schreibtisch von Lilli Ulbrich türmen sich die Papiere. Die Autorin des 17-bändigen Dresdner »Gedenkbuchs« blickt bei der Arbeit auf ein Foto des Nazi-Jägers Simon Wiesenthal. Dauernd ruft die Kuckucksuhr im Flur, sie bittet, das zu entschuldigen, doch es sei das letzte von ihrem Vater aus Lodz gerettete Familienstück. Sie schaltet den Computer ein, auf dem Bildschirm flimmern die Daten der Wiener Straße im Tabellenprogramm »Excel«, eine Chronologie der Verlorenen, von der ehemaligen Lehrerin mit sagenhafter Ausdauer fortgeschrieben. Mit detektivischem Spürsinn zeichnete Frau Ulbrich über 6000 jüdische Schicksale nach, Leben für Leben. In einer Stadt, die sich Jahrzehnte Zeit ließ, bis sie mit einer halbprovisorischen Tafel wenigstens über die Existenz des »Hellerberg-Lagers« informierte. Die Polizei pferchte in der »Dr.Todt-Straße«, heute Radeburger, im November 1942 noch die letzten 300 mit dem gelben Stern gekennzeichneten Männer, Frauen, Kinder zusammen. Von dort schickte man sie in den Tod für ein »judenfreies« Dresden.

In Sichtweite von Eufingers Villa zitterten jüdische Mitbürger um ihre Existenz, registriert in den Häusern 25, 29, 36, 51, 52, 53, 56, 59, 62, 78, 85, 86, 95 der Wiener Straße. »Moment«, sagt Frau Ulbrich, zuerst möge ich einen Blick auf die spezielle Situation in der 85 werfen, ein Tor zu den diversen Konzentrationslagern, das so genannte »Judenhaus«. Laut Lageplan drei Häuser von Eufingers Parzelle entfernt, gleich an der Vossstraße, benannt nach dem Homer-Übersetzer. Neun seiner Bewohner sind nach Ulbrichs Recherchen (die man sich nicht kompliziert genug vorstellen kann) von den Nazis ermordet worden, einer beging Suizid, einer überlebte, zwei emigrierten.

Da ist Julie Pick, mit 78 Jahren von der Gestapo schwer misshandelt. Eine Verwandte von Hildegard Hamm-Brücher. Sie nimmt sich vor der Deportation das Leben. Elsa Hirschel und ihr Kurt sind umgekommen. Betty und Nathan Kalter, am 23./24. November 1942 ins Hellerberg-Lager gesperrt, am 2. März 1943 nach Auschwitz abtransportiert. Sie sollen sofort vergast worden sein. Der Studienrat Albert Pinkowitz unterrichtete an der Jüdischen Schule. Anno '42 mit Transport V/7 nach Theresienstadt deportiert, mitsamt Ehefrau Martha in Auschwitz getötet. Alice Johanna Zimmermann, ebenfalls Lager Hellerberg, im März '43 nach Auschwitz verbracht, gilt als verschollen. Im Klartext, sie ist umgekommen. Olga Zimmermann, gebürtig in Breslau, bringt der Transport V/6 weg nach Theresienstadt. Getötet am 1. Januar 1943. Ber Kaplan, aus Minsk zugezogener Tabakmeister, verschwindet im Konzentrationslager Auschwitz. Bertha Merländer, ebenfalls in die 85 umgesiedelt, kommt mit Transport V/4 nach Theresienstadt. Am 14. September 1942 getötet. Gertrud Meyers Weg führt von der Wiener Straße auch direkt nach Theresienstadt. Rosalie Jordan begeht am 26. Mai 1942 Selbstmord.

Im Dritten Reich berichtet das Organ »Grund- und

Haus-Eigentum Sachsen« über die »Wiener«. In der Nummer 2 verkündet die »Größte Hausbesitzerzeitung Deutschlands« auf Seite 11 unter der Überschrift »Reinliche Scheidung zwischen Juden und Ariern in Dresden bis spätestens den 1. April 1940 durchgeführt«, eine Weisung von Göring: »Es widerspricht den nationalsozialistischen Bestrebungen ... wenn im gleichen Hause deutsche Volksgenossen und Juden wohnen.« In der Liste von Dresdner Objekten für »die Entfernung der Juden aus dem deutschen Wohnraum« taucht besagte Nummer 85 auf, Eigentümer von alters her Arthur Glauber, 1931 verstorben. Die Umwandlung in ein so genanntes »Judenhaus« musste er nicht mehr erleben.

Als ich ihm den Vorgang schildere, meint Gerhard Richter, sich zu entsinnen, zur DDR-Zeit habe er sich aus Jux mit einem Kommilitonen als Käufer für das Areal ausgegeben. Ein Bild aus der Studienzeit, »Mädchen im Garten«, könnte dort entstanden sein.

Haus für Haus verwandelt sich Heinrich Eufingers schöne Meile in eine furchtbare. Ging es ihm dabei gut in seiner kalten Herrlichkeit? Sie sind doch Nachbarn. Wie hat er reagiert? Belästigt, zustimmend, schulterzuckend? Unübersehbare Zeichen und Verweise mehrten sich. Nichts schwächt das Gewicht der Fakten ab. Die systematische Entrechtung der Juden, die »Endlösung« und das immer wieder unerträgliche Wissen, dass es mit allgemeiner Billigung geschah: »Dass alles so offen vor sich gehe« in Dresden, vertraute der fassungslose Victor Klemperer seinem Tagebuch an.

Hausnummer 95: Die Bewohnerin Agnes Marckwald endet in Auschwitz, ihr Gatte Fritz Robert, Oberlandeswirtschaftsrat, stirbt in Theresienstadt. Beide mit Transport V/6 fortgeschafft. Flora Ehrmann? In Theresienstadt liquidiert! Die Geschwister Sonja, Irma und Mirjam Sonnenschein durchleiden das Hellerberg-Lager. Alle drei werden im März '43 wahrscheinlich in Auschwitz-Birkenau ermordet. Max Spaeth, vermutlich

Inhaber eines Möbelgeschäfts, und Hedwig Stern überleben das KZ von Theresienstadt.

Paul Samuel Merländer, von der 51, Dr. jur. und Dr. pol., Mitinhaber der Firma »Hirsch & Co.«, Modewaren, konnte 1939 vermutlich nach London fliehen. Dr. Elb, Richard, in Bühlau enteignet, Mitglied des Armenunterstützungsvereins, wohnhaft bei der Schwester in der 62. Nach Frau Ulbrichs akkurater Darstellung anno '42 nach Riga deportiert, »wahrscheinlich im Konzentrationslager Bikerniecki erschossen«. Martha Cohn, 1920 in Breslau geboren, Hausangestellte aus der 62 nach Riga-Strassdenhof deportiert. Umgekommen. Ihre Arbeitgeberin Leonore Heller konnte in die USA emigrieren.

Die Schatten der Judenverfolgung liegen über der Straße. Großverdiener Eufinger richtet sich auf der Sonnenseite ein. Der Chefarzt konnte außerdem noch eine weitere Immobilie erwerben: »Münchner Straße 10, im Krieg zerstört«, trägt er eigenhändig am 20. August 1945 auf einem amtlichen Fragebogen ein. Die offizielle »Schadenskarte« bestätigt seine Angabe, die Auflassung im Grundbuch datiert von 1938. Eufinger übernahm das Haus von Dr. med. Johanna Klara Schanz, der es seit 1902 gehörte.

VERSTRICKUNGEN

Wie gesagt: Der treu sorgende Familienvorstand ist der bekannte, die SS-Größe der unbekannte Eufinger. Seine Klinik war fest in Nazi-Hand. Die hauseigene Geschichtsschreibung tut sich bis in die Gegenwart hart, die Wahrheit anzuerkennen. In der Jubiläumsschrift des Krankenhauses Friedrichstadt heißt es 1999 fast entschuldigend, »die nationalsozialistische Ideologie drang mit aller Konsequenz auch in das Krankenhaus ein. Teile der Ärzteschaft und der übrigen Mitarbeiter ließen sich verführen oder gaben dem politischen Druck nach, nicht zuletzt, weil sie während der Wirtschaftskrise wohl begründet um ihre Arbeitsplätze bangen.« Namen nennt das Buch keine, sondern handelt das trübe Kapitel in allgemeinen Formulierungen auf einer knappen Seite ab: »Ärzte wurden Mitglieder der NSDAP und der SS. Es gab im Krankenhaus eine Kameradschaft des NS-Ärztebundes.« Das eigentliche Thema wird nur umkreist, die Frage aller Fragen an die nächste Generation weitergereicht: »Aus der Distanz von mehr als 50 Jahren bleibt noch immer ein Bedürfnis nach Erhellung und Erkenntnis. Welchen Umfang erreichten die Verstrickungen unter dem NS-Regime? Wie wurden die Mitarbeiter damit fertig? Kam es ... zu schuldhaftem Verhalten Einzelner?«

Die Antwort ist eindeutig, Beispiel Heinrich Eufinger, eine deutsche Karriere. Die Medizinerin Birgit Töpolt reiht den Chefarzt in ihrer Dissertation über Zwangssterilisierungen unter die »Täter« ein. Sie förderte im Stadtarchiv noch 719 Krankenblätter aus seiner Zeit zutage, 708 betrafen Friedrichstädter Fälle mit Namen und Sterilisierungsjahr. Die Internistin kennt sich aus mit seinen Themen wie exogene Zyklusstörungen und Sterilitätsbehandlung, also Fruchtbarmachung. Eufinger wusste, wie Paaren zu Kindern verholfen werden konnte. Zu verhindern wusste er es auch.

Ende 1933 erscheint das Sächsische Gesetzblatt Nr. 45 mit den für die »Unfruchtbarmachungen« ausgewählten Kliniken. Die »Friedrichstädter« steht mit auf der Liste. Außer den Direktoren sind es vor allem die Oberärzte Redmann und Nagel gewesen, die »nachweislich« tätig wurden. Außerdem die Assistenten und Fachärzte Scheerer, Henrici, Blau, Theuerling, Borris, Hofmann und Bannach. Tatort, die Station 41.

Insgesamt rechnet Töpolt bis 1944 mit 984 Eingriffen, das Gros unter Eufinger. Die Betroffenen waren im Schnitt 27,81 Jahre alt, die jüngste elf, die älteste 47. Die Heil- und Pflegeanstalt Arnsdorf – Tante Mariannes damalige Anstalt – schickt dem Chefarzt bis 1939 knapp 200 Patientinnen. Stand eine Sterilisierung an, war Friedrichstadt für den »überwiegenden Anteil« zuständig, also Professor Heinrich Eufinger.

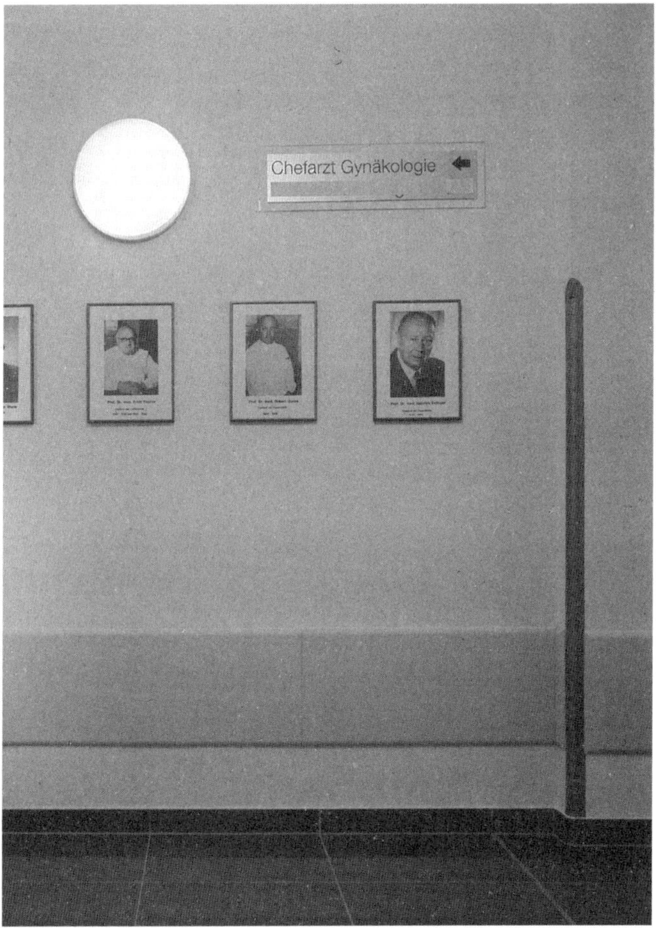

Der Direktor amtierte von Sommer 1935 bis Mai 1945. Im ersten Jahr nach Amtsantritt erfolgten 184 Eingriffe. Mehr als je zuvor, als gelte es, die SS-Verpflichtung tatkräftig zu beweisen. Auf dem Weg vom Zuhause in der Wiener 91 zum Arbeitsplatz konnte er an der »Städtischen Irrenanstalt Löbtauerstraße« vorbeifahren, lange von Professor Paul Nitsche geführt, später Hauptangeklagter im Dresdner Euthanasie-Prozess. Auch diese Klinik überwies ihm 35 Patientinnen zur Zwangssterilisierung. Eufinger ist sich nicht zu schade, zwangsweise Eingelieferte um des vorgeblichen »Staatswohls« willen zu entwürdigen. Manche der Krankenblätter trugen den Vermerk »polizeilich zugeführt!«, ohne dass er zurückgeschreckt wäre. Trotzdem blieb der Doktor eine Respektsperson von untadeligem Ruf. Sein Porträt hing bis zu meinem ersten Artikel über seine SS-Vergangenheit in der Reihe der fünf Chefärzte auf dem heiter-lindgrünen Flur im fünften Stock von Gebäude »M«. Auch Professor Fischer, der Tante Marianne zwangssterilisierte, fand dort neben dem Aufgang seinen Ehrenplatz. Eine Leuchte direkt über ihren Bildern legte den Göttern in Weiß einen kalten Heiligenschein um den Kopf. An Eufingers ehemaliger DDR-Klinik Burgstädt ist die nächste Würdigung schon in Arbeit.

Beim großen Feuer vom 13. und 14. Februar 1945 schlagen die Flammen aus dem Friedrichstädter Klinikdach. Das Säuglingszimmer brennt. Im Operationstrakt kracht das Glasdach unter der Druckwelle zusammen, ein auf dem Tisch liegender Patient kann in letzter Sekunde noch in den Keller gebracht werden. Das Personal wickelt Kranke zum Schutz vor Funkenflug in nasse Tücher, bringt sie in Sicherheit, was immer in der schwerst getroffenen Stadt darunter zu verstehen ist. Nach allen Berichten hält sich der Chef in den schweren Stunden nicht im Hospital auf. Oberarzt Walter Jüngst und der tüchtige Oberpräparator Pfeiffer löschen die Brände mit Unterstützung von Schwestern. Nebst anderen Leitenden sei Eufinger im Ausweichquartier in der Landesanstalt Arnsdorf gewesen, damit weit vom Schuss, vermuten ehemalige Mitarbeiter. Aus der Familie kommt der Hinweis, Eufinger habe in der Bombennacht mit den Seinen im Keller der Wiener 91 ausgeharrt und die Töchter liebevoll unter seine Fittiche genommen. Das entspräche ihm.

Definitiv fehlt sein Name in einer Liste der ausdrücklich bedankten Krankenhaus-Retter. Das wird später einen Laudator nicht am Schwadronieren hindern, Eufinger habe ohnmächtig zusehen müssen, wie die Klinik bombardiert wurde, »gerade geborene Babys im Feuersturm und unter Trümmern umkamen«. Erschüttert sei er davor gestanden. Eine Doktorarbeit von 1949 bilanziert: »Trotz der Zerstörungen hat das Krankenhaus keinen Toten oder Verletzten zu beklagen.« Aufnahmen von 1945 zeigen Haus »M« äußerlich fast unversehrt. Als am 8. Mai die Russen einrücken, hat sich Eufinger wieder aus dem Staub gemacht, ein beherzter Kollege beruhigt die Lage.

Das städtische Melderegister führt ihn noch bis 21. August 1945 unter der Wiener Straße. Am 2. November holt der russische Geheimdienst Hitlers willigen Helfer ab. Ein Freitag, die »Operativgruppe des NKWD« lässt ihm das Wochenende nicht. Ankunft einen Monat später mit weiteren 52 Festgenommenen im Internierungslager Mühlberg, die Russen-Hölle, vierzig Kilometer nördlich seiner Villa. Haftgrund: »SS-Obersturmbannführer«.

Die Stalinisten versteckten ihr »Speziallager Nr. 1« im »Wald des Vergessens«, ein zur DDR-Zeit mit Rücksicht auf die russischen Waffenbrüder verleugnetes Kapitel. Unter den 22 000 Zugängen führten sie ein brutales Regiment. Der »Befehl des Volkskommissars für Innere Angelegenheiten der UdSSR 1945« regelte »streng geheim« unter Punkt 3, neben militärischen und politischen Kommandeuren seien auch Angehörige von »Volkssturm«, »SA« und »SS« in das NKWD-Lager einzuweisen. Die »Vorläufige Ordnung« legte unmissverständlich »völlige Isolierung der im Lager befindlichen Kontingente und Verhinderung von Fluchten« fest. Briefwechsel und Besuche wurden

»nicht gestattet«. Stacheldraht, Scheinwerfer, bewaffnete Posten sicherten das Areal. Fast 7000 Häftlinge starben. Zu den Festgesetzten gehörte der Hitler-Porträtist Otto Konstantin Gottlieb von Kursell, der die völkische Broschürenliteratur mit Führer-Motiven belieferte.

Umstanden von schütteren Kiefernwäldchen, firmierte Mühlberg schon bei den Nazis als »Straflager«. Eine seit 1939 aus Zelten und Provisorien entwickelte Barackenstadt von 30 Hektar entlang einer schnurgeraden Lagerstraße; die Hütten rochen nach Tannenholz, Wachtürme standen an jeder Ecke, rund um die Uhr besetzt. In das »Stalag IV B« kamen Kriegsgefangene aus Jugoslawien, Belgien, Polen oder Franzosen wie der Dragoner Claude Simon. Eine Grenzerfahrung, die der spätere Literaturnobelpreisträger in seinen Romanen vielfach zu bewältigen versucht: »Die sanft gewellte sächsische Ebene dehnte sich unter der Sonne«, ein Gefängnis, aus dem er sich beim Ausheben von Gräben hinausträumt und dem er im Oktober 1940 entflieht. Simons Vater fiel im Ersten Weltkrieg in Flandern bei Stenay, auf deutscher Seite übersteht Heinrich Eufinger das Gefecht. Nun ist der Professor unter ganz anderen Vorzeichen in Mühlberg interniert, hinter dem bis 30 Zentimeter tief eingegrabenen Stacheldrahtzaun bald zum deutschen Hauptarzt des Lagerlazaretts erkoren, sofort Chef von 40 weiteren Medizinern, als wäre ihm das angeboren. Der Ansprechpartner der Sowjets wurde relativ schonend behandelt, was bedeutete, er bekam mehr zu essen als die anderen, durfte in einer Lazarettbaracke wohnen, hatte erheblich größere Überlebenschancen, schildert der Mitgefangene H. In Mühlberg saßen auch 1500 Frauen ein. Mit dem zuständigen Arztmajor Nikita Woronkin habe er fast kollegial zusammengearbeitet, erwähnt der Rundbrief 29 der »Initiativgruppe Lager Mühlberg e.V.«.

1946 transportieren die Sowjets einige hundert Mühlberg-Insassen nach Sibirien, darunter zahlreiche SS-Dienstgrade. Der Gynäkologe entgeht der Verbannung, kommt zeitiger frei als kleine »Werwölfe« aus dem letzten Aufgebot, die für nichts in Mühlberg büßen mussten. Da der Geheimdienst NKWD von Eufingers Zwangssterilisierungen Geisteskranker gewusst haben muss, kann unterstellt werden, dass die Taten im Verständnis der Kommunisten unter lässliche Sünden fielen. Kavaliersdelikte. Außerdem hatten sie ihn mit seiner SS-Vorgeschichte in der Hand.

Entlassung der Nummer 78880 knapp drei Jahre später am 6. September 1948. In Waltersdorf übt sich unterdessen sein künftiger Schwiegersohn Gerhard Richter noch im Malen, schließt in Zittau gerade die Höhere Handelsschule ab. Er kann Steno, Maschinen schreiben, Buchführung. Aber zeichnen kann er auch. An seinem Zukunftsort, Dresdens Kunstakademie, laufen die Aufräumungsarbeiten weiter. In der Mangelwirtschaft muss das Rektorat für dringend benötigte vierzig Quadratmeter Fensterglas sieben Briefe an vier Behörden schicken.

VERWANDLUNGEN

Von all dem hat Gerhard Richter beim Umzug in die Ruinenstadt Dresden 1951 keine Vorstellung. In Waltersdorf war das Akademiestudium ein schöner Traum gewesen, eine Flause im Kopf, die unerfüllbar schien. Delegiert vom VEB Textil Zwickau stolziert er jetzt durch die Unwirtlichkeit, im eigenen Empfinden nicht nur zum Maler berufen, sondern erwählt. Es prickelt in ihm. Mag sein, dass Richter von der hinter ihm liegenden schwierigen Zeit und der Provinz-Herkunft durch besondere Verkleidung ablenken wollte. Jacke wie Hose, seine Kluft sollte

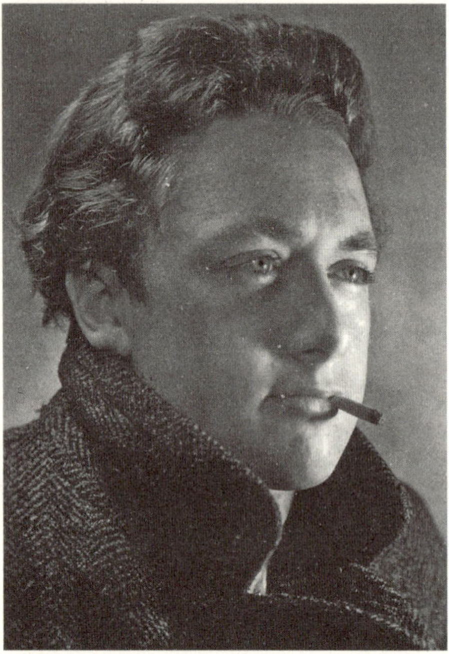

Sicherheit ausstrahlen, die er nicht hatte. Er mochte Klamotten, hatte Sinn für Edles, wenn es lässig an ihm hing. An der Elbe inszenierte er sich stenzhaft und gekonnt.

Gerhard Richter nimmt in seiner Kölner Werkstatt den Gesprächsfaden auf, holt neue Unterlagen. Es ist sein Metier, es geht um Bilder. »Wollen Sie selber umblättern, oder soll ich das machen?« Bedachtsam präsentiert er eine wahrhaft spektakuläre Fotoserie, sorgsam auf Albumpapier arrangierte Porträts des Künstlers als jungem Mann: Ist das Gerhard Richter? Pausbacken wie Mutters Liebling. Dem Studenten hängt die Fluppe im Mundwinkel. Jugendliches Leuchten, die Augen auf den Olymp gerichtet, das unbändig-gelockte Haar stößt auf den hochgeschlagenen Mantelkragen. Zäh, entschlossen, gleichzeitig sensibel, ohne die heute strengen Linien im Gesicht. Stars sahen so unverschämt gut und unverschämt schräg aus, vielleicht in Fritz Langs »M – eine Stadt sucht einen Mörder«. Der Maler zögert kurz, setzt dann mit Bleistift »ca. '51« unter das Foto. Der späte Richter verrät nicht, ob er sich gern draufgängerisch mag.

Der Maler sucht vorerst nach dem Bild von sich selbst. Wie herrlich offen er war, berauscht von Ruhmesträumen, vom vagen Hochgefühl, es zu schaffen. Was ihn betrifft, sind es noch Stilübungen, die ihn zu dem machen, was er heute ist. Es dauert, aber der Tag wird kommen, an dem BBC-News 120 Millionen Euro Umsatz mit seinem Namen für die letzten 30 Jahre errechnen wird, seine Bilder im New Yorker Museum of Modern Art und im Pariser Centre Pompidou hängen, er in Japan ein wirklich begeistertes Publikum findet. Richter hat über 145 000 Nennungen bei Google. An der Kunsthochschule war er einer unter vielen. Mit ihm werden im Wintersemester 1951/52 weitere 58 Aspiranten aufgenommen.

Für das Erdgeschoss der »Wiener« hatte sich die Tänzerin Gret Palucca per Antrag vom 29. September 1947 um die »Schaffung eines Übungssaals für die Tanzschule« bemüht. Eigentümer Eufinger saß noch im Lager Mühlberg ein, die Ehefrau unterschreibt den erforderlichen Antrag bei der Stadt, Richter war mehr oder weniger Herr im Haus. »Unten im Erdgeschoss flitzten Gret Paluccas Balletteleven durch den Flur. Das war hübsch.« Oben lebte, liebte und arbeitete der Künstler in der Gediegenheit, die er lange vermisste. Die Liegenschaft hatte den gewissen Hauch von Dekadenz, den ein junger Wilder gleichermaßen abstoßend findet wie genießt. Es war wie eine Heimkehr in die Langebrücker Villa, nur größer.

Unterm Dach entsteht sein bisher kaum bekanntes Frühwerk, Ansichten vom Interieur drinnen und der Stadt draußen. Das erste Bild von Ema 1960, »Die Lesende«. Es sind Bilder mit Frauen, nackten und bekleideten, Hauptsache lange Beine. Dazu kommen diverse Stillleben mit Flaschen, Kannen,

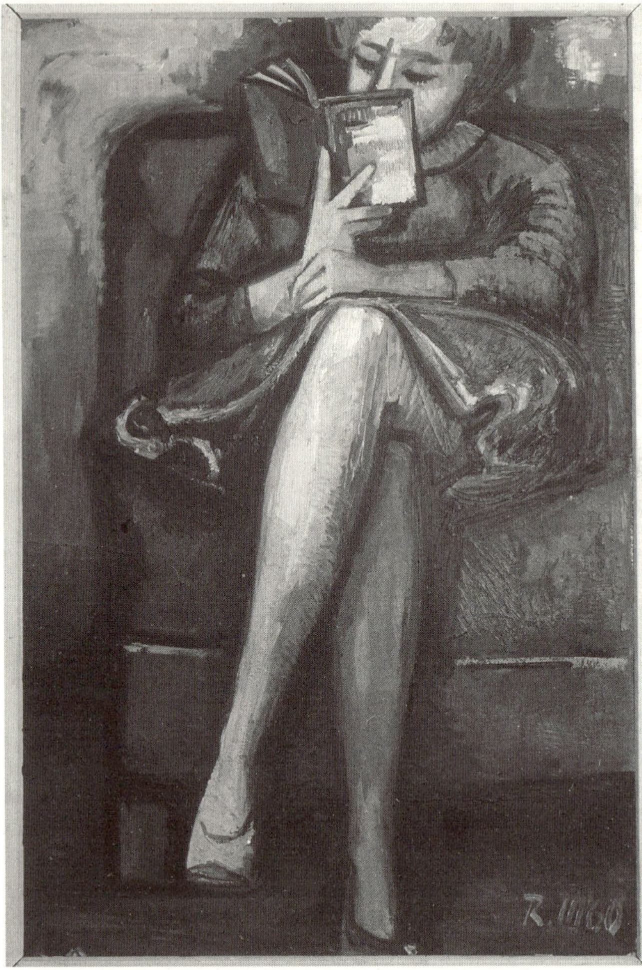

Krügen, changierende Impressionen in allen Farben. Die Werke dieser Zeit heißen sachlich »Liegewiese«, »Sitzende« oder »Bad«, auf dem viel Volk ein Schwimmbecken belagert.

Der Filmregisseur Slatan Dudow besetzt 1959 in dem Film »Verwirrung der Liebe« die Rolle der »Siegi« mit der blutjungen Angelica Domröse. Richters Klasse hatte den Genuss, sie für diese Lovestory malen zu dürfen. Sein Porträt bestätigt durchaus, warum das Sternchen an der Akademie für Furore sorgte. Kommilitone Förster schildert lebhaft, wie der Gerd »so was von hingerissen war von Domröse«. Selbst ein Fachmann, sah Förster sie die Blicke auf sich ziehen, »aufgeknattert und wie in ihre Lederhose hineingenäht«. Nach seiner Schilderung färbte Richter allein ihretwegen jeden Tag seine Schuhe um. Bei allem Werben, mehr als eine Limonade mit der Schauspielerin war nicht drin.

Gerhard Richter schmeichelt der Schauspielerin in einer Dreiviertelansicht: schmales Trägerkleid mit gut gefülltem Dekolleté, das pechschwarze, schwer zu bändigende Haar fällt einseitig über die linke Schulter, die Hände ruhen übereinander im Schoß. Eine deutlich erotische Zeichensprache. Bei meinem Besuch im Rathaus Waltersdorf wird am schwarzen Brett eine Lesung mit der Domröse am Stadttheater Zittau avisiert. Dort gastierte Richter 1950 einige wenige Monate zur Ausbildung als »Malsaaleleve«, schmiss dann den Bettel hin. Sein Pech, für »Verwirrung der Liebe« wählte die Defa schließlich auch nicht Richters Gemälde aus. Der Künstler erhielt es Jahrzehnte später auf Umwegen zurück – und zerschnipselte das von dem Galeristen Günter Ulbricht für 6300 Mark ersteigerte Stück eigenhändig.

Dabei sind seine Dresdner Erzeugnisse wahrlich keine dilettantischen Versuche. Es sind so eindrucksvolle wie ehrgeizige Probierhandlungen eines künftigen Superstars. Noch epigonenhaft, realistisch, in kubistischer Manier gehalten, Vorstudien auf hohem Niveau. Stationen seines Wegs an die Spitze. Das mit »R« und dem Kürzel »I/61« signierte Bild »Fische« ist das vermutlich letzte der DDR-Phase und erreicht fast schon die Präzision späterer Fotomalerei.

In der »Wiener« ließ es sich gut leben. Nicht weit zur Oma nach Langebrück, die dem Enkel jederzeit gern Logis gewährte. Zur Kunsthochschule zockelte er mit der Tram, Einstieg an der Haltestelle Tierpark, um 8 Uhr rief die Schulklingel. Richter stammte nach DDR-Verständnis aus besseren Verhältnissen, erhielt nur ein reduziertes Stipendium. Gar nicht mit Geld aufzuwiegen war der Vorteil einer mehr oder weniger sturmfreien Bude. Bei dem Professor durfte er mietfrei wohnen.

Gestern musste Heinrich Eufinger noch bangen, die Erde drehe sich ohne seinen geliebten Führer nicht weiter, dem doch morgen die ganze Welt gehören sollte. Alles ist zerschmettert, was Eufinger wichtig schien. Kaum händigt man ihm in der Zone 1949 den Personalausweis 229 299 aus, fasst der vormalige SS-Obersturmbannführer unter den Kommunisten schon wieder Tritt. Wie sich rasch herausstellen sollte, sind auch sie auf den Spezialisten angewiesen. Im Lager Mühlberg kann er die Frau des Kommandanten bei einer komplizierten Geburt retten, fortan genießt er den Schutz der Sowjets. Berichte über diese Zeit schildern Eufinger bevorzugt in der nicht nur falschen Lieblingsrolle als Wohltäter von Friedrichstadt, einem Part, den er sich üblicherweise anmaßte.

Im Lebensroman des Häftlings John Noble, von den Sowjets später über Buchenwald bis nach Workuta verschleppt, ist nachzulesen, er sei bei einer Blinddarmentzündung vom »ehemaligen Leibarzt Hermann Görings« operiert worden: »per Brotmesser, ohne Desinfektion« auf dem Küchentisch in einer zum OP-Saal erklärten Baracke. Wieso Görings Leibarzt? Der in Dresden wohnende Noble erklärt mir bei einem Besuch, sofern Eufinger ihm das nicht selbst gesagt habe, dann sei dies seine Titulierung im Camp gewesen. Noch mit 100, er ist erst 81, könnte er die Operation plastisch schildern: Zur Verstärkung der einsamen Funzel sei an der Decke ein Spiegel gehangen. Die Narkose habe nicht lange gewirkt. Deshalb habe er die halbe Prozedur mit ansehen müssen. Das konnte Noble vielleicht deshalb aushalten, weil die Russen ihn 1946 im Dresdner Gefängnis am Münchner Platz zwangen, Zeuge bei der Autopsie eines SS-Führers zu sein. Eines der vielen skurrilen Details dieser Recherche.

Nach der Haft macht Eufinger bei den Russen weiter und beginnt als »Konsultant« ihres Hospitals Rabenstein; die nächste Probe seiner Anpassungsfähigkeit. Dann schlagen die Besatzer einen 30-Kilometer-Kreis um Chemnitz und erlauben ihm, in diesem Radius neu zu beginnen. Der Gynäkologe entschied sich für den Aufbau der Poliklinik in Burgstädt. Richters Onkel Alfred war dort früher Mitglied der NSDAP-Ortsgruppe, Nummer 4944747. Eufingers Tochter Renate kam als Sprechstundenhilfe hinterher. Seine Sekretärin auch.

Das Leben war wieder in Ordnung. Weder der Zusammenbruch noch die Isolierhaft hatten den Professor Bescheidenheit gelehrt. Im Gegenteil, der alte Geist lebte ihn ihm fort. Auferstanden aus Ruinen trägt Eufinger die Nase ziemlich hoch für einen, der ärztliche Moral in Unmoral verkehrte. Nur im Nachkriegs-Dresden lässt sich dem alten Kameraden beim besten Willen kein Pöstchen mehr zuschanzen. Von September 1948 bis Februar 1949 ist Eufinger kurz Leiter der Frauenabteilung im Carolahaus. Und dann taucht er in der Stadt seiner kaum verjährten Nazi-Begeisterung im Lehrkörper der Medizinischen Akademie »Carl Gustav Carus« auf. Eufinger hält im Frühjahrssemester des »3. Studienjahrs 1954/55, 14.30–16 Uhr« eine Vorlesung über ein bei seiner Vorbelastung nicht unverfängliches Thema: »Das hormonelle Geschlechtssystem der Frau«. Ausgerechnet im Hörsaal seiner ehemaligen Klinik. Stundenhonorar 50 Mark und übliche Reisespesen, »er fährt mit Auto«. Wir sind in der neuen Zeit, aber mit den alten Namen, die Diktatoren wechseln, die Mediziner bleiben, und von angemessener Verfolgung kann hüben wie drüben nicht die Rede sein. Der Frauenarzt ist in schöner Einträchtigkeit im Personen- und Vorlesungsverzeichnis zusammen mit »Stoltenhoff. Dr. med. Psychatrie und Neurologie« angekündigt, der Marianne Schönfelder im Dritten Reich nach Arnsdorf einwies.

1954 forciert sein einstiger Vorgesetzter Fromme die Rückkehr Eufingers, würde ihn gern als Leiter sehen, diesmal in der Johannstädter Frauenklinik. Ex-Nazi trifft auf Ex-Nazi, dort sitzt mit Professor Fischer bereits der Gynäkologe im Chefsessel, der Tante Marianne unfruchtbar machte. Die Rochade kommt nicht zustande. Frommes Versuch endet erfolglos, aber mit besten Wünschen für das neue Jahr 1956, bei dieser Gelegenheit gratuliert er Eufinger noch »zum neuen Wagen bestens«.

Am 11. November 1948 hatte das Kriminalamt Dresden Ermittlungen gegen den Frauenarzt aufgenommen. Aktenzeichen V-4/2520/48/B1. Juristisch ein klarer Fall. Verordnungen vom 5. Dezember 1946 sahen für Richter, Ärzte, Amts- oder Privatpersonen, die Zwangssterilisierungen aus politischen oder rassischen Gründen »angeordnet, empfohlen oder veranlasst« hatten, Zuchthausstrafen bis zu zehn Jahren sowie Vermögenseinziehung vor. Eine strikte Forderung der sowjetischen Militäradministration. Im November 1948 referiert der Generalstaatsanwalt im Lande Sachsen, »gez. Dr. Helm«, der Professor Eufinger sei kürzlich aus dem Haftlager entlassen worden. Der Rat der Stadt, Dezernat Gesundheitswesen, habe mitgeteilt, Eufinger sei dringend verdächtig, 1936 eine Frau ohne ihre Zustimmung und ohne zutreffende Begründung »durch Unterbrechung der Eileiter sterilisiert zu haben«. Eine eidesstattliche Erklärung liegt bei, er weise darauf hin, dass abgesehen von einem Verbrechen gegen die Menschlichkeit der Tatbestand der schweren Körperverletzung »als erfüllt angesehen werden muss«.

Eidesstattliche Erklärung der Frau Charlotte Ebert: 1934 sei sie zur Ausbildung als Hausgehilfin und Wäscherin in die Anstalt Tobiasmühle aufgenommen worden. Nachdem sie dort zwei Jahre gearbeitet habe, sei ihr und einem anderen Mädchen gesagt worden, sie sollten nach Dresden fahren, um etwas abzuholen. Doch wurden wir »beide in die Frauenklinik des Krankenhauses Dresden-Friedrichstadt gebracht«. Von einer bevorstehenden Operation habe weder ihr noch ihrer Mutter jemand etwas gesagt. Ihr sei mitgeteilt worden, »mir müsste der Blinddarm herausgeschnitten werden«. Eine Zustimmung habe weder sie noch die Erziehungsberechtigte gegeben. »Ich fühle mich durch den Fortfall der Zeugungsfähigkeit schwer geschädigt.« Sie stelle den Antrag auf Aufnahme in die Organisation der »Opfer des Faschismus«. »Vorgelesen, genehmigt, unterschrieben, Charlotte Ebert.«

Sachbearbeiter Drechsler vom Kriminalamt erhält den Auftrag, die dunklen Flecken auf Eufingers Doktorkittel zu untersuchen. Nun waren sie ja nicht mehr vom SS-Zivilabzeichen oder sonstigem Nazi-Lametta verdeckt. Drechsler fasst zusammen: Zur Eufinger-Zeit seien in der Frauenklinik »über 900 Sterilisierungen« an Patientinnen vorgenommen worden. Mit Briefkopf des »Rates der Stadt Dresden« geht bei der Kripo ferner ein Schreiben ein, das ausführt, »selbstverständlich« seien dort, wie es üblich war, die Sterilisierungen mit »Händen an der Hosennaht« ausgeführt worden: »Sie gehorchten alle ihrem Führer!«

Anhörung des Beschuldigten. »Mit der Sache vertraut gemacht und zur Wahrheit ermahnt«, behauptet Heinrich Eufinger: »Irgendeine politische Funktion oder eine aktive Tätigkeit in meiner Eigenschaft als SS-Arzt habe ich nicht ausgeführt.« Auf den schwer wiegenden Vorwurf der Zwangssterilisierungen kommt er in seiner Vorwärtsverteidigung gar nicht erst zu sprechen. Die Kripo hatte keine einzige Frage dazu, ebenso wenig zu seiner SS-Mitgliedschaft oder der um ihn versammelten SS-Kamarilla. Sich dumm zu stellen, war das beste Alibi. Er führt zum Beweis seiner »menschlichen Haltung« an, in seiner Praxis »nachweislich jüdische Patienten behandelt« zu haben, als widerfahre ihm schon durch die Untersuchung Unrecht. Aus der Kirche sei er auch nicht ausgetreten. Also: die Unschuld in Person.

Pech hatte bei Eufinger nur, wer nach der Nazi-Terminologie »unwert« war, als »Krüppel« aus der Arnsdorfer Psychiatrie bei ihm eingeliefert wurde. Oder wer aus dem »Asyl für taubstumme Mädchen« (2 Fälle) kam, wen die »Epileptikeranstalt Klein-Wachau« (7 Fälle) schickte, das »Stadtkinderheim Marienhofstraße« (20 Fälle) brachte, das »Mädchenerziehungsheim Berthelsdorf« (3 Fälle), das »Heim der Heilsarmee« in der Österreicher Straße (2 Fälle) oder das »Kinderheim Omsewitz«. Oder wer, wie Linda K., wegen angeblichen Schwachsinns zur Sterilisierung und Abtreibung per Kaiserschnitt zu ihm überwiesen wurde, im sechsten Monat schwanger. Gleichsam in einem Arbeitsgang beseitigt man den schon 31 Zentimeter langen Fötus mit. »Da die Frucht nach der Entfernung aus dem Uterus noch Lebenszeichen gab, ist nach dem Aufhören dieser Lebenszeichen irrtümlicherweise die Meldung des Sterbefalls erfolgt. Da es sich aber nach dem Befund der Frucht nicht um eine lebensfähige Frucht gehandelt hat, war diese Meldung falsch«, nachzulesen im Vorgang 694 von 1937. Es folgt mit »Heil Hitler!« das verschnörkelte Initial »E«. E wie Eufinger.

Die stümperhafte Nachforschung gegen den Professor verläuft im Sand. Eine Farce. Der Kriminalist spürt nicht einmal die »Liste der abgegebenen Krankengeschichten betreffs Zwangssterilisierungen ... vom 5. 11. 46 der Friedrichstädter Frauenklinik« auf. Ebenso wenig die »Liste der zwangssterilisierten Frauen der Frauenklinik bis 1944«, von den vier registrierten Todesfällen ist auch nicht die Rede. Wollte er nichts finden? Der Fall Eufinger belegt krass, welche Phrase der von der DDR stets reklamierte Antifaschismus blieb. In den drei Jahren Lagerhaft wuchs ausreichend Gras über Eufingers Handreichungen zur Rassenpolitik. Zwar fassten die Fahnder am 14. Februar 1949 – am vierten Jahrestag der alliierten Bombenangriffe auf Dresden – ihr Ergebnis zusammen, es sah dramatisch schlecht aus für ihn: Die »Schuld des Prof. Eufinger besteht ... darin, dass er ohne die Richtigkeit der Diagnosen und somit der Urteile des Erbgesundheitsgerichts zu prüfen, die Anweisungen an seine ihm unterstellten Ärzte gab, die Operationen vorzunehmen«.

Der Tatbestand der »wesentlichen Förderung der nationalsozialistischen Gewaltherrschaft und der offenen Bekennung zu dieser« sei erfüllt. Dazu komme die Zugehörigkeit zu »einer verbrecherischen Organisation«.

In schiefer Logik erwuchs aber aus den glasklaren Tatbeständen nie eine Anklage. Aus Feigheit vor dem russischen Freunde? Offensichtlich. Heißt es doch im Kripo-Vermerk: »Nach Rücksprache mit dem Leiter des Gesundheitsamtes, Herrn Dr. Hahn, Tiergartenstraße 8, wird Eufinger von der Sowjetischen Militäradministration als Kapazität geschützt und scheint ein Verfahren gegen ihn nicht erwünscht.« Vorsichtshalber wurden die Besatzer »von den vorliegenden Belastungen noch nicht unterrichtet«. Schon bald war ihr Häftling 78880, der ehemalige SS-Obersturmbannführer, auf dem Weg zur gewohnten Position, »gedeckt« von der SMA wie Aktennotizen des »Volkspolizeipräsidiums Dresden – Abteilung K« festhalten. Zudem müsste sich die Untersuchung auch auf die Vorsitzenden des Erbgesundheitsgerichts und auf die Amtsärzte erstrecken, »die aber wegen der Überlastung des Kommissariats und wegen der Fülle des zu bearbeitenden Materials zurzeit nicht durchgeführt werden kann«. Mit anderen Worten: Drechsler war faul, hatte keine Lust, sich auch noch Dr. Schmorl, den Professor Fischer und wer die Akteure beispielsweise im Fall Marianne Schönfelder sonst noch waren, vorzuknöpfen. »Arbeitsgruppenleiter Wolff« schloss sich dem erleichtert an.

Die Polizei lag voll auf Parteilinie. Von wegen »Selbstreinigung« nach der Hitler-Diktatur. Die SED billigte das ursprünglich von der Besatzungsmacht geforderte scharfe Vorgehen gegen die Täter von »Sterilisationsverbrechen« überhaupt nicht. Die Genossen plädierten pragmatisch für »Beschränkung der Strafverfolgung«, man könne »nicht eine ganze Zone von Ärzten entblößen ... denn es gibt kaum Ärzte, die nicht irgendwie im Erbgesundheitsverfahren mit tätig gewesen sind«. So trägt es Ernst Melsheimer auf der 1. Juristenkonferenz im Mai

1947 vor, der künftige Generalstaatsanwalt der DDR, der, wie sich später zeigen sollte, im Dritten Reich sein Geld als Rechtsberater der NS-Volkswohlfahrt verdiente. Der erste »antifaschistische Staat auf deutschem Boden« war also noch gar nicht gegründet, da war seine Glaubwürdigkeit schon ruiniert. Nur in einem einzigen Fall ist 1946 der Strafrahmen für Zwangssterilisierungen im Verfahren gegen fünf Ärzte und einen Amtsgerichtsrat ausgeschöpft worden. Das Schwurgericht Schwerin verhängte Urteile bis zu zehn Jahren Zuchthaus.

Der jetzige Arnsdorfer Chefarzt Heilemann wartet mit einer brisanten Entscheidung der VII. Großen Strafkammer des Landgerichts Chemnitz vom Mai 1950 auf. Wegen »Durchführung von Sterilisation« in der Heilanstalt Arnsdorf sei der Chirurg Arthur Schmidt als »Hauptverbrecher eingestuft« und mit 25 Jahren Zuchthaus bestraft bei Einziehung seines enormen Vermögens. Ihm wurde vorgeworfen, er habe sich »an Grausamkeiten« beteiligt und »mindestens 15« Unfruchtbarmachungen zu verantworten. Schmidt wurde 1954 in Freiheit entlassen. Die Ermittlungen gegen Professor Eufinger wegen einigen Hundert Zwangssterilisierungen beendet das Kommissariat K 5/B dagegen Ende '49 »vorläufig«, um sie nie mehr aufzunehmen. Absatz 3 von Drechslers Verfügung: »Archiv 201 ablegen«.

Da würde der Fall Eufinger für immer ruhen, hätte sein Ex-Schwiegersohn ihn nicht verschiedentlich gemalt und damit fünfzig Jahre später unbeabsichtigt eine Spurensuche ausgelöst nach seinem heimlichen, unheimlichen Wegbegleiter. Ist es wirklich so lange her? So lange ist es her! Richter mag sich nach dem Moment der Wahrheit nicht gesehnt haben, herbeigemalt hat er ihn doch. Seine Biografie überlappt sich in entscheidenden Jahren mit der von Heinrich Eufinger. Umso mehr, als er mit seinem eigenen Vater nie klarkam, die Eufingers für ihn nach schwieriger Annäherung zur »Ersatzfamilie« wurden. Der Frauenarzt beliebte zu scherzen, er sei nur von »Weibern umgeben« und ergo Richter »der einzige Sohn«.

Ihr Verhältnis blieb dennoch lange gespannt. Nicht nur weil es Vätern schwer fällt, Töchter an andere Männer zu verlieren. Sondern weil dieser junge Hüpfer ziemlich das Gegenteil von dem verkörperte, was sich ein oller Kommisskopp unter einem Bräutigam für Ema vorgestellt haben dürfte. Der Professor war in seiner ganzen Haltung nationalkonservativ, renommierte damit, schon »mit 17« Offizier gewesen zu sein. Er wollte mit »Herr Professor« angesprochen werden, nahm Richters Verwandtschaft davon nicht aus. Herrisch, autoritär war er, legte Wert auf Abstand, begegnete dem Studenten »mit Skepsis«, behandelte ihn »von oben herab wie ein Offizier«. Die beiden trennten Welten. Richter spürte Verachtung, die über jene Geringschätzung hinausging, die Junge an Alten sowieso auf die Palme bringt. Was er sich alles anhören musste, der Maler schüttelt noch heute den Kopf.

Kein Mediziner, kein Akademiker, kein Gedienter, sondern ein »Freier Maler«. Emas Zukünftiger mit der Hungerleider-Profession Kunst muss dem Chefarzt suspekt gewesen sein. Misstrauisch beobachtete er den Hausfreund, hereingeschneit von dem fremden Planeten Fantasie. Verwegen genug kam der Student zudem daher in seiner gewollt exzentrischen Kluft. Nie ließ Eufingers belehrender Tonfall den Liebsten seiner Tochter im Zweifel, dass er Maler mit Nichtstuer gleichsetzte, wer in ihrem Verhältnis gesellschaftlich über wem stehe, wie grundverschieden sie seien. Ein kaum verhehlter Argwohn stand Eufinger ins Gesicht geschrieben, welchen Filou sich seine Tochter da geangelt hatte. Durch die spätere Scheidung der Richters dürfte er sich bestätigt gefühlt haben. Die Beziehung von Eufinger und Richter lief auf Enge bei größtmöglicher Distanz hinaus.

Teil V
BILDER

Meine Bilder sind klüger als ich.
GERHARD RICHTER

DAS GEHEIMWERK

Dem Melderegister nach blieb die »91« vom 7. April 1953 bis 30. März 1961 Richters Zuhause. Nicht ganz korrekt, denn schon im Februar floh er in den Westen. Richter schrieb einen kurzen Brief zum langen Abschied an seinen Professor Heinz Lohmar mit dem Tenor, es tue ihm Leid, entschuldigen müsse er sich aber nicht. Sein Ausbilder war den umgekehrten Weg gegangen und in die sowjetisch besetzte Zone gewechselt. Mittags verscherbelte Richter noch schnell seinen heiß begehrten, mit Unterstützung mehrerer Tanten finanzierten Trabant gegen bar an die Helferin seines Zahnarztes. Die genaue Summe hat er nicht mehr präsent. Dem Studienfreund Wieland Förster blieb er als »allereinzigster Student« im Gedächtnis, »der ein Auto hatte. Er wusste, es gibt ein zweites Leben außer dem armen.«

Kurz zuvor war Richter desillusioniert aus Leningrad und Moskau zurückgekommen. Nachdem er das Sowjet-Paradies besichtigt hatte, ist er endgültig geheilt vom Kommunismus. So wird erzählt. Auf dem Rückweg stellte Richter die Koffer bereits in West-Berlin unter. Ihn gelüstet es nach den »Kirschen der Freiheit«, er ist bereit, für die BRD alles aufzugeben. Er holt seine Ema aus Dresden, nichts hält das Paar mehr im Osten. Zum »Rübermachen« chauffiert ihn ein Bekannter im »schnittigen, schneeweißen Skoda-Coupé« nach Berlin, eine filmreife Nummer in gedrückter Stimmung. Richters steigen in die S-Bahn, zur Tarnung einige Thomas-Mann-Bände im Einkaufsnetz. Das Gepäck wartet ja in West-Berlin. Im Nachhinein war er überrascht, »dass man das so schafft«. Das war im Februar 1961.

Als wären Grenzüberschreitungen bei ihm an der Tagesordnung, kennt Gerhard Richter das genaue Datum nicht mehr. Der Monatsletzte könnte es gewesen sein. Erste Auffangstation sind die Eltern Eufinger, nunmehr bei Wihelmshaven zu Hause. Der Schwiegervater ist Chefarzt im Landeskrankenhaus Sanderbusch. Der Künstler wird dem Notaufnahmelager Gießen zugeteilt, mit Doppelstockbetten und was es für Ex-DDRler zur Begrüßung sonst noch Feines gab. Bei aller Planmäßigkeit des lange ausgeheckten Seitenwechsels lag doch ein radikaler Abgang hinter ihm. Sie flohen Hals über Kopf, es könnte mehr sein als Vorsicht, dass er seine ganze Kunst in Dresden zurückließ. Der Preis des Neuanfangs. Richter war bereit, mit dem Verlust seines bisherigen Schaffens zu bezahlen.

Kein Verzeichnis von Gerhard Richter nennt bisher die unter dem Begriff »Frühwerk« eingeordneten Arbeiten der Dresdner Akademie-Jahre. Seine offizielle Aufstellung lässt er erst 1962 mit dem Titel »Tisch« beginnen, ein Jahr nach dem Weggang aus der DDR, was die Zäsur betont. 1996 wurde diese »Nummer 1« für 860 000 Mark versteigert. Die ungezählten Bilder der Ostperiode sind nur bei ihm daheim als Fotos zu sehen, ruhen gleichsam versiegelt in Privatalben. Ab und an taucht eine Abbildung in Katalogen oder Zeitungsartikeln auf. Ansonsten Leerstellen in der Lebensgeschichte. Sein ehemaliger Assistent Dietmar Elger interpretiert: »Gerhard Richter wollte mit seinem Frühwerk nie mehr etwas zu tun haben.«

Weggefährte Wieland Förster brachte gar die Nachricht in Umlauf, Gerd habe vor dem Abgang in einem Autodafé sämtliche Bilder verbrannt. Richter selbst spekulierte, die Stasi könne zugeschlagen, seine Hinterlassenschaft beschlagnahmt haben. Irgendwann hieß es, sie seien drüben in einem Giftschrank mit Produkten weiterer geflohener Maler-Kollegen gelandet. Davon gab es eine Menge. An der Akademie wird geraunt, in Zeiten akuten Pappenmangels habe man aus dem Archiv Richter-Material entnommen und übermalt, wie um ihn nachträglich zu bestrafen. Der Nächste behauptet, bei einem Happening anno '68 sei Diverses verheizt worden. Richtig ist jedenfalls, dass der Künstler die DDR-Periode lange nicht gelten lassen wollte. Das verleiht der weitgehend unerforschten Phase erst recht die verlockende Aura. Eine darüber begonnene Doktorarbeit ist nie erschienen. Richtig ist aber auch, dass Richter fast nichts über den Verbleib der in der Wiener Straße zurückgelassenen Arbeiten wusste. Um die 100 Aquarelle und Skizzen seien das gewesen. Er musste sie für verloren halten.

Erst fünfzig Jahre später akzeptiert er allmählich die für ihn graue Vorzeit im Osten. Dazu brauchte es den Fall der Grenze, die Wiedervereinigung, das Elb-Hochwasser von 2002 und in dessen Gefolge seine überaus noble Geste, mehrere Dutzend Werke ins Dresdner Albertinum zu geben. Es dauerte, dem Sachsen sein Sachsen schrittweise näher zu bringen. Dass dies nach so vielen Jahren der Trennung die alten Bilder heraufbeschwören würde, konnte er nicht voraussehen.

Im April 1989 kauft der Münchner Kunstsammler Hans-Joachim K. in einem Kreuzberger Antiquariat ein Majakowski-Porträt. Von Gerhard Richter kannte er bis dahin herzlich wenig, davon abgesehen, dass er bei der Besetzung der Hamburger Hochschule für Bildende Kunst während einer Gastprofessur Richters mitmachte. Als BMW-Mitarbeiter kam er in der Münchner Zentrale an drei im Foyer hängenden abstrakten Riesenwerken vorbei. Auch den in Frankfurt ausgestellten Stammheim-Zyklus sah sich K. an, mehr aus Neugier wegen Ulrike Meinhof, die er einst bei »konkret« erlebt hatte, und weil er im Münchner »Lindwurmstüberl« Andreas Baader hatte hocken sehen.

In einer Ecke der Buchhandlung hört ein älterer Herr das Gespräch über Majakowski mit, mischt sich mit sachkundigen Einwänden ein, berichtet K. An einer Stelle fällt der Name von Karl May. K. ist einer dieser erwachsenen Buben, die nicht von dem Abenteuer-Schriftsteller loskommen. Aus Leidenschaft für ihn hat der Bayer schon ein Vermögen springen lassen. Mit zarten neun las er sich »Durch die Wüste«, kann mit 57 noch den Romananfang zitieren: »Ist es wirklich wahr...?« Mit 13 ordnete er so gut wie jeden ihm vorgelesenen May-Satz dem richtigen Werk zu, betete die 65 Bände in richtiger Reihenfolge herunter. Eine seiner leichteren Übungen. Mit Winnetous sagenhafter »Silberbüchse« hat sich K. stolz wie ein Apachenhäuptling fotografieren lassen. Abseits seines Helden ist K. ein ausgesprochen spitzfingriger Rechner.

Der Ohrenzeuge im Antiquariat heißt Bernhard Stübner, Besucher aus Ost-Berlin, der Rentner darf jederzeit durch die Mauer wechseln. Seine Eltern wohnten einst in Hohenstein-Ernstthal in der gleichen Straße mit Karl May, »der galt bei uns nix«, sagt Stübner. K. glaubt nicht an Zufälle, sondern an Fügungen, denen er vertraut. Die Information löst den folgenschwersten Entschluss seines Lebens aus. Er verspricht, den Unbekannten in seiner Wohnung am Alexanderplatz zu besuchen. K. treibt es gleich am nächsten Tag durch die Grenzkontrolle. Der diplomierte Volkswirt und Informatiker hat die Statur des dicksten der drei Tenöre, schraubt sich mit beträchtlicher Raumverdrängung das Stiegenhaus hoch, klingelt aus Versehen oder Aufregung, wahrscheinlich beidem, zunächst eine Etage tiefer beim Dichter Ulrich Plenzdorf. Endlich landet er in Stübners Riesenwohnung. Über dem Sofa hängt ein echter Richter, ein Stillleben von 1959. Der Hausherr deutet darauf, als wären die 78 x 48 Zentimeter nichts: »Das ist Gerhard Richter! Euer Gerhard Richter!« Das gute Stück kam inzwischen weit herum, hing 2002 bei einer New Yorker Messe zum Preis von 650 000 Dollar, mit der falschen Angabe, es sei von der DDR-Regierung konfisziert gewesen. Stübner sammelt ziemlich fanatisch Goethe in Erstausgaben. Davon versteht er eine Menge mehr als von Moderner Kunst, war er doch irre genug, Richters wertvolles und unbekanntes Frühwerk bei einer Sammlerin gegen, zugegeben, seltene Weimarer Klassiker zu tauschen. Die Dame wiederum wollte mit dem Erlös aus dem Richter-Deal eine neue Existenz in Amerika aufbauen. Sie ist zurück.

Stübner ist ein schillernder Charakter, um das Mindeste über ihn zu sagen. In seiner Eigenschaft als Kunstexperte war er mit den Spitzen der klassenlosen DDR-Gesellschaft auf Du und Du. Einer Anekdote zufolge hatte er für Erich Honecker einmal eine Geburtstagstorte gebacken. Fürs Ausschmücken des Ministerflügels in der Stasi-Zentrale Normannenstraße vermittelte er den regimetreuen Maler Wolfgang Frankenstein; das von ihm zum Mauer-Jubiläum(!) 1971 verfertigte Auftragswerk hängt noch heute in Mielkes mit dynamo-roten Teppichen ausgestattetem Konferenzsaal. Stübners Bücherschatz ist eines Museums würdig. Außer Goethe hütet er als treuer Ostler auch Arnold Zweig in rarsten Ausgaben, ist perfekt mit John Heartfield alias Herzfelde sortiert, alles mit Doppelwidmung. Sein Vater hinterließ Signiertes von Karl May, Kostbarkeiten, um einen wie K. verrückt zu machen. Kein schlechter Bestand für einen gelernten Bäckermeister. Stübner gab sein Handwerk nur auf, weil er mit der Brennqualität des zugewiesenen Kokses nicht einverstanden war. Nebenbei beschäftigte er sich intensiv mit Literatur und Kunst, wechselte aus der Backstube zum »Staatlichen Kunsthandel« nach Dresden. Von da führte der Weg in ein volkseigenes Kunstgeschäft an der Ost-Berliner Karl-Marx-Allee.

Welche Richter-Kostbarkeiten und wie viele dort durch seine Hände gingen, wer sie einlieferte, woher sie kamen, darüber gibt es viele Spekulationen und noch mehr Gerüchte. Nicht alle Sätze des gewieften Erzählers sollten für bare Münze genommen werden, zur alten Zeit geriet er mit der Charakterisierung »schwatzhaft, neugierig, prahlhaft« in den Stasi-Observierungsvorgang »Keramik« hinein. Bei einer Bestandsaufnahme im Keller des »Staatlichen Kunsthandels« fanden sich nach seiner Schilderung auch die Richter: »Meines Erachtens nach waren es 15.« Von ihm sichergestellt, weil mit Kennerblick taxiert, »die sind künstlerisch nicht uninteressant und dürfen nicht weg«.

Stübner kannte den Maler nicht, kaufte aber die Bilder. So glänzend sein Gedächtnis beim Stichwort Goethe ist, was er dafür zahlte, ist ihm entfallen. Die Summe war heftig genug, dass er daheim »die Mutti« fragen musste. Selbst wenn er 1500 Ostmark hingelegt hätte, so ein Schnäppchen kommt nie wieder.

Mit K. und Stübner hatten sich zwei gesucht und gefunden, die sich in ihrem obsessiven Charakter gleichen. Sammeln ist die Leidenschaft, in der sie sich wiedererkennen. Die erste Million machte K. Ende der Sechziger mit dem Verkauf von Mao-Bibeln, bewies dabei als Mitglied der Splittergruppe »KPDML« beträchtlichen Geschäftssinn. Nicht ganz so gut war die Idee, aus dem Erlös eine Stalin-Ausgabe zu finanzieren. Gelegentlich habe er sich deswegen geschämt, heute ist es nur noch ein Sonderposten im Risikokapital des Geschäftsmanns. Später mausert er sich zum ausgebufften Software-Spezialisten, seine Weltanschauung ist das Internet. Meist kommt er mit zwei prallen Aktentaschen daher, in deren Unergründlichkeit ein Laptop und mindestens ein Dossier über den Maler Gerhard Richter stecken. Sein Objekt der Begierde wäre ein von Richter geschaffener May, für den er sich in ein finanzielles Abenteuer stürzen würde, ohne ihn sich leisten zu können. Sein Verhältnis zu May ist romantisch. Das zu Richter unsentimental, aber besessen. Um es kurz zu machen: Stübner überließ ihm fünf Frühwerke und zwei Zeichnungen.

Seitdem erobert sich der Münchner das unendliche Richter-Universum mit dem PC. Weltweit führt niemand eine ausgeklügeltere Datenbank über den Maler. K. kann in Kurven und Schaubildern seine Konjunktur darstellen, gleichzeitig in »Jahresmaximalpreisen«, Tiefstständen, im Trend der Preise, in steilen roten Kurven, die zu seiner Freude zumeist nach oben zeigen. Mag der Markt in Japan reagieren, ein Verkäufer irgendwo frühe oder späte Richter feilbieten, K. entgeht nichts.

Einmal angefixt, spürte er auf dem verstaubten Speicher der Wiener 91 noch Mappen, Entwürfe und einen großen

Briefumschlag für einen Wettbewerb in Zittau auf. Er klingelte bei der am 12. April 1961 in Richters Atelier eingezogenen Familie H., für die Nachmieter war das ein historisches Datum. Weniger wegen des stiften gegangenen Malers als wegen Gagarins Ausflug ins Weltall an diesem Tag. K. blickte sich in der Wohnung um: Die Einrichtung kam ihm ziemlich bekannt vor. Er meinte, sie auf dem von Stübner übernommenen Bild »Interieur« gesehen zu haben: »Da stand noch das Sofa.« Inzwischen sei die Couch weg, das Bild besitzt er noch.

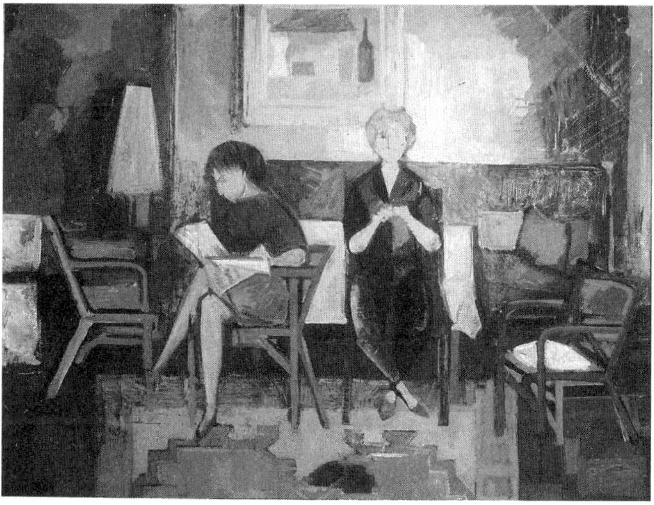

Wie Richters im Atelier zurückgelassene Bilder Beine bekamen, auf Wanderschaft gingen, wie die fette Beute schließlich in Berlin landete, es bleibt bei Vermutungen. Aber irgendjemand schleuste Richters Werke sukzessive in den Ost-Berliner Handel ein. Aus dem Dresdner Urbestand sollen sich inzwischen besonders gute und besonders viele Stücke in Wiesbadener Anwaltskanzleien, am Starnberger See, bei einer Ärztin in der Nähe Zittaus finden. Auch Richters ehemaliger Doktor soll eines haben. Zur Wohnungseinweihung verschenkte Stübner die »Sitzende« an eine Kulturfunktionärin. Anderes verkaufte er für Ost-Mark nach Dresden ans Kupferstichkabinett oder es landete an der Elbe in Privatbesitz. Stübner verscherbelte unbezahlbare Richter im Gegengeschäft für einen DDR-Maler namens Paul Wilhelm, ohne dass ihm in den Sinn gekommen wäre, er könnte sich selbst hereingelegt haben. Bei all dem Tauschen und Kaufen, immer wieder wurde über Richters Schwiegervater Eufinger gemunkelt. Was im Westen keiner wissen konnte, wusste in Dresden doch jeder. »Da war doch was. Der war ein großer Arzt im Dritten Reich.« Die Nachreden von Neidern, SED-Hardlinern, Übriggebliebenen, nicht zuletzt an der Akademie in Umlauf gesetzt, gingen bis zu der Behauptung, Richter habe nach dem Westen gehen müssen, weil er in der DDR als Verwandter eines Nazis nichts habe werden können. Ich selbst suche zuerst in Dresden nach einem Mädchen, das Gerhard Richter gemalt hat. Wer war sie? Ich beginne mit dem Haus, in dem er lange lebte, der Wiener Straße 91, und finde heraus, wer der Besitzer wirklich war, SS-Obersturmbannführer Professor Heinrich Eufinger. Durch die Gleichzeitigkeit des Ungleichen ist es dann nur noch ein Schritt zu Tante Marianne und ihrem Grab.

ZWEIERLEI MASS

Richters Vater Horst war mit der Nummer 2452292 für die NSDAP in Dresden, Reichenau und zuletzt Waltersdorf registriert. Franz Scholze war sein Ortsgruppenleiter, verlangte Schulkindern den Hitler-Gruß ab. Er muss naiv gewesen sein,

sein Bürosofa hatte ein eingewebtes Hakenkreuz. Das reichte den Russen, um ihn zu verschleppen, Scholze tauchte nie mehr auf. Der kleine PG Richter war in der DDR unten durch, wahrscheinlich weil auf seiner NSDAP-Karteikarte »Leiter der NS-Lehrerschaft Reichenau« stand. Das große SS-Kaliber Eufinger wurde von der SED hofiert. Der Überlebenskünstler passt sich nahtlos den neuen Umständen an. Schwiegersohn Gerhard druckt 1966 eine Ansicht von Eufingers Burgstädter Klinik auf ein Ausstellungsplakat und setzt den Namen »Richter« quer über die prächtige Fassade. Mir kommt das so vor, als sollte gerichtet werden über den Chefarzt Eufinger. Eingestellt am 1. Februar 1950, endet sein Vertrag am 31. Dezemer 1956. So die Personalkartei.

Der Gynäkologe diente Nazis, diente Sozialisten, bei den Kapitalisten diente er bis zuletzt, bei jedem Frontwechsel die gleiche Sekretärin an der Seite. Sie gehörte zu seinem unentbehrlichen Inventar. Eufinger war in langem Leben der Geschonte, nie gezwungen, seine Rolle ehrlich zu hinterfragen. Hier wie dort Repräsentant der Funktionselite, stand er der einen, dann der anderen und wieder einer nächsten Klinik vor: Heinrich im Glück.

Besichtigt Eufinger im Nachhinein das NS-Zeitalter, ist seinem Gedächtnis das Kapitel SS bald ganz entfallen. Er macht ein ärztliches Geheimnis daraus, verschließt das Gewesene in einer dunklen Kammer des Herzens. Schon Mitte 1945 frisiert er für die allmähliche Verwandlung in einen aufrechten Demokraten im Formular des Dresdner Oberbürgermeisters die Tatsachen. Korrekt erklärt er fürs Melderegister seinen Austritt aus der NSDAP mit dem »7. Mai 45«. Aber die Frage »Waren Sie jemals Mitglied der SS ...?« beantwortet er ausweichend und falsch: »Seit 1936 ehrenamtlich als frauenärztlicher Berater für die weiblichen Familienangehörigen der zivilen SS.« Schon ist der Treueeid gebrochen, der den SS-Obersturmbannführer an Hitler band, von seinen Vorgesetzten gefördert, weil er sich

»SS-mäßig besonders einsetzt«. Zu seinen Taten zu stehen entsprach ihm nicht. Sein ausgeprägtes Ego ließ keinen Zweifel zu und rettete ihn vor dem drohenden Absturz ins Nichts. Niemand wird je wieder an das Tabu rühren, als wäre es Eufingers letzter Wille gewesen. Stattdessen wird geschwärmt, die Dresdner Phase sei angefüllt gewesen »mit kraftvollem Schaffen klinischer Arbeit«, und ihr im Nachhinein der Anschein der Normalität verliehen. Es waren die Jahre, in denen er wie im besonders infamen Fall der Malerin Lohse-Wächtler seine Verlässlichkeit bewies. Eufinger wich nicht von der Linie ab, in Dresden ist kein Fall bekannt, bei dem er eine Zwangssterilisierung abgelehnt hätte. Es waren die Nazi-Jahre, in denen er seinen Gipfel erreicht, die Jahre in der Friedrichstädter Klinik, Haus »M«. Ruf 25101. Beschämende Fakten, die der Herr Professor mit der Gabe der partiellen Amnesie in seiner Bilanz unterschlägt, radikal von sich wegschiebt, besser noch sie einspinnt in Legenden seiner Heilkunst. Unberührt kann Eufinger im verklärten Rückblick verkünden, die Jahre in der Städtischen Frauenklinik »waren die glücklichste Zeit«.

Bei ihrem eklatanten Ärzte-Mangel hat die DDR kein Aufklärungsinteresse an den Fakten, mit denen Heinrich Eufinger hinter dem Berg hielt. Der Chefarzt in Burgstädt doktert weiter an seiner Vita herum, weicht wenige, aber entscheidende Grade von der Wahrheit ab. Bei den Nazis unterstrich er, als »Kriegsfreiwilliger« am Ersten Weltkrieg teilgenommen zu haben, die Fronterfahrung hob er eigens hervor. »Leutnant der Reserve«, nach Regimentsbericht »in allen Sätteln beritten«. Genauso steht es da. Vordem ohne den Waffenrock kaum zu denken, passt im Sozialismus das Offiziersgehabe überhaupt nicht mehr. Clever rüstet Eufinger ab, streift das Kapitel aus gutem Grund nur noch kursorisch in der Absicherungsfloskel: »Mit Ausbruch des 1. Weltkrieges wurde ich zum Militärdienst eingezogen!« In sich ähnelnden und doch abweichenden Versionen korrigiert er die unmissverständlichen, ihm geltenden SS-Verfügungen, Ernennungen und Belege. Die subtilen Retuschen kaschieren bald die bedrängende Wahrheit von Dresden-Friedrichstadt, Station 41, Flur für Zwangssterilisierte. In grüner Tinte mogelt sich Eufinger mit der immer gleichen Masche am Tatbestand vorbei: Er habe *nur* seinen »frauenärztlichen Beruf erfüllt«. Falsch auch die Angabe, nach dem Zusammenbruch wegen »meiner Parteizugehörigkeit« als Direktor in Dresden entlassen und im Lager Mühlberg interniert worden zu sein. Dorthin kam er nach den russischen Originalunterlagen ausdrücklich wegen der »SS-Zugehörigkeit«. Insoweit ist auch die Würdigung zum 90. in der Wilhelmshavener Lokalpresse nicht korrekt, die ihn zum Verfolgten stilisiert: »Bei der Eroberung der Stadt geriet er für drei Jahre in russische Gefangenschaft.« Eufinger lief im Sommer noch frei herum, wurde im Herbst gezielt verhaftet.

Der Professor entnazifiziert sich nach dem Krieg eigenhändig. Als beträfe ihn das Dritte Reich nicht, verschreibt er sich eine neue Laufbahn. Was waren das für Zeiten, in denen Leute seines Schlages damit in bester Gesellschaft sind, ein Karrierist unter vielen, der sich von der Schuld entbindet, indem er sie schlicht ignoriert und sich billig aus der Affäre zieht. Nicht ungeschickt perfektioniert er eine Methode, der Wahrheit auszuweichen, spart Wichtiges aus oder gibt ihm eine hellere Tönung. Es dauert nicht lange, schon stellt er die alte Schlachtordnung wieder her, Eufinger ist der Chef wie immer. Sogar »Mitglied des Freien Deutschen Gewerkschaftsbundes« Burgstädt, und damit eingebunden in die SED.

1933, genau am 8. September, hatte der damalige Oberarzt nur allzu gern bestätigt, »ich erkläre hiermit, dass ich niemals Beziehungen zu der Sozialdemokratischen Partei Deutschlands ... gehabt habe«. Nun marschiert Eufinger Seite an Seite mit Kommunisten. 1953 – Richter ist bei ihm eingezogen – gelingt es dem Professor, vom »Kulturbund zur Demokratischen Erneuerung Deutschlands, Ortsgruppe Burgstädt«, zum »Verdienten Arzt des Volkes« vorgeschlagen zu werden. Die mit dem Titel verbundene Medaille (auf der Vorderseite in erhabener Prägung Robert Koch) war an einer Spange zu tragen. Genau dort, wo das Herz schlägt, »auf der linken Brustseite«, und wo vorher das SS-Abzeichen steckte. Bis 1945 konnte die SS auf den Mediziner bauen, seine Einstellung zur nationalsozialistischen Weltanschauung sei »positiv«. Nun gibt im Juli 1954 der SED-Sekretär im verwandten Duktus die Parteidirektive aus: Eufinger denke »sehr fortschrittlich«. Die SED-Stadtleitung befürwortet »mit sozialistischem Gruß, gez. Dobritz, gez. Franz« deshalb den Auszeichnungs-Vorschlag. Ebenso einstimmig möchten ihn die Betriebsangehörigen küren lassen. Die Pointe der Argumentation ist, »dass er sich am Aufbau unserer demokratischen Republik rege beteiligt«.

Im Jahre '39 veredelten die Nazis ihren Eufinger zum »einwandfreien SS-Mann«, »geeignet für jegliche Stellung als SS-Arzt«. 1942 wünschte sein Obergruppenführer Woyrsch ihn »auch SS-mäßig entsprechend herauszustellen«, Verleihung des Kriegsverdienstkreuzes, KVK, 2. Klasse ohne Schwerter, das kam einem Eisernen Kreuz an der Front gleich. Bei den Braunen verdiente er mehr als andere Ärzte. Nun heben die Roten Eufinger wegen seines »fachlichen sowie persönlichen Verhaltens« heraus, stufen ihn mit besonderem finanziellem Privileg zum »Einzelverträger« hoch.

War noch was? In Burgstädt baute Eufinger eine Blutbank auf. Seine Untergebenen rühmen, dass er die »Penicillierung auf der Scharlachabteilung« einführte, die Anlage von 50 auf 300 Betten erweiterte, sie rühmen seine »liebenswürdige, gefällige Art«, die ihm »die Herzen aller gewinne«, er bringe den Patientinnen ein »feines psychologisches Verständnis entgegen«: »Wenn er eine Patientin in Gefahr sieht, so ist ihm kein Opfer an Zeit und Mühe zu viel.« Scheinbar versöhnt mit den Umständen, beteiligt er sich am »Intelligenzzirkel unserer Stadt«, amtiert nach eigenen Angaben als Mitglied des »Kreisfriedenskomitees Rochlitz«, gehört der »Gesellschaft für Deutsch-Sowjetische

Freundschaft« an. Aufs Ganze gesehen ist der Frontwechsel dem Syndrom zuzuordnen, das in der Psychologie mit Übersprunghandlung bezeichnet wird. Der Wandel vom Faschisten zum Antifaschisten grenzt an Selbstbestrafung, der Preis für Eufingers Opportunismus. In der anderen Diktatur fand der Gesinnungstäter nichts dabei, Psychiatrie-Patientinnen unfruchtbar zu machen.

Folgerichtig schleicht sich der Professor keck unter die Opfer. Es seien schlimme Jahre im Mühlberger Lager gewesen. Aus Geldsorgen musste Ema in Abwesenheit des von den Russen weggeschlossenen Papas das Schneiderhandwerk erlernen. Wehleidig kommt Eufinger im Alter indirekt darauf zurück, indem er seinen – selbstverständlich bei Horaz entlehnten – Wahlspruch »aequam memento rebus in arcuis servare mentem« zitiert und frei übersetzt: »auch in schweren Zeiten Haltung bewahren«. Das erweckt den Eindruck, die knapp drei Jahre Internierung seien eine himmelschreiende Ungerechtigkeit gewesen. Gerhard Richter hört in der Familie niemals den Namen des Lagers Mühlberg fallen, sondern immer nur von »Bautzen« reden. Die Schreckensadresse in der DDR für *Verfolgte.*

Heinrich Eufinger ist ein deutscher Prototyp, in Gnaden wieder aufgenommen mit beifälliger Zustimmung des Volkes, das von Hitler nichts mehr hören wollte. Mit 63 heuert der Professor dann noch im Oldenburgischen an, dem Jahr, in dem sein SS-Führer von Woyrsch zu weiteren zehn Jahren Zuchthaus verurteilt wird. Im Landeskrankenhaus Sanderbusch verehren Ärzte und Schwestern »Papa Eufinger, Sie sind ein Leitbild unseres Berufes«. Dass er damit durchkam, hat nicht nur mit profundem Können zu tun, sondern damit, wie Kranke ihre Chefärzte sehen. Gynäkologen genießen besonderen Status bei Frauen, Helden mit der Geburtszange sozusagen, die nur Gutes tun können. Dieses Fluidum begleitet und schützt Eufinger, glorifiziert in Ost und West. Es klappte, der Professor konnte sich für moralisch unanfechtbar halten, sein Leben gab ihm Recht.

Ema und Gerd feiern ihre Vermählung 1957 drüben im niedersächsischen Sande bei Eufingers. Die zahlen ihnen die Hochzeitsreise nach Worpswede. Der sonst knausrige Mediziner ist der Mäzen, von dem das Künstlerpaar zeitweise abhängig ist. Dann kamen Richters erste Erfolge, zunächst das Diplom, sein Wandbild im Dresdner Hygiene-Museum. In Köln schlägt er jetzt den Ordner »Persönliches« auf, darin das Familiärste wie Heiraten, Herkommen, Zeugnisse. Er entnimmt die Urkunde und legt sie mir auf den Tisch: Note »sehr gut« für den »cand. dipl. Gerd Richter«. Mit 25 war er zum Staatsmaler auserkoren, vorausgesetzt, er hätte sich weiter von Auftragskunst gängeln lassen. In seiner Monumentalkomposition schimmert das Fresko des vom ganz jungen Richter bewunderten Hans Lillig für die Grundschule Waltersdorf durch. Herausgekommen ist ein auf ewig angelegtes Bild mit Wolken, Bergen, Wasser, Bäumen, tanzenden Kindern. Sie blicken einer Zukunftsgesellschaft entgegen, nach dem Sieg des Proletariats ist das dritte Stadium des Marxismus endlich verwirklicht. Korrekt, aber langweilig zielt das dargestellte Paradies noch auf eine DDR-Karriere. »Ohne symbolische oder wissenschaftlich belehrende Bedeutung« wolle er »nichts als den ungezwungenen Ausdruck von Lebensfreude« darstellen, lautete seine damalige Bild-Erklärung. Richters gepflegte Aktivisten-Prosa ist längst noch nicht über Agitation und Parolen erhaben. »Zu beurteilen, inwieweit nun meine Arbeit gut, richtig oder falsch ist, muss Aufgabe des Beschauers bleiben.«

Heute undenkbar, die Floskel signalisiert seine Bereitschaft, sich der gängigen Partei-Kritik zu unterwerfen. Es kommt sicher nicht von ungefähr, dass er sich jetzt auf unvergleichlich kühnere Weise für San Francisco mit einem gewaltigen, 9 x 9 Meter großen Wandbild überbietet und seine Vitalität demonstriert: Rückkehr zu den Quellen. Typisch, im Gleichklang mit Richters allmählichem Erfolg söhnte sich Professor Eufinger mit ihm aus. Ihn plagte zudem die Sorge, Gerd würde die nach einer Lungenkrankheit drall gefütterte Ema sitzen lassen. Er konnte charmieren, war ziemlich speziell, Besorgnis erregend attraktiv, hatte Gelegenheiten genug. Die Dresdnerinnen sollen hinreißend sein.

TIEFENBOHRUNGEN

Gerd war noch ein ziemlicher Feger, da saß ihm in der DDR Heinrich Eufinger für eine Darstellung »à la Liebermann« Modell. Ob das Ölbild noch existiert? »Fraglich«, meint Richter, am ehesten bei den Angehörigen. Geblieben ist das Belegfoto mit gezackter Kante wie bei einer Briefmarke, der Maler zeigte es vorher noch nie: Der Gynäkologe im Neo-Rokoko-Rahmen,

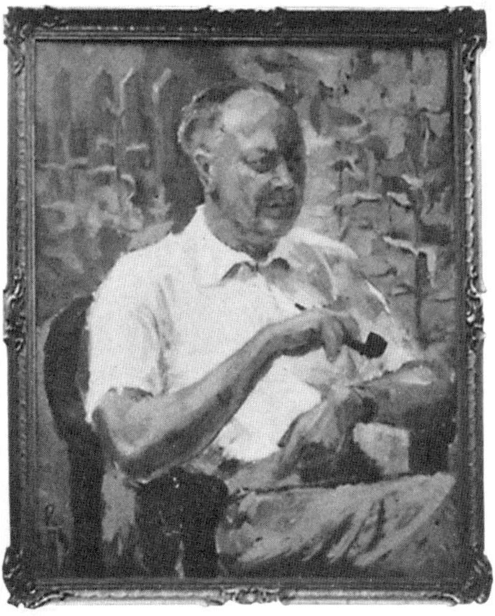

vorteilhaft getroffen, Eufinger sitzt schwer im Sessel, posiert kurzärmlig mit einer Pfeife in der Rechten. Die zur Schau getragene Selbstgefälligkeit ringt mit der gewissen Unleidigkeit, die sich schon auf den SS-Fotos in seine Miene stahl. Er ist jetzt jemand, der sich in sein böses Geheimnis zurückgezogen hat. Sein Modell sei sich »des Ernstes der Sache bewusst« gewesen, sagt Richter heute. Eufinger überraschte ihn mit der eitlen Bemerkung: »Hör lieber auf, sonst machst du es noch kaputt.«

Am bekanntesten aus diesem Verwandtschaftszyklus ist die »Familie am Meer«: Gischt schäumt auf, davor zwei Erwachsene und zwei Kinder am Strand. Sein Schwiegervater zentral mit breitem Grinsen; der physiognomischen Studie ist ein Schuss Antipathie beigemischt. Großer runder Kopf, hohe Glatze, besitzerstolz: Eufinger. Auf der Rückseite des effektvoll mit weißem Fotorand gemalten Bildes steht handgeschrieben »Familie Eufinger«, ein Aufkleber der »Galerie Onnasch, Köln, New York« hängt zum Beweis daran, dass es in Übersee war. Die Nummer 35 im Werkverzeichnis entstand nach einer Vorlage aus Emas Bestand, Reminiszenz eines Badeurlaubs an der Ostsee im Jahre '36 mit dem Arrivierten: frisch gebackener Chefarzt, frisch gebackener SSler. Gut getroffen seine schreckliche Stirn, hinter der sich Abstoßendes verbirgt.

Am Bahnhof Venedig einsteigen in die Vaporetto-Linie 1, von Santa Lucia durch den s-förmigen Canal Grande gondeln, zu den Giardini mit den von Bäumen umstandenen Ausstellungsbauten der Biennale. Richtung Lido der deutsche Pavillon prominent an der Südseite. 1938 auf Hitlers Betreiben in Rekordzeit hochgezogen. An Stelle des vordem neoklassizistischen Gemäuers wuchsen die für monumentalen Faschismus typischen Pfeiler empor. Die Nationalsozialisten meißelten mit extra entworfenen Lettern »Germania« ins Architrav, was wieder einen Bogen zu Richters Dresden schlägt. 1945, an Tante Mariannes Todestag, dem 16. Februar, stapeln sich unter dem Siegesdenkmal der »Germania« auf dem Altmarkt mit grotesk ver-

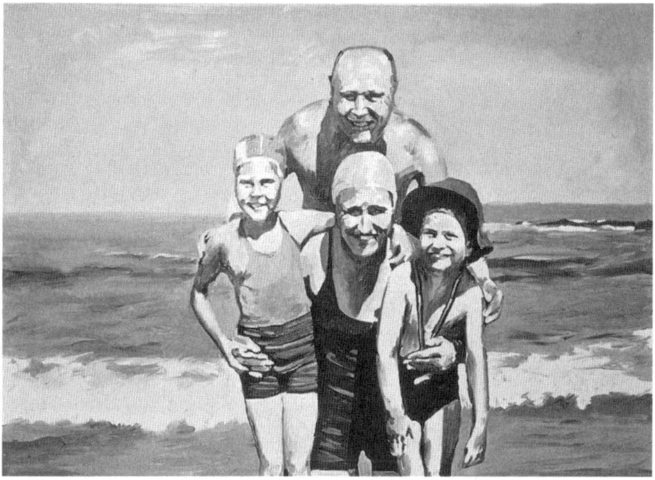

renkten Gliedmaßen die Bombenopfer auf Scheiterhaufen zum Verbrennen. In Venedig bestückten die Nazis ihre internationale Präsentation mit Josef Thoraks steinerner Führer-Büste, »Busto del Führer«, posaunten: »Noch immer speist sich die deutsche Kunst vornehmlich aus dem germanischen Erbgute.«

In diesem chauvinistischen Ambiente lernt die internationale Kunstgemeinde 1972 den Weltstar kennen, damals nur Insidern ein Begriff. Richter ordnet im Zentralraum auf drei Meter Höhe »48 Porträts« zu einem Fries an, ein Pantheon von Geistesgrößen. Als ob es nicht schon genug Rätsel um Eufinger gäbe, streiten sich die Experten, ob Richter im Nebenraum auch die »Familie am Meer« ausstellte. Sein Biograf Elger tendiert »eher zu einem Nein«. Das Kunstmuseum Bonn (ihm ist das Bild als Dauerleihgabe überlassen) bestätigt schriftlich, es sei in Venedig »gezeigt« worden. Im Biennale-Katalog jedenfalls ist das Bild »quadri di famiglia« auf Seite 50 vertreten: vier Personen, ein Mann, eine Frau, zwei Mädchen. Niemand ahnte etwas von Eufingers SS-Hintergrund. Nicht in Brüssel, nicht in Bremen und wo die »Familie am Meer« sonst noch zu bestaunen war.

Man muss sich wohl fragen, warum es zu seiner Enttarnung schier archäologische Tiefenbohrungen braucht. So viele Ablagerungen und Schichten liegen über seinen Dresdner Jahren. Wer sich für Eufinger interessiert, muss mühsam die Einzelheiten zusammenstückeln, als hätte es einen SS-Obersturmbannführer dieses Namens dort nie gegeben. Es läuft auf eine Schleppnetzfahndung im Trüb-Braunen hinaus. Viele Irrwege sind nötig, bis ich Nachrichten über ihn finde. Unterwegs sieht es manchmal danach aus, als wolle jemand mich absichtlich von meinem Ziel ablenken. In Oldenburg stand das Archiv seines letzten Arbeitgebers nach einem Rohrbruch unter Wasser. Zur Recherche werden Gummistiefel, Gummihandschuhe und Schürze bereitgehalten. Trotz stundenlangen Wühlens Fehlanzeige, als hätten Sympathisanten hinter ihm aufgeräumt. Die ziemlich bekannten Gemälde von Gerhard Richter haben sie freilich übersehen. Sie lassen Eufinger buchstäblich auf der Bildfläche erscheinen und führen zurück in die Ferne der gemeinsamen Jahre.

1966 bildet Richter den Schwiegervater erneut in der Sommerfrische ab, diesmal ist er ein Biedermann in Knickerbockern, Fernglas vor dem Bauch beim Urlaub in Oberstdorf, die Siebdrucke sind mit frohem Grün und Rot grundiert. Wie kein Zweiter machte Richter eine bestimmte Unschärfe zu seinem Prinzip. Sein Mittel, Betrachter zur Konzentration zu zwingen. Hier wirkt das Schemenhafte nicht nur flüchtig wie die Erinnerung, sondern als sei ihm das eigene Wissen nicht geheuer und hätte ihn schwindlig gemacht. Ob der besessene Porträtist wie der Kommissar in Dürrenmatts Krimi »Der Verdacht« sagen will: »Je mehr ich das Bild ansehe, desto weniger ist er es«? Muss man ausdrücklich betonen, dass diese Erzählung über NS-Verbrecher, Schuld und Sühne in einer Privatklinik namens »Sonnenstein« spielt?

Im Kölner Domizil von Gerhard Richter wird es still und stiller. Es ist, als ob von fern ein altes Thema hereinweht.

Ohnehin ein diskreter Chronist, unterstreicht sein grauer Bart die Verschlossenheit. »Vom Nazi-Rang habe ich nichts gewusst. Die Familie erzählte mir das nie, oder geschönt.« Es habe geheißen, Eufinger sei SS-Ehrenmitglied gewesen, dafür habe er als berühmter Mann nichts gekonnt. Der Arzt habe auch Goebbels oder Görings Frauen behandelt, vielleicht beide. »Man sagte: Er konnte nichts dafür, dass er in der SS war.« Richter stellt klar: »Ich mochte Ema, nicht ihn!«

Seine Schilderung klingt unendlich vertraut, unendlich deutsch. Sofern er etwas geahnt haben sollte, fehlten ihm einfach die Worte, wie so vielen die Worte fehlten in diesem Land der Tauben und Stummen. Das Wesentliche zwischen Alt und Jung blieb ungesagt. In der Wiener 91 bedurfte es keiner stillschweigenden Vereinbarung. Richter vermied die Fragen. Eufinger die Antworten. Sein Bezugssystem schloss Widerspruch aus. Zwischen ihnen stand ein Geheimnis, das Geheimnis von Tante Marianne und der geheim gehaltenen Euthanasie-Politik. Auf der Flucht vor der Schande war die Wirklichkeit des Dritten Reichs im Familienleben der Sieg-Heil-Rufer und ihrer Kinder tabu. »Ich habe immer gedacht, ich habe damit nichts zu tun.« 38 Jahre Altersunterschied, warum sollte sich Eufinger dem künftigen Schwiegersohn als der zu erkennen geben, der er gewesen war. In der Großruine Dresden begegneten sie sich als Überlebende. Eufinger war wieder ein vielbeschäftigter Doktor, einer von der Sorte, der sich in den Job flüchtete, sich ganz dem Beruf verschrieb, Pflichten vorschob, um nicht über sich nachdenken zu müssen. Offensichtlich konnte er den dekorierten Nazi perfekt von sich abspalten. »Derealisierung« ist das treffende Fachwort für das weit verbreitete Leiden.

Hätte Richter die Lauterkeit Eufingers anzweifeln, auf einen solchen Hintergrund gefasst sein sollen? Bei der Tochter? Nahm er dessen finsteren Bund mit der SS wirklich nicht zur Kenntnis? Es ist immerhin der Mann, von dem er abhängig war. Selbst wenn der Künstler aus Liebe und Selbstschutz nicht blind gewesen wäre (und die Abgründe geahnt hätte), auf diesen Punkt zu insistieren, lag außerhalb des ihm Möglichen. Er rang um seinen Status, warb um Ema, wild entschlossen, die Professorentochter zu kriegen. Sie war ihr gemeinsames Band, die Wiener Straße eine Trutzburg des Schweigens und Beschweigens. Einmal angenommen, Eufinger hätte gewusst, was mit Richters Tante Marianne geschehen war, und hätte trotzdem die Fassade aufrechterhalten. Nicht auszudenken. Das Haus 91 adelte der Aufstrebende mit dem 1956 entstandenen »Stadtbild«, »Tempera auf Leinwand«, gemalt unter Eufingers Dach. Heute Millionen wert, rückseitig schwungvoll mit »Gerd Richter« signiert, das »G« auffallend gerundet: Der Blick aus dem Fenster, 1959 auf einer Weihnachtsausstellung vorgestellt, in einer BBC-Sendung eigens erwähnt. Samt Originalrahmen heute im Münchner Besitz, fälschlicherweise in Beschreibungen gern mit »Blick auf Elbe« charakterisiert.

Namenlos. Parteilos. Geschichtslos. So behauptet der Untote seinen Platz in Richters Werk. Im familiären Kontext

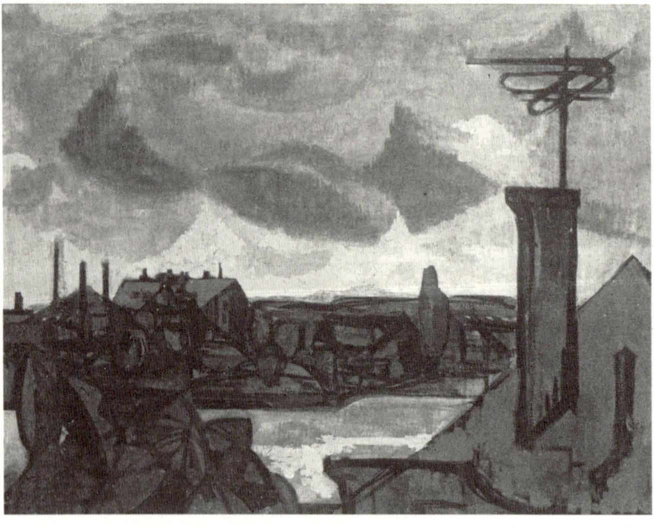

malte Richter ihn, wie Eufinger sich wünschte, gesehen zu werden. Die Geister ruhen nicht. Mit Nazi-Symbolen dekoriert, entsteigt Professor Heinrich Eufinger seiner Akte. Ein Widergänger, der sich in jeder Periode kontrolliert und nichts zu beichten hat. Auch wegen diesen Mitmachern, die sich als Unbescholtene aufführten, angeblich nichts gesehen, nichts gehört, nichts getan hatten, probten Studenten 1968 den Aufstand gegen das Establishment.

EXPEDITIONEN

1961 beginnt in Israel der Eichmann-Prozess, zwei Jahre später erforscht Hannah Arendts Buch die »Banalität des Bösen« am Beispiel des SS-Obersturmbannführers und Organisators der Judenvernichtung. Am 20. Dezember 1963 wird in Frankfurt am Main der Auschwitz-Prozess eröffnet. Keine Zeitung, keine Illustrierte, die nicht über das deutsche »Morduniversum« berichtet, in dem Millionen Juden umgebracht wurden. Zwanzig Angeklagte zwängen sich im Rathaus hinter die Tischchen, an denen sonst die Stadtverordneten Platz nehmen. An der Saalwand Lagepläne des KZ's. Draußen auf dem Römerberg steht der Gerechtigkeitsbrunnen, bekrönt von Justitia mit Waage. 359 Zeugen aus 19 Nationen. 60000 Aktenseiten. Die »Strafsache gegen Mulka und andere« ist das größte Verfahren dieser Art in der Bundesrepublik.

In der »Frankfurter Allgemeinen Zeitung« reportiert der vorzügliche Bernd Naumann in einer für heutige Verhältnisse herausragenden Intensität die Verhandlung. Die »FAZ« lag stapelweise in der Düsseldorfer Akademie, Gerhard Richter griff sich morgens ein Exemplar. Das erst allmählich heraufziehende Thema Aufarbeitung »hat mich erreicht und beschäftigt«, bestätigt der Maler im Gespräch. In seinem voluminösen, in all seinen Facetten unergründlichen »Atlas« rückt Richter auf den Tafeln 16, 17 und 20 Fotos geschundener KZ-Häftlinge ein. Schon als Dresdner Akademie-Student bekam er Aufnahmen vom Holocaust zu sehen, vermutlich die von den Amerikanern zur Aufklärung der Bevölkerung in großer Auflage vertriebene Dokumentation »KZ – Bildbericht aus fünf Konzentrationslagern«. Er wollte die Opfer malen, die provokante Überschrift für die geplante Ausstellung stand mit »sex and crime« fest. Bildnerisch konnte Richter den erdrückenden Schrecken jedoch nicht fassen, ohne kitschig oder missverständlich zu werden. So blieb es bei der Absicht, dokumentiert in farbigen Entwürfen und Studien für eine Präsentation in der Düsseldorfer Galerie Niepel. In Richter blieb das Gefühl einer Bringschuld zurück.

Anfang 1965 kritisiert Marcel Reich-Ranicki in der »Zeit« »das unbegreifliche Schweigen« der deutschen Schriftsteller angesichts der Debatte über die Verjährung nationalsozialistischer Verbrechen. Am 19. Oktober 1965 sorgt Peter Weiss' dem Ausschwitz-Prozess abgelauschtes Theaterstück »Die Ermittlung« mit gleichzeitigen Premieren in Ost und West für Schlagzeilen. Über 1000 Artikel erscheinen. Der Autor kündigt sein »Oratorium in 33 Gesängen« im »Notizbuch« an: »Hier wird ermittelt / was in einem dieser Lager / dem größten / geschah«. Weiss nennt es »mein(en) Beitrag zur deutschen Vergangenheits-Bewältigung«. Er endet mit dem unverändert aktuellen Schluss, gesprochen vom »Angeklagten 1«: »Heute / da unsere Nation sich wieder / zu einer führenden Stellung / emporgearbeitet hat / sollten wir uns mit anderen Dingen befassen / als mit Vorwürfen / die längst als verjährt / angesehen werden müssten.«

Drüben agiert Hilmar Thate in der Hauptrolle, hüben Dieter Borsche. Dort führt eine Gruppe mit Konrad Wolf Regie, hier Erwin Piscator. In der DDR stammte die Begleitmusik von Paul Dessau, in der BRD von Luigi Nono. Gerhard Richter erlebt die erregten Debatten über den Weiss-Text in Düsseldorf, die Städtischen Bühnen Köln bringen das Stück mit einem Dutzend weiterer Spielstätten heraus, quasi vor seiner Haustür. »Ich habe das mitgekriegt. Ich weiß, wovon Sie sprechen.«

In den Jahren, die keiner mehr kennt, bedrängt die Deutschen ihre eigene Schuld. Die Täter-Debatte entbrennt. Gegen die Wiederkehr des Verdrängten gibt es kein Zaubermittel, trotz Negierung und Abwehr. Nach Freud ist das Weggedrückte »vogelfrei, ausgeschlossen aus der großen Organisation des Ichs«. Doch es ist im psychischen Potenzial dauernd präsent, lauert unkontrollierbar, kommt, wie es kommt, schlägt zu, ist plötzlich da. War es das, was auch Richter widerfährt, in ihm die Sperren löst? Vom Kollegen Peter Weiss, Maler und Autor in einer Person, stammt der Satz, manche Worte und Bilder lagerten so tief, dass sie erst lange gesucht, abgetastet und miteinander verglichen werden müssten, »ehe sie ein Material hergeben, das sich mitteilen ließ«. Während ich in Dresden zu Tante Marianne und Professor Eufinger recherchiere, spielt das Staatstheater Peter Weiss' »Ermittlung«.

ERINNERUNGS-PROJEKT

Beim Blick aus der Wiener Straße durfte sich der Student in eine Freiheit hinausdenken, die Richter mit der »Republikflucht« 1961 wählte. Die Auseinandersetzung mit dem Hitler-Komplex nahm er mit. Das Thema war nicht allein durch Ignorieren zu bewältigen. Angstbesetzt wie es war, musste er es sich irgendwann von der Seele malen. Bis dahin war Richters Familie eine ganz normale deutsche Familie, nur dass sie dem NS-Regime mehr Opfer als andere bringen musste. Richter ist über 30 Jahre alt, sammelte Erfahrung, auch mit sich selbst. Jetzt war die Zeit reif für das Unausgesprochene, an dem er, aus welchen Gründen auch immer, lange nicht rührte. Davon loskommen konnte er nicht mehr. Er stellt sich den Schatten, noch ahnt er nicht, dass er die eigene Geschichte illustriert.

Gerhard Richter war ein Unbekannter, der 1959 in Kassel auf der Documenta II »Kunst nach 1945« herumstreifte. Unter den über 200 ausstellenden Kollegen imponierten ihm höchstens Pollock, Fontana und Fautrier. Von einer Reise nach Paris hatte er sich die Bekanntschaft vieler Künstler erhofft, kehrte enttäuscht zurück. Er war aus dem Osten, stellte im Westen fern vom Kulturbetrieb in Fulda aus, inszenierte mit dem Partner Konrad Lueg eine »Demonstration für den Kapitalistischen Realismus« im »Möbelhaus Berges« (Düsseldorf), zeigte sich, von der Öffentlichkeit kaum bemerkt, in München. Richter machte nicht viel her. Die Kunst ernährte ihren Mann nicht, vom Glück begünstigt konnte der Neuanfang wahrlich nicht genannt werden. Zu wenig für seine Ansprüche, zu wenig für einen, der in der DDR zu den Toptalenten mit Perspektive zählte.

Zähe Jahre. Richter kämpfte und kämpfte um Anerkennung. Niemand schien auf ihn gewartet zu haben. Seine Karriere, die noch keine war, durchziehen Frustrationen, lange fand er selbst, seine Sachen taugten nicht. Der Eindruck, fehl am Platz zu sein, ist dem Zweifler nicht fremd. Dass er Bedeutendes geschaffen habe, sei ihm erst allmählich klar geworden, erzählt er en passant. Niemand kann mehr ermessen, unter welcher Anspannung er um seine Existenz malte und wie sehr es ihn verschlissen hat. Heute ist Richters Ruhm unbestritten, die magische Eigenschaft, andere durch Kunst glücklich zu machen. Der erfüllte Waltersdorfer Traum. Es dauerte das halbe Leben, bis er Stolz empfinden konnte, nach manch saurer Erfahrung dem

Erfolg traute und nicht mehr fürchten musste, die Seifenblase könne platzen. Selbst auf dem Zenit würde er nie vergessen, dass der Triumph die Enttäuschung braucht wie der Berg das Tal.

2005 versammelt man ihm zu Ehren in Düsseldorf einen Querschnitt seines Schaffens. Bei der Eröffnung schwebt er mit Ehefrau Sabine durch die Säle, belagert von Amerikanern und Japanern, umschwänzelt von geschäftstüchtigen Museumsdirektoren. Richter erzählt euphorisch von der spektakulären Bilderschau, die 110 000 Besucher anlockte. Das mache ihm richtig Spaß. Alle sind gekommen, um diesen zeitlos jungen Künstler in all seinen Möglichkeiten zu sehen. Ich werfe ein, er müsse bedenken, wie lange es gedauert habe, um so jung zu sein wie er mit 73. Ein Spruch, der ihm gefällt.

Während es für den coolen und beneidenswert trittsicheren Richter in der Wahl der Mittel keine Beschränkung mehr gibt, gingen in den Sechzigern die Geschäfte schleppend. Richtig Geld machte der heute international mit am höchsten notierte Maler erst ab fünfzig. Unzufrieden (und fast anklägerisch im Umgang mit sich) musste Richter aufs Ganze gehen. Bei seinem Anspruch war er ständig zu neuen Techniken und Sujets gezwungen. Mit der in Waltersdorf erlernten Unbedingtheit war er verzweifelt auf Bestätigung aus. Richter ließ ab von Informel und Abstraktem, wagte sich an den Fotorealismus der Pop-Art. Heute sind das die gefragtesten Bilder, die Lieblingsperiode vieler seiner Fans. Er traf den Nerv der Zeit.

Vorher hatte Richter einen inneren Konflikt noch nicht gelöst. Jetzt muss er den Stoff nicht lange suchen. Expeditionen zurück zu sich selbst, Exkursionen ins Eigene. Richter bedeckt wie unter Zwang Leinwand um Leinwand, wobei sich die Motive mit biografischem Material vernetzen. Unabsehbare Querverweise auf ihn, ohne dass er sie durchschaut. Eine prekäre Dialektik des Glücks: die Wurzel seines Erfolgs ist die versunkene Lebenswelt, mit der er nichts mehr zu tun haben wollte. Spekulation, ob er sich das Thema wählte oder sich das Thema ihn. Insoweit, als die Geschehnisse ihn unmittelbar berühren. Anders gesagt: Nur wer ein Leben lebte wie Gerhard Richter, kann malen wie Gerhard Richter.

Plötzlich nimmt *Es* feste Gestalt an, als ob Bedrängung einen Ausweg in Bildersprache gefunden hätte. Sein Resonanzraum bleibt der Krieg, Nachklang der Dresdner Nacht vom Februar 1945, die alles entflammte. Im weit gespannten Bogen von Motiven umkreist er die Urszenen seiner Kindheit, Themen, die ihn begleiteten, ihn in Bann hielten: Zerstörung, Verlust, Vergänglichkeit, Schuld, Hoffnung, Verantwortung, Geburt, Tod, Terror, Kinder, Familie, Ende, Neuanfang. Richter hatte schon als Junger begeistert Nietzsche gelesen, den Hausgott seiner Mutter, die ihn mit dessen Ansichten traktieren konnte. Die Sommer verbringt der Maler häufig in Sils Maria. Dort schrieb der Philosoph 1887 an seiner »Genealogie der Moral«: »... nur was nicht aufhört, weh zu thun, bleibt im Gedächtnis.« Jedes Motiv aus Richters Galerie der Erinnerung macht Geschichte sichtbar. Trägt eine Geschichte, die eine neue Geschichte auslöst und die neue Geschichte wieder eine neue – nach dem Prinzip der Schachtel in der Schachtel. Als falle jeder Geschichte eine andere ein. Erst jetzt verwandelt sich der Gerd des Ostens endgültig in den Gerhard des Westens. »Wir haben die Kunst, damit wir nicht an der Wahrheit zugrunde gehen«. Wieder Nietzsche.

Der Künstler kam aus einem »Elendsland, ich hatte zwei Diktaturen hinter mir«. Von »Ismen« ist Richter geheilt. Er gebot sich Schweigen, hielt »Vorsicht« für angebracht, wollte »kein so ein Polit-Maler sein«, schon gar nicht Zeugnis für irgendetwas ablegen. Kunst ist nicht didaktisch. Nichts lag ihm ferner, als sich mit Manifestationen zum politischen Guru aufschwingen zu wollen. Trotzdem liefert Richter Beiträge zur Aufklärung, auch deshalb, weil er nichts erklärte und die Deutung anderen überantwortete. Die scheinbare Neutralität treibt er bis in die bewusste Unauffälligkeit seiner Kleidung hinein, kommt daher wie ein Banker. Anfangs legt er falsche Fährten, versteckt Tante Marianne hinter den Titel »Mutter und Kind«, seine Nummer 87 im ersten offiziellen Werkverzeichnis 1969. Die Fotomalerei eignet sich ohnehin vorzüglich, den Transformationsprozess von der Vorlage zum Bild zu verschleiern. Sah es auf den ersten Blick nicht danach aus, als würden beliebige Schnappschüsse aus der Rubrik »Banalitäten des Alltags« in der Manier der Tafelmalerei umgesetzt: irgendwelche Leute, von ihm ins Überzeitliche projiziert? Die Ikonografie des Persönlichen verweist auf die in ihm freigesetzte Emotion, den Ausbruch aus der Verschwiegenheit. Malend bewältigt er die »Unfähigkeit zu trauern«. Richters Lebenswerk wird als »labyrinthisch« bezeichnet. Man muss den Eingang finden.

Ein Jahr nach der DDR-Flucht porträtiert Gerhard Richter Hitler, den Postkartenmaler, 1907 gescheiterter Bewerber an der Wiener Kunstakademie, verhinderter Künstler, wenn man so will. Hitler taucht mindestens ein halbes Dutzend Mal im »Atlas« auf. Bald darauf beschäftigt sich Richter in Düsseldorf mit »Onkel Rudi«. Sein viel diskutiertes Dokument eines Mitläufers. Der angehimmelte Held vieler Erzählungen daheim in Dresden und Waltersdorf. Onkel Rudi ist sein Pate, von Beruf kaufmännischer Angestellter. Richters Mutter hätte es gern gesehen, wäre ihr Sohn ihm nachgeschlagen. Auf dem elterlichen Hochzeitsbild von 1931 sticht der »schöne Rudi« heraus, sieht Tante Marianne über die Schulter, seinem vor ihm stehenden Vater Alfred wie aus dem Gesicht geschnitten, das glänzende Haar zurückgekämmt. Die größere Ausgabe vom Papa ist allerdings ein Gewinnertyp. Die verrutschte, mindestens salopp sitzende Fliege hätte es nicht gebraucht, um ihn kenntlich zu machen: einen Charmeur, einen Aufreißer, einen Luftikus, Rudi war sich des Eindrucks bei den Frauen sicher. Sein Neffe meint, heute würde man ihn einen Playboy nennen. Der kleine Gerd fand das ihm von der Mutter angepriesene Vorbild eher aufschneiderisch und gar nicht toll. Augenzwinkernd forderte der ihn mal auf, einer im Liegestuhl dösenden Freundin die lehmbeschmierten Hände auf die Wangen zu drücken. Gerd wusste, das tut man nicht, und folgte trotzdem.

Richter stellt Rudi im schweren Wehrmachtsmantel dar, der fast bis zum Boden reicht. Sehr jugendlich, unfertig, die runden Wangen glatt rasiert, ein Porträt in bleiernen Tönen. Die Mütze, die Kluft, die gewichsten Knobelbecher, der Ehrendolch an weißer Kordel, alles wirkt makellos und eine Nummer zu groß. Auch der Offiziersrang. Ein Einzelner aus der Masse unbekannter Soldaten. Schutzlos, er kann sich nicht hinter anderen Kameraden verstecken. Rudi lächelt vage. Richter personifiziert den Krieg, die Millionen Opfer, durch ihn. Der Künstler stiftete das Ölbild der Gemeinde Lidice. 1942 richtete die SS zur Vergeltung für den Anschlag auf Reinhard Heydrich dort bei einem Massaker fast zweihundert Männer hin.

Das Berliner »Deutsche Historische Museum« stellt 2004 unter den »Mythen der Nationen« das Originalgemälde aus, es ist überraschend klein. In der »Arena der Erinnerungen« nimmt der Betrachter automatisch die Position desjenigen ein, der Rudi Schönfelder an unbekanntem Ort knipste. Zum Fotografieren stehen sich der Mensch und die Maschine Auge in Auge gegenüber. Beim Malen erhöht sich die Suggestionskraft des Dargestellten. Provokativ-kokett sagte Richter: »Ich finde manche Amateurfotos besser als den besten Cézanne.«

Während ein Projektor die Worte »Das Eingeständnis« über den Fußboden huschen lässt, studiere ich die Besprechungen und Rezensionen zur Ausstellung »Verbrechen der Wehrmacht«, dazu in einer Vitrine die »Spiegel«-Ausgabe vom 10. März 1997. Rechts hängt das Plakat »Die Vergangenheit mahnt«. In der Mitte zieht »Onkel Rudi« alle Aufmerksamkeit auf sich. Im videoüberwachten Schaukasten gegenüber das echte Tagebuch der Anne Frank. Der Begleittext referiert die Stimmung der Nation: »Gerhard Richter thematisiert mit seinem Bild ... ein Problem, über das bis dahin ... nicht gespro-

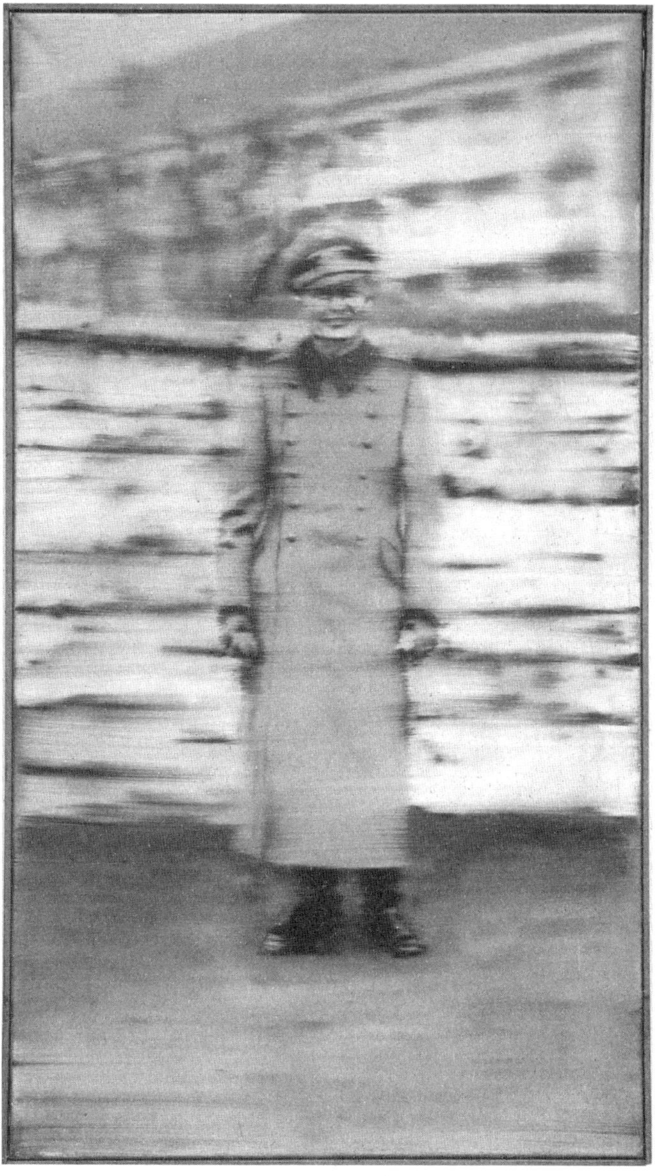

chen worden war. Er erinnere nicht nur daran, dass Mitglieder der Wehrmacht an Kriegsverbrechen beteiligt gewesen sind, sondern auch daran, dass es unser Onkel gewesen sein könnte.« Vergessen, Bedenken: Richters »Rudi« ist Symbol geworden für das Verhalten des Herrn Jedermann in Krieg und Frieden. Keiner der 80000 Besucher weiß, dass es sein wirklicher Onkel ist, die Ausstellungsmacher wussten es ebenfalls nicht. Aber Richter wusste beim Malen, das ist die Stille vor dem Schuss. Sein Onkel würde sterben. Ein erschossener Schütze.

Von der atlantischen Dünung ans Ufer geworfen, überrollte die 4. Infanterie-Division der US-Armee die Deutschen am 30. Juli 1944 beim entscheidenden Durchbruch in der Normandie. Die Alliierten verloren 122000 Mann. Bei den Gefechten einen Tag später fällt Onkel Rudi von der »Einheit Regimentsstab Grenadier-Regiment 921« bei St. Pois. 25 Kilometer vom Strand konnte er den Ozean nicht sehen, dafür das Salz schon schmecken und riechen. Er wurde vom Krieg nach Frankreich verschlagen, aus der Tiefe des Raumes hatte das Unabwendbare Kurs auf ihn genommen. Der Oberleutnant ist im Feld nicht mehr der Elegant in Uniform, den der Neffe Gerhard überliefert und der daheim als »mutig« galt. Rudi dürfte klar gewesen sein, dass der übermächtige Feind nimmermehr ins Meer zurückgetrieben werden könnte. Noch keine 32 Jahre alt, würde er in der Erde des Landes ruhen, das er geliebt haben muss. Er hatte am Dresdner Gymnasium Französisch gewählt.

In stillen Tagen wären in der Region zuhauf Dorfkirchen aus Bruchsteinmauerwerk zu besichtigen gewesen. Zur Kathedrale von Coutances mit ihren grazilen Türmchen war es nicht weit. Wie im Mittelalter die Pilger hätte es auch ihn zu dem direkt der See entstiegenen Granit des Mont St. Michel treiben können, vorbei an Hohlwegen und Hecken, die im Frieden das Auge erfreuen. Üppig wogte das Johanniskraut, das bald auch sein Grab bedecken sollte. An der Küste der Verlorenen traf Rudi die Kugel, der Feuerstoß, die Detonation von Fliegerbomben, die Panzergranate, Genaues ist nicht zu ermitteln. Auf der Informationskarte des »Volksbunds Deutsche Kriegsgräberfürsorge« enden die mit roten, blauen und schwarzen Pfeilen markierten Truppenbewegungen allesamt auf grün eingezeichneten Soldatenfriedhöfen, die heute als »Mahnungen zum Frieden« dienen. Fern der Heimat stirbt Rudi als einer von 114 000 sinnlos geopferten Deutschen an der Invasionsfront. 1350 Kilometer östlich von St. Pois wird seine Schwester Marianne in Schweidnitz von denselben Nazis zugrunde gerichtet, die den Offizier verheizt haben. Marianne ist

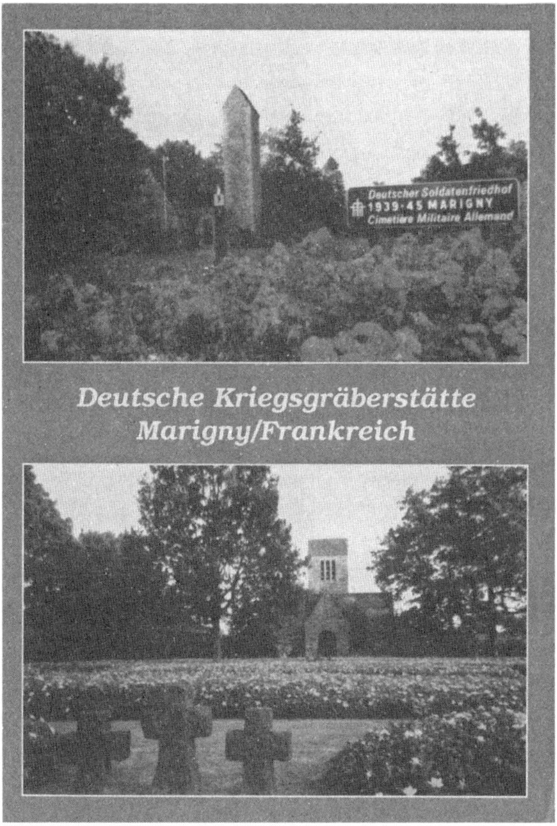

ihren Ärzten in Rudis Sterbemonat nur noch zwölf Wörter wert. Das Juli-Protokoll: »Herztöne leise, aber rein. Lungen und Leiborgane ohne Befund. Psychisch: orientiert. Autistisch!«

Onkel Rudi liegt zunächst in Le Chesne, wird 1963 nach Marigne umgebettet in einen von Eichen und Buchen umstandenen Hain. 11 172 Deutsche unter einem grauen Granitkreuz, direkt bei dem einer Dorfkirche nachempfundenen Eingangsbau. Im »Listenraum« der Metallschrein mit den Namensverzeichnissen: Rudolf Schönfelder, bestattet in Block 3, Reihe 1, Grab 2. Das erfährt Gerhard Richter jetzt durch dieses Buch. Auf dem Familienstammbaum, den er mir überlässt, sind viele Daten falsch. Onkel Rudi und Onkel Alfred kamen nicht 1940 um. 1943 ist auch nicht das Sterbejahr von Tante Marianne. Seine Schwester Gisela ist 1936, nicht wie mit künstlerischer Freiheit in der Genealogie verzeichnet, 1937 geboren.

Zeitgleich mit Onkel Rudi steht Richters Vater Horst bei den Gefechten ebenfalls weit vorne an der Küste. Zwischen dem 27. und 30. Juni wird Rudis Bruder Alfred im Raum Borissow (Weißrussland) vermisst, Gefreiter der Reserve bei der »Einheit 8, Kompanie Sicherungs-Regiment 61«. Fred ist noch kein Jahr verheiratet, die jungen Eheleute hatten nichts voneinander. Er blieb verschollen, Dora Schönfelder erfuhr nie Näheres. »Mit gewissem Stolz«, berichtet Enkelin Gisela, übernahm sie sein Kofferschild mit Titel und Namen: »Dr. jur. Alfred Schönfelder« stand darauf. Mit der aufwändigen Suche bei der »Deutschen Dienststelle für die Benachrichtigung der nächsten Angehörigen von Gefallenen der ehemaligen deutschen Wehrmacht« schließt sich ein Kreis. Die Institution ist am Berliner Eichborndamm in der ehemaligen »Staatlichen Waffen- und Munitionsfabrik« untergebracht, die in millionenfacher Stückzahl Armeepistolen und Patronen für die Landser produzierte.

Wie war denn Richters Lage in den Sechzigern? Er trat auf der Stelle. Dann kam allmählich die Wende. Alles, was in dem Künstler rumorte, worüber er nie sprach, was seit den Dresdner Bombennächten in ihm vorbereitet lag, tritt 1965 im Werk »Herr Heyde« aus dem Hintergrund. Werner Heyde, SS-Standartenführer, war maßgeblicher Stratege des Euthanasieprogramms, laut späterer Anklage hatte er 100 000 Menschen auf dem Gewissen. Richters Bild, es trägt bei ihm die Nummer 100, funk-

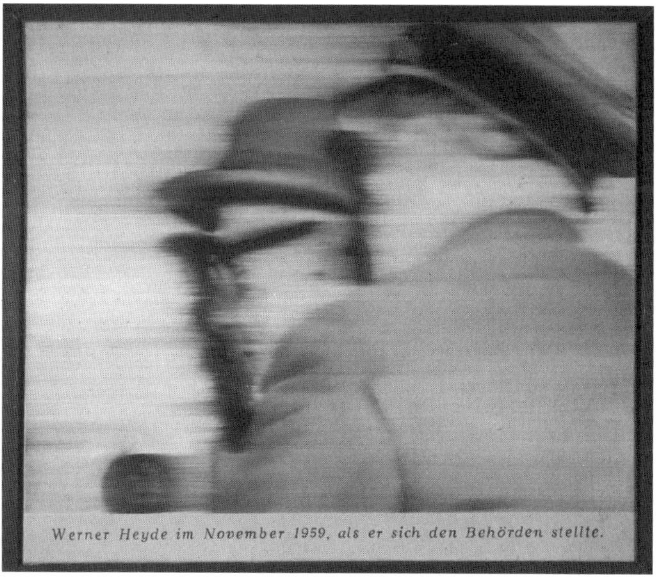

tioniert wie eine klassische »Deckerinnerung«. Freud fand diesen Begriff bei den Studien zur Traumdeutung, wobei er aus eigenem Erleben schloss, wie ein einziges Bild einen verdrängten Themenkreis insgesamt vertreten kann. Gerhard Richter, ein Maler aus Deutschland, wie gesagt, mindestens vom Hörensagen kannte er die Verbindung seines Schwiegervaters Eufinger zur SS. Über Hitlers Schutzstaffel mit der Rune kamen jeden Tag unvorstellbare Enthüllungen ans Licht. Die »Deckerinnerung« erlaubte dem Maler, etwas zu zeigen, ohne es zu offenbaren. Zielte das Motiv Heyde auch auf Eufinger, beide Hitlers Losung »SS-Mann, Deine Ehre heißt Treue« verpflichtet?

Beispiel Heyde, Sohn eines Tuchfabrikanten aus Forst in der Lausitz. Der Prof. Dr. med. war Ordinarius für Psychiatrie und Nervenheilkunde an der Universität Würzburg. Zuvor Staatsexamen mit dem Prädikat »sehr gut« und Promotion »Über einen eingeklemmten Bruch mit Zystenbeteiligung«, was eigenartig klingt. Die ärztliche Prüfung besteht Heyde mit der Note Eins in allen sieben Fächern. Auf Anraten seines Patienten Theodor Eicke verpflichtet er sich der NSDAP und SS. Da hatte er sich einen Rat vom Teufel persönlich eingehandelt. Eicke steigt später zum Inspekteur der Konzentrationslager auf, Heyde in frappierender Parallelität zum »Obergutachter« für die NS-Euthanasie. Nach dem Krieg macht er unter dem Falschnamen Dr. Fritz Sawade in Norddeutschland weiter, erst als Gärtner, dann als Sportarzt. Die deutsche Justiz suchte ihn weltweit mit Haftbefehl, derweil führt er durch Mitwisser in Justiz und Medizin geschützt in Schleswig-Holstein ein fideles Leben. Er gutachtet für Gerichte, erstellt rund 7000 Expertisen für Landessozialgericht und Landesversicherungsanstalt, lebt unbehelligt, obwohl sich seine wahre Identität herumsprach. Ein netter Kerl, meinte die Nachbarschaft.

1959 war es aus mit Heydes Doppelexistenz. Gerhard Richter malt ihn samt Bewacher nach einer Illustrierten- oder Zeitungsvorlage. Üblicherweise schickte Tante Lenchen aus

Kiel ihm solchen Lesestoff. In der damals auflagenstarken »Quick« lautete die Bildunterschrift: »Dr. Werner Heyde, der Psychiater des Teufels, am Gefängnistor. Zehn Jahre zu spät erst kann die Gerechtigkeit Hand an ihn legen – weil Ärzte, Professoren, Beamte und ein Staatsanwalt ihr in den Arm gefallen sind ...« Der geübte Schriftenmaler Richter pinselte in bester Reportagemanier die Zeile »Werner Heyde im November 1959, als er sich den Behörden stellte« darunter. Kurz vor Verhandlungsbeginn erhängt sich Heyde alias Sawade am 13. Februar 1964 im Butzbacher Gefängnis am Heizkörper.

Richters 1965 entstandenes Nachrichtenbild des Verbrechers ist eine Chiffre. In ihr ist alles enthalten, Gedanken, Vorstellungen, Empfindungen. Wer sie entschlüsselt, kennt das Geheimnis des Malers. Wir sind, was uns geschah. Es gab Fragen, die nach einer Antwort verlangten, Wahrnehmungen, die sich zu Kunst zusammensetzten: »Jedes Wort, jeder Strich, jeder Gedanke wird uns gegeben von unserer Zeit, deren Umständen, Bindungen, Bestrebungen, deren Vergangenheit und Gegenwart. Es ist also nicht möglich, unabhängig und willkürlich zu tun und zu denken.« Das ist Richters Ansatz, für die Ausstellung »Verweile doch ...« formuliert. Übersetzt: Ein Maler bekennt mit der ihm eigenen Art Farbe.

Tante Marianne, Schwiegervater Eufinger, Herr Heyde, Onkel Rudi – das eine 120 x 130 Zentimeter, das andere 150 x 200 Zentimeter, das nächste 55 x 65 Zentimeter, das vierte 87 x 50 Zentimeter. Der Künstler benötigt fünf Quadratmeter Leinwand für sein Requiem, ein Kolossalgemälde vom Zusammenbruch der humanen Welt. Scheinbar zusammenhanglos, bilden die Arbeiten doch ein zusammenhängendes System. Die darum gezogene imaginäre Grenze ist nur um den Preis der Wahrheit zu überschreiten. Die Lösung ist mit Traurigkeit erkauft. Was war, was ist, kommt zutage, die Familienkatastrophe, der Untergang im Untergang des Dritten Reichs. Mitteilungen an die Nachgeborenen, Stoff für einen Film über

Kunst und Wirklichkeit. Es handelt sich um Verschneidungen, Verwerfungen, Bruchstücke, jeder Teil verweist auf das Ganze, am Ende sind es Gewissheiten über die bleiche Mutter Deutschland.

Im November 2004 überreicht der Würzburger Bischof (und promovierte Kunsthistoriker) Friedhelm Hofmann mit der Fülle des Wohllauts, die sich für einen solchen Festakt gehört, Gerhard Richter den Kunstpreis der Katholiken. Mit der ihm eigenen verschämten Freude nimmt er die Auszeichnung entgegen. Eine Dia-Show lässt Bild um Bild Revue passieren. Der Laudator zitiert 1. Korinther 13, Vers 12: »Jetzt schauen wir in einen Spiegel / und sehen nur rätselhafte Umrisse, / dann aber schauen wir von Angesicht zu Angesicht. / Jetzt erkenne ich unvollkommen, / dann aber werde ich durch und durch erkennen, / so wie ich auch durch und durch erkannt worden bin.« Richter ist bei aller virtuosen Farbenprächtigkeit der Maler des Vergänglichen. Das Publikum macht er zu Zeugen des Schmerzes.

»Tante Marianne« vollendet als Figur des Todes Richters einzigartiges Museum der Schatten. Niemand, der ihr Leiden kennt, vermag den Blick von ihr zu wenden. In bewährter Technik nachträglich verwischt und leicht verfremdet, als ob die Hand gezittert hätte vor dem, was da aus einem Nachgefühl heraus entstand. Bei aller Detailtreue von einer trüben Durchsichtigkeit, wie wenn Richter etwas entgangen wäre, als er sich ein Bild von ihr machte. Schon bei Ludwig Wittgenstein mündete die philosophische Frage, ob eine »unscharfe Photographie überhaupt ein Bild eines Menschen« sei in die Überlegung: »Ist das Unscharfe nicht oft gerade das, was wir brauchen?« Die These: Auf einem solchen Bild ist am meisten zu sehen.

Zuerst lehnt die Nummer 87 neben Arbeiten wie »Horst mit Hund« bei Richter an der Atelierwand und wird für einen Katalog zufällig fotografiert. Ein Bild, nicht schwermütig, einfach ergreifend durch die darin eingemalte Tragödie, die Richters Mitleidenschaft erzwingt. Eine Darstellung von ungewolltem Pathos. Die Reverenz an seine Tante, der in diesem Leben nicht zu helfen war. In mancher Hinsicht ein Wahnsinnsbild, ein Denkbild noch dazu. An Richters »Melancholia« erinnert in Schweidnitz kein Kranz, kein Grabstein, kein Name. Ohne ihren Weg zu kennen, ist es erst nur eine Arbeit von rund sechzig des produktiven Jahres 1965. Es bleibt immer noch ein Bild unter den vielen, doch jetzt steht dahinter der Tod.

Ich vermag es mir nicht zu erklären, aber immer neue Lebenslinien laufen vom Künstler weg, laufen unsichtbar auf ihn zu. In Stuttgart steht in der I.-straße ein Haus, darin lebt eine Witwe mit diesem Gemälde. Es ist mit einer schmalen Holzleiste »ohne Brimborium« gerahmt. Die 86-jährige Frau G. meint, ihr Mann habe sich gut mit Richter verstanden. 1965 zahlte der Sammler einen aus heutiger Sicht lächerlichen Preis

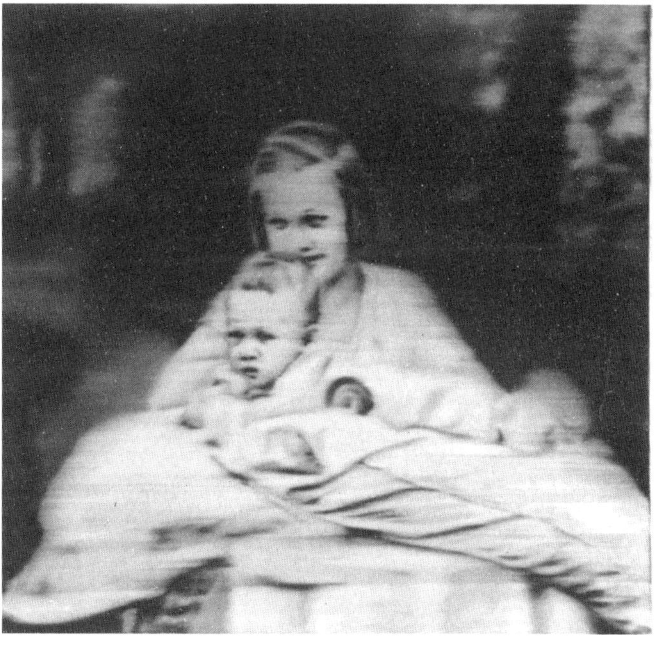

von unter 1000 Mark. Damals eine Spitzensumme, »das war ein großes Format«, betont der seinerzeitige Galerist René Block. Weder der Künstler noch der Käufer, noch der Händler kannten bisher Mariannes Geschichte. Es sei wohl mal nach Berlin gegangen, in Wien könnte es nach Frau G.'s Auskunft auch gewesen sein. Die Züricher »City Galerie« hat es bestimmt ausgestellt. Damit wäre Mariannes Porträt viel weiter herumgekommen, als es ihr je vergönnt gewesen ist. Auf welcher Ebene des Seins auch immer, Richter machte sie bekannt. Es ist die Kunst, die Tote und Lebende zusammenführt.

DAS GROSSE STERBEN

Großschweidnitz, 1945. Tante Mariannes letzte Tage. Keine Aussicht auf Besserung, kein Hoffnungsstrahl, die rasch am Himmel treibenden Wolken bedeuten ihr nichts. Die Kranke hungert, Hunger tut weh. Eine zerstörte Frau, früh verwelkt, zerbrechlich, gekrümmt, die Arme um sich geschlungen. Ein ätherisches Wesen, dabei, sich zu verflüchtigen. Der viel zu schöne Begriff dafür ist »Schattendasein«. In der Anstalt wurde der »Medikamenten-Hunger-Tod« nach den Worten von Historiker Boris Böhm »zur Perfektion geführt«. Die Menschen sind zusammengepfercht wie Tiere, verzweifelt werfen sich die »Niedergeführten« den Pflegern zu Füßen, flehen um ein Stück Brot. Sie betteln verschlossenen Ohren. Ihr Martyrium entzieht sich der Vorstellungskraft. Zeitzeugen haben die furchtbaren Einzelheiten überliefert.

Richters junge Tante war stark. Fast acht Jahre hielt sie es bereits unter den erbarmungswürdigen Zuständen aus.

Bald kommt der Frieden. Aber für sie verspätet er sich um gut drei Monate. Auf dem Sterbebett (oder Strohmatratze) ist sie nur noch ein Strich, wiegt kaum mehr als ein Kind. Leiser werdend, in der Apathie der Ausgehungerten, zu schwach, um noch im Selbstgespräch zu brabbeln. Die letzten Kräfte aufgezehrt. Es muss nur noch mit ein paar Tabletten nachgeholfen werden. Wie schlafsüchtig, in sich verkrochen, der Anblick einer 27-jährigen Greisin rührt niemand. Eine Maske des Elends, eine unter Tausenden. Längst hat sie sich ergeben, Marianne Schönfelder gleitet unter betäubendem Gift aus ihrem Dämmerleben. Für die Aufsicht ist die Nummer 826 schon gestorben. Nein, sie lebt noch. Ihre Reise ist noch nicht zu Ende.

Im Februar 1945 trägt Dr. Stankeer »Kopfschmerzen, Schnupfen, Durchfall (ohne Blut und Schleim)« auf dem Krankenblatt ein: »Pat. mager, körperlich schwach. Ruhig«. Am 9. Februar sind Mariannes »Herztöne leise, Klopfschall über den Lungen hell. Einzelne feuchte Geräusche.« So geht es weiter: »Pat. Mager und abgespannt«. Drei Tage später sind zu den Lungen »Stauungserscheinungen« vermerkt, »Pat. Sehr abgemagert«. Wiederum drei Tage später »sehr schwach, Herztöne kaum hörbar, Puls kaum tastbar«. Die Akte bricht mit dem Satz ab: »Am 16. Februar 1945 ist die Patientin verstorben.« Die Diagnose: »Schizophrenie«, die Begleitkrankheit »Myokardopathie, Erkältung, Todesursache: Kreislaufversagen«. Die Nachricht zeichnet wiederum der deutsch-russische Arzt Stankeer ab, 1943 von der Anstalt übernommen. Seine Personalpapiere betonen: »Die deutsche Umgangssprache beherrscht er schlecht.«

Es war noch finster. Oberschwester Wedel vermeldet Mariannes Tod um 5.45 Uhr auf dem Formblatt, das ich im Leipziger Staatsarchiv aus der Akte fische. Ihre Tragödie schließt mit einem Vordruck. Das Gewicht der Nacht war Marianne Schönfelder zu schwer geworden, um diese Stunde verlässt die Seele den Körper am leichtesten. Die Sonne ging um 7.17 Uhr auf. Der Morgen versprach einen bedeckten Freitag. Der Abteilungsarzt zeichnet die Notiz ab, am Rand ist die mysteriöse Bemerkung »geerbt« beigefügt, die keinen Sinn macht. Selbst jetzt lassen Hitlers Schergen sie nicht in Frieden ruhen, sondern setzen die Verfolgung über das Ende fort: Die »Diagnose Nr. 14« stempelt sie noch im Tod zur Irren, als wäre das noch von irgendeiner Wichtigkeit. »Erbkrank: ja« wird eigens auf dem Sterbezettel wiederholt. Die Nachricht sollen erhalten: »der Vater brieflich« (er ist längst tot!), Stadtwohlfahrtsamt, Stadtgesundheitsamt, Staatsanwaltschaft Dresden nebst Standesamt und Pfarramt Großschweidnitz. Ein halb verblichenes, mit Bleistift hinzugefügtes christliches Kreuz beschließt die Akte 428.

Für gewöhnlich halfen Pfleger mit Veronal bzw. Luminal nach, zweimal 0,3 Gramm täglich verabreicht, wobei die sonst therapeutisch verordnete Menge bei den vorgeschädigten, untergewichtigen Patienten toxisch wirkt. Die Methode, durch künstlich erzeugte Lungenentzündung den Exitus herbeizuführen, war erprobt. Nach dem ebenfalls immer gleichen Schema wurde der Familie das »Ableben« unter Angabe »natürlicher« Ursachen z. B. »Herzlähmung, Bronchitits, Lungenentzündung« bekannt gegeben. Das Benachrichtigungsmuster stimmt mit dem anderer Patienten überein. Den Modus Operandi bringen die hundertfachen Mörder 1947 im Dresdner Euthanasie-Prozess in beiläufig heruntererzählter Ungeheuerlichkeit zur Sprache.

Bei Marianne entfällt die Sektion, »weil die Todesursache klinisch klar ist«. Will sagen: Mord. Ihr »Abgang« steht auf einem billig gemachten Vordruck, ein Beweis mehr, dass in Großschweidnitz routiniert in den Tod gesteuert worden ist. Das Sterberegister von 1939 bis 1945 zählt unter 5773 Gestorbenen 5636 Fremde und nur 137 Einheimische auf.

Der 16. Februar 1945. An Mariannes Todestag hängt über Dresden noch immer eine Dunstschicht, von vereinzelten Schwelbränden mit Rauch gespeist, wie Götz Bergander in seinem Standardwerk »Dresden im Luftkrieg« schildert. Zum Aufklärungseinsatz kreist vermutlich ein tief fliegender »Fieseler Storch« über den knisternden Feuern. Die nervös den Himmel absuchenden Überlebenden konnten ihn für den Sendboten des nächsten Todes halten. Der Pilot schießt trotz brandiger Luft gegen 15 Uhr 30 eine Serie von Aufnahmen zur Bestätigung dessen, was die Einheimischen am Boden zur Verzweiflung trieb. Auf Bild 34 ist die für Richter bald so wichtige Brühlsche Terrasse samt verwüsteter Innenstadt und geborstener Frauenkirche zu erkennen, dazu die ausgebrannte Altstädter Elbfront. In der Nachbarschaft zum schwer beschädigten Finanzministerium am Königsufer 1 müsste auch das in Schutt gefallene Wohnhaus der Schönfelders in der Wiesentorstraße zu lokalisieren gewesen sein. Nach dem Schadensplan, Blatt 1, Quelle: 4.2.17 Nr. 136/1 wurde ihre Behausung, direkt an der Ecke Große Klostergasse (heute Köpckestraße) ausradiert. Ihr Vermieter meldete Totalverlust beim Kriegsschädenamt an. Nur der Jägerhof (Volkskunstmuseum) blieb von der historischen Ecke übrig, sonst ist die Kante neu bebaut.

Absender unbekannt, durch seine zwei Zeilen erfährt die Familie verspätet, dass »Ihre Tochter, Fräulein Marianne Schönfelder« verstorben sei. Wahrscheinlich mit der in vergleichbaren Fällen planmäßig kalkulierten Verzögerung: Sie sollten ihr Kind nicht mehr zu sehen bekommen, halb verhungert, vermutlich eingeschläfert wie eine überzählige Katze. Wann die Mutter die Tochter in Großschweidnitz zuletzt sprach, ist nicht zu ermitteln. Ein Besucherbuch, so es denn eins gab, ist weder in der Klinik noch im Staatsarchiv Dresden aufzutreiben. Bestimmt aber schieden Dora und Marianne verweint voneinander.

Die Beerdigung ist auf den 21. Februar 1945, 12 Uhr, angesetzt. An dem Mittwoch ergeht in Dresden eine Luftwarnung um 14.05 Uhr. Maschinen der Amerikanischen 8. Luftflotte, Ziel Nürnberg, sind unterwegs. Weiterer Fliegeralarm um 20.25 und um 21.25 Uhr, diesmal »Mosquitos« der englischen Royal Air Force, sie haben Berlin im Visier. In Sachsen herrscht Bewölkung vor, übliches Winterwetter mit 6,2 Grad höchstens. Für zwei Stunden kam die Sonne durch. Durch die bleiverglasten Fenster sickerte milchiges Licht in die Kapelle (»Sektionsraum nebenan«), als Richters Tante zu Grabe getragen wurde. Das Ziegelmauer-Bauwerk hätte sicher Platz für fünfzig Trauernde gehabt. Aber was heißt zu Grabe getragen in Schweidnitz? Man kam mit dem Verscharren nicht mehr nach.

Dresden kämpft weiter mit den Folgen des Luftangriffs. Am 27. Februar geht Dora Schönfelders Antwortbrief von Langebrück nach Schweidnitz ab. Drei ergreifende Sätze. »Die Nachricht von dem am 16. Februar des Jahres erfolgten Tod meiner lieben Tochter Marianne Schönfelder gelangte durch die Post erst heute in meine Hände. Dieser Schlag trifft mich umso mehr, weil ich deshalb nicht der Bestattung beiwohnen konnte. Bitte teilen Sie mir mit, welcher Art dieselbe stattgefunden hat, damit ich weitere Maßnahmen treffen kann«, unterschrieben »Dora verw. Schönfelder«. Der Boden schwankt unter ihr. Sie ist jetzt 62 Jahre alt, hat das dritte ihrer vier Kinder verloren. In ihren Worten mischt sich der Schmerz mit Bitterkeit. Sie wird es dennoch für eine glückliche Fügung gehalten haben, dass wenigstens ihrem Mann, der kein einfaches Sterben hatte, diese Nachricht erspart geblieben ist. Der Brief schließt ohne jeden Gruß, das hatte sie noch nie unterlassen. Die Verwaltung ignoriert das Schreiben, reicht es ohne Kommentar an Anstaltspfarrer Johannes Axt weiter.

Der Geistliche meldet sich am 8. März 1945 bei ihr mit einem Kondolenzbrief. Trotz wortgewandten Tröstertons wenigstens der Versuch einer einigermaßen persönlichen Ansprache. Axt steht unter Druck. In Schweidnitz wird zehn Mal häufiger gestorben als in normalen Jahren. Axt wäre demnach vom bereits vergrößerten Gottesacker gar nicht mehr heruntergekommen, sondern pausenlos mit Grabreden beschäftigt gewesen. Die Anstalt sah in den Jahren 1943 bis 1945 einen fortwährenden Leichenzug. Durchs Dorf schwirrt seitdem das Gerücht, der Grund sei von Gängen unterhöhlt gewesen, die Toten der »wilden Euthanasie« durch die Katakomben karrenweise weggeschafft worden. Nur ein Gemeinschaftsgrab konnte die Opfer fassen, auf dem knapp bemessenen Areal müssen die Gebeine gestapelt aufeinander liegen, Körper an Körper. Axt war erprobt bei Feldgottesdiensten, der vormalige Divisionspfarrer hatte mehr gesehen, als ein einzelner Hirte ertragen kann.

DER LEIDVERWESER

Flüchten wäre für ihn leichter gewesen als standhalten. Die Zumutungen an sein Amt rissen unter Hitler nicht ab. Er entgeht dem Ansinnen nicht, »seine und seiner Ehefrau deutschblütige Abstammung durch Vorlegung der entsprechenden Unterlagen« nachweisen zu müssen. Im Februar 1939 zeichnet ihn der »Führer und Reichskanzler« mit der »2. Stufe des Treudienst-Ehrenzeichens« aus. Am 24. November 1941 – Tante Marianne steckt in der weit entlegenen Anstalt Wiesengrund, in Berlin informieren sich die deutschen Spitzenjuristen beim Vortragenden Heyde über die »Euthanasie« und lassen sich zu schweigenden Mitwissern machen – hält seine Akte fest: Die Pfarrei »erstrecke sich« vor allem »auf Begräbnisfeiern und folgende Arbeiten«: »Erbbiologische Abteilung, Bibliotheken, rechtliche Betreuung von Kranken in Erbgesundheitsgerichtsverfahren«, also bei Zwangssterilisierungen. Seit August 1937 ist er vom Amtsgericht Löbau bereits »als Sammelpfleger für die hier zu Sterilisierenden verpflichtet worden«. Axt betreute außerdem 20 »Mündel«. Ferner sei er für die Reichsbauernschaft mit der »Verkartung der Kirchenbücher zur

Schaffung von Dorfsippenbüchern« befasst. Eine Arbeitsplatzbeschreibung mit wenig Erbaulichem, weit weg vom eigentlichen Dienst an den Bedürftigen. 1942 wies das sächsische Innenministerium ihn an, er habe »jedwede kirchliche Tätigkeit als Anstaltsgeistlicher ... zu unterlassen«. Sein Amt war das eines Totenwächters. Machtlos trat er an die Gruben.

Gefällig schleicht sich Johannes Axt ins Herz der Dora Schönfelder: »Wir bedauern außerordentlich, dass die Nachricht von dem Ableben Ihrer Marianne so spät in Ihre Hände gekommen ist. Wir wissen ja, wie viel den Angehörigen unserer Kranken daran liegt, dass sie hier noch einmal an ihrem Sarge weilen dürfen, und welche großen Opfer sie immer wieder bringen. Vielleicht denken Sie, dass wir Ihnen hätten telegraphieren können. Allein die Post hier in unserem Bezirk nimmt zurzeit solche Telegramme nicht an.« Sosehr er sich bemüht, aus ihm spricht die müde Höflichkeit des Leidverwesers. Im Schatten seines Kirchturms auf dem Nonnehügel von den Nazis zum Mitwisser gemacht. Wohin er auch blickte, Hungernde und Sterbende.

Johannes Axt war eine Institution, sein Name hat noch Klang. Anno 1926 beginnt der Pastor in Großschweidnitz. Mit ausgeprägtem Helfersyndrom mag es den Sohn eines Landgerichtsdieners ins Abseits gezogen haben, einen sprachmächtigen Vertreter seiner Zunft. Der junge Johannes sang einst aus voller Kehle im Kreuzchor. Er war kein Stubenhocker, sondern ging nach dem Studium als Hauslehrer ins Schloss Chartreuse. Es kostete Kraft, einer Gemeinde von 750 Schäfchen einen Weg aus der Mühsal zu weisen, den meisten konnte nur ein Wunder helfen, sonderbar und sonstwie krumm und verbogen wie die meisten waren. Legte Axt den Beladenen die Heilige Schrift aus, konnte er sich aus der Kanzel lehnen und ihren Blick auf das Kalksteinrelief lenken: Eine Darstellung von Christus in Gethsemane, Ort des Gebets, des Verrats und seiner Gefangennahme am Fuße des Ölbergs. Jesus sprach zu seinen Jüngern: »Setzt euch hier, bis dass ich dorthin gehe und bete.«

Der gebürtige Dresdner ist im Sterbelager Großschweidnitz zumindest ein Mitfühlender, vielleicht der einzige in einer abgestumpften Umgebung, voller Gram, keinen retten zu können. Eine menschliche Stimme, wie in der Anstaltspost archivierte Briefe belegen, die trotz Standardtexten nicht nur die übliche Kranzschleifen-Prosa herunterbeten. War es wirklich Johannes Axt, der für sie betete – und Marianne um 12 Uhr dem Erdreich übergab, ist er es, der fortan das letzte Bild von der Tante des Malers mit sich trägt? Das Gesicht der Toten: »Sie war in unserer schönen Kapelle mit großer Sorgfalt aufgebahrt. Auch lagen eine Reihe Kränze auf ihrem Sarge. Nach der Feier ist die Entschlafene auf unserem Friedhof der Erde übergeben worden. Eine Einäscherung war nicht möglich, da Transportmöglichkeiten nach Zittau zurzeit hier nicht vorhanden sind.« Gemeint ist das Zittau, in das der Gymnasiast Gerhard Richter von Waltersdorf aus pendelt.

Von den drei Schweidnitzer Kirchenglocken hatten die Nazis zwei zum Einschmelzen konfisziert. Die kleinste blieb übrig, 1920 im Ton B gegossen mit der Inschrift: »Ich bin die Auferstehung und das Leben.« Sie verhallte in der Öde. In der gelb geklinkerten Aussegnungshalle schwieg das Harmonium. Ob es den Sarg, in dem Marianne nach Axts Brief lag, überhaupt gab, muss bezweifelt werden. 1942 kaufte die Anstalt noch in größeren Mengen Holzsärge ein. Inzwischen starben aber Tausende. Wahrscheinlich griff Christenmensch Axt, zum Trost für die Hinterbliebenen, zu frommen Lügen. Was hätte er, in Gottes Namen, denn sonst tun sollen?

Axt tippt in Eile. In der Hast unterlaufen ihm etliche Schreibfehler, Mehrzahl statt Einzahl, Punkte statt Kommas. Marianne sei an einer »plötzlichen Kreislaufstörung« verstorben, lässt er wissen, sie »hatte ja ohnehinein Herzleiden«. Wer immer dem Pfarrer die Formulierung lieferte, in den acht Anstaltsjahren vorher ist von einer solchen Erkrankung kein einziges Mal die Rede. Noch zwei Wochen vor dem Ende hatte der

Befund gelautet: »Ruhig, teilnahmslos, unauffällig, Herztöne rein, aber leise.« Die unvermeidliche Floskel: »Wir nehmen an Ihrer Trauer aufrichtig Anteil. Wollen Sie, sehr geehrte Frau Schönfelder, aber auch bedenken, dass der Tod, der Ihnen die Tochter nimmt, dieser die Erlösung von einem gänzlich hoffnungslosen und nicht mehr lebenswerten Dasein gebracht hat.« Diese Diktion macht ihn der Komplizenschaft mit Hitlers Rassenpolitik zumindest verdächtig. Im Übrigen sei der Tod »eine Fügung, für die Sie sehr dankbar sein dürfen. Befreit er doch auch Sie von unendlich viel Unruhe und Sorge« und spreche im Schicksal des Menschen ja nicht das letzte und das entscheidende Wort. Er sei »Übergang in eine Daseinsform, in der die Menschenseele frei von den Hemmungen seines kranken Körpers, frei auch von all dem Leiden, das hienieden die Krankheit über sie brachte«. Er kondoliert noch im Februar '45 »mit freundlichem Gruße und Heil Hitler«. Gern hängt er an das »t« seines Namens einen bedeutungsvollen Kringel, offensichtlich weltlicher Eitelkeit geschuldet. Mutter Dora dürfte in den Kriegswirren Mühe gehabt haben, ihre Tochter Hildegard Richter in Waltersdorf über das neuerliche Drama zu informieren: vier Tote in acht Monaten, drei Kinder, ihr Gatte.

Zum Schluss noch das Geschäftliche, der Pfarrer geht zur Tagesordnung über: »Wenn Sie den Wunsch haben sollten, übernimmt die Anstalt gegen eine Gebühr von jährlich 6.- RM die Grabpflege für Mariannes Grab.« Am 3. Juli 1945 vermerkt das Stadtwohlfahrtsamt, Zweigstelle Neustadt, »wir bitten um Mitteilung, ob aus Anlass der Bestattung der Schönfelder für das Fürsorgeamt Kosten entstanden sind. Wie hoch waren diese oder wer hat sie getragen? Für baldige Beantwortung wären wir dankbar.« Mit Bleistift setzt ein Sachbearbeiter darunter: »Rechnung über Beerdigungskosten 70.10 RM ersetzen.« Auf das Tragen der Leiche entfielen 24 Mark, für die Benutzung der Friedhofshalle 3 Mark. Der Endbetrag spricht eher dafür, dass Marianne beim Armenbegräbnis beiläufig in ein Erdloch gekippt wurde, normalerweise kostete eine Sarg-Bestattung 103,10 Reichsmark, 33,50 davon allein für die Holzkiste. In den heillosen Zeiten und Zuständen war niemand mehr verfügbar, der Särge hätte schultern können.

Das Jahr 1945 geht ins Land. »Frau Dora verw. Schönfelder« schickt per Postanweisung 12.50 Mark für zweimalige Bepflanzung des Grabes nach Schweidnitz. Im März 1946 klagt sie, sie habe die »Grabstätte ihres geliebten Kindes« immer noch nicht besuchen können. Sie müsse aber einiges besprechen »bezüglich Sachen und so fort«. Deshalb bittet sie dringend um eine Bescheinigung, »ich brauche dieselbe zur Genehmigung der Eisenbahnfahrt«. Im Februar 1947 kritisiert sie zum Todestag, im Herbst habe sie die Grabstätte »noch nicht fertig vorgefunden«, und nimmt an, »dass sie mir den gesparten Betrag nun mehr für das Jahr 1947« gutschreiben. Bestimmt kam sie aus Waltersdorf herüber, Tochter Hildegard zur Seite. Der ganze Wahnsinn der NS-Ausrottungspolitik ist da schon aufgeflogen. Die Zeit des Vertuschens ist um, die Kripo ermittelt gegen die Verantwortlichen.

Kurioserweise steht vor der Pforte des Krankenhauses ein Denkmal für »antifaschistische Widerstandskämpfer«. Die hat im Dritten Reich in Großschweidnitz nachweislich nie jemand gesehen. Im Gegenteil. Ignoriert von den Mitwissern im Dorf, die in der Anstalt Arbeit fanden (satt zu essen hatten und das Unaussprechliche mitbekommen haben müssen), erhob sich keine Stimme gegen den »Hungertod«. Nun trifft alle Schweidnitzer die Not. Die Geschichtsschreiber berichten von »tiefer Niedergeschlagenheit«: Die zum Erntedankfest 1946 an die Erwachsenen verteilte »Semmel mit Hackepeter« ist ihnen eine besondere Erwähnung wert. Auf den Feldern hätten sich die Hungernden »förmlich die Ähren aus der Hand« gerissen. Am Rand der Staatsgüter hätten bis zu 800 Menschen »wie eine Mauer, Hacke an Hacke, Eimer an Eimer« gewartet, um aufzuklauben, was beim Kartoffeleinbringen übrig geblieben sei. Die

Russen verteilten in Waltersdorf Graupensuppe. Auch Gerd musste mit dem Vater »zum Stoppeln« raus. Hamsterfahrten mit dem Zug konnten Tage dauern. Sie hatten einen größeren Posten Quirle angeschafft, gingen damit bei den Bauern hausieren. Geschirr, Bestecke, Teppich versuchten sie loszuschlagen, »alles, was wir hatten«. Der Maler meint, er sei ein schrecklich ungeschickter Händler gewesen.

DIE ABRECHNUNG

Mächtig wie eine Zitadelle erhebt sich das Dresdner Landgericht am Münchner Platz. In seinen Ausmaßen ein Bollwerk aus dem Baukasten von Renaissance, Jugendstil, Reformbewegung und Sachlichkeit. Mit einem vierflügeligen Gefängnisanbau zu einer Überwältigungsarchitektur ausgewachsen, die den Mut eines jeden Ganoven sinken lassen sollte. Das ganze Viertel überragt der 60 Meter hohe Turm, auf dem sich eine symbolische Schwurhand reckte. An der Außenfassade trumpft das Gebäude mit den Herrschaftssymbolen Löwe und Greif auf, kämpft der heilige Georg mit dem Drachen, stellen Hochreliefs die Themen »Verbrechen, Geständnis, Urteil und Sühne« dar. Im Hauptgiebel verspricht eine Frauensperson nicht weniger als die »Wahrheit«. Über den Eingang gesetzt der Spruch »Nichts ist so fein gesponnen, dass es nicht käme zur Sonnen«. Im Sichtfeld schräg gegenüber an der Münchner Straße 10 lag zwischen Nürnberger Platz und Bayreuther Straße die andere Immobilie von Professor Heinrich Eufinger.

Zwei Jahre nach dem Ende der Hitlerdiktatur macht das außerordentliche Schwurgericht am 16. Juni 1947 den Tätern aus Sachsens Tötungsanstalten den Prozess. Endlich erfüllt sich der »Vergeltungsfluch«, den der Vater von Elfriede Lohse-Wächtler in die Welt setzte, nachdem er den gefälschten Totenschein Nr. 128 seiner in Sonnenstein vergasten Tochter erhalten hatte: Ewig solle der Bann auf »dem Anordner lasten, weil er leichtfertig oder im Größenwahn in wilder, rücksichtsloser Brutalität ... das Signal zu einem unterschiedslosen Hinmorden der Anstalts-Insassen aus verwaltungstechnischen Gründen gegeben hat«. Er bat um Weiterleitung seines Schreibens an Hitler. Wächtler kam danach für einige Tage in Gestapo-Haft. Aber sein ungestilltes Rachebedürfnis wirkte fort und fort: Reichsstatthalter Mutschmann, Eufingers Nachbar, wird in der Moskauer Lubjanka erschossen. Reichsleiter Philipp Bouhler, ein Planer der »Aktion T 4«, begeht Selbstmord. Der für Heil- und Pflegeanstalten zuständige Ministerialdirigent Herbert Linden bringt sich um. Reichsärzteführer Conti legt Hand an sich. Der Schweidnitzer Arzt Dr. Mittag wählt in U-Haft den Strick, der Ermordung von Kindern beschuldigt. Die Pfleger Arhold, Bäurich, Menschel, Eichler hatten sich schon entleibt. Der Angeklagte Felfe hängt sich im Zuchthaus Zwickau auf.

Es sind Verdammte, über die am Münchner Platz gerichtet wird. Die Presse warnt zum Auftakt, die Berichterstattung »wird nichts für schwache Nerven sein«. Eine bewusst emphatisch gehaltene Anklage wirft den Beschuldigten vor, »das Maß und das Gefühl für wahre, echte Humanität verloren« zu haben: »Das Blut von Tausenden verlangt nach Sühne, denn sie haben verstoßen gegen das über alle Grenzen hinausreichende Gebot: ›Du sollst nicht töten!‹«

Das Gericht tagt unter dem Vorsitzenden Dr. Fischer in dem hohen Saal. Heute ein steil ansteigendes Auditorium der Technischen Universität mit 150 Plätzen, in dem sich ohne Mikrofon die Stimmen verlieren. Zur DDR-Zeit hörten Studenten im Saal A 251 »Sozialistische Betriebswirtschaft«, was immer das war. Jetzt werden im Kapitalismus Vorlesungen über »Wirtschaftspädagogik«, »Statistik II«, »Oekonometrie« angeboten. Eine Tafel vor der Tür erinnert die Lernenden an den Prozess von 1947. Damals brandete eine ungeheure Erregung bei der Kammer an, täglich Telegramme, Resolutionen von Bürgern und Betriebsgruppen mit deutlichem Murren gegen die Verteidiger dieser »Mörderbande«. Öffentliche Forderungen nach härtester Bestrafung erzwangen Stellungnahmen im laufenden Verfahren und die Bitte des Vorsitzenden Fischer, die Protestierer sollten »Abgesandte« zur Beobachtung schicken. Das Tribunal verhandelte auf der Grundlage des alliierten Kontrollratsgesetzes Nr. 10, Art. II, das »Bestrafung von Personen« regelte, die »sich Kriegsverbrechen gegen den Frieden oder gegen die Menschlichkeit schuldig gemacht haben«. Niedergelegt am 20. Dezember 1945, auf den Tag zehn Jahre nach der Zwangssterilisierung von Elfriede Lohse-Wächtler. Dieses Gesetz behandelte den Typus des »kollektiv begangenen Massenverbrechens«, dazu gehörten Ausrottung, Versklavung, Verschleppung. Die bisherigen juristischen Begriffe würden der »grauenhafte Anhäufung« der Tatbestände nicht gerecht.

15 Angeklagte drängeln sich in den Bänken, fünfzig weitere Gesuchte hatten sich nach treuer Pflichterfüllung aus dem Staub gemacht. Man muss sich die Wachtmeister in den Saal hineindenken, die Beisitzerin Thaler mit ihren spähenden Augen, die Protokollführerinnen in weißen Kurzarmblusen, die Zuschauer, die sich über die Brüstung der Empore lehnen, die Ausdünstung von Angst und Feigheit über den Holzbänken der Beschuldigten. Den Verhandlungsleiter mit dem Beffchen, Aktenstapel vor sich. Er kommt mit acht Bänden Material aus, die ich mir unter der Bestandnummer 11120 im Staatsarchiv vorlegen lasse, von übellaunigen Sachbearbeitern Stück für Stück auf den Tresen geklatscht. Vielleicht empfinde ich das auch nur so krass, weil die Bürokratie bei der Erkundigung deutscher Zustände mit ihren Vorläufen, Fristen, Sprechzeiten, Verboten, Beschränkungen, Gängeleien und ständigen

Belehrungen von Griffelspitzern über undurchschaubare »Findbücher« zuerst Enervierendes und bald etwas Lähmendes hat. Die Akten sind in brauner Pappe gebunden, mit Leinenrücken und aufmontiertem Deckelschild, manche Seiten sind eingerissen, durchlöchert, zur Verstärkung mit Transparentpapier unterlegt. Auf dem eingelegten Benutzerblatt haben sich die mir jetzt vertrauten Autoren Götz Aly, Boris Böhm, Heinz Faulstich oder Thomas Schilter eingetragen, hinter einer Geschichte her, die fast der deutschen Gedächtnislosigkeit anheim gefallen wäre.

Die Bande sitzt gestaffelt, wie erwartungsvolle Besucher im Theaterrang, wüsste man nicht, dass sie die Akteure einer beispiellosen Mordserie sind. Nur wenige Schritte trennen sie vom Schafott. Auf dem Weg zum Gericht geht der Blick durch die Bogenfenster hinunter auf ein umschlossenes Geviert, das keine Fluchtmöglichkeit zulässt. Dort wird die transportable Guillotine aufgestellt. Bald auch für die Beschuldigten? Sooft sie in den labyrinthischen Bau geführt, sooft sie abgeführt wurden, immer hatten sie die Aussicht auf die Blutbühne.

Mit dem Bild der getöteten Tante Marianne vor Augen, erwartet man, Bestien und finstere Gestalten zu sehen. Stattdessen im Schutz der Verteidiger lauter alltägliche Typen, Durchschnittsaussehen, beunruhigend schrecklich in ihrer Normalität. Es reicht nicht, sie mit Widerwillen zu betrachten. Diese Männer im Sonntagsstaat, zum Ausgehen zurechtgemacht, um den Anschein von Wohlanständigkeit zu behaupten. Man hat ihnen die Fesselung erspart, auch auf dem Transport. So unscheinbar wirkten sie, dass eine an der Straßenbahnhaltestelle wartende Schöffin vom Fahrer des Gefangenenbusses eingeladen und mitgenommen wurde.

Auf den querformatigen Fotos, die um die Welt gehen, nimmt die Angeklagtenbank die volle Breite ein. Noch ehe ich die Bildunterschrift lese, weiß ich schon, wer der Hauptangeklagte unter den »Medizinverbrechern« ist: Paul

2

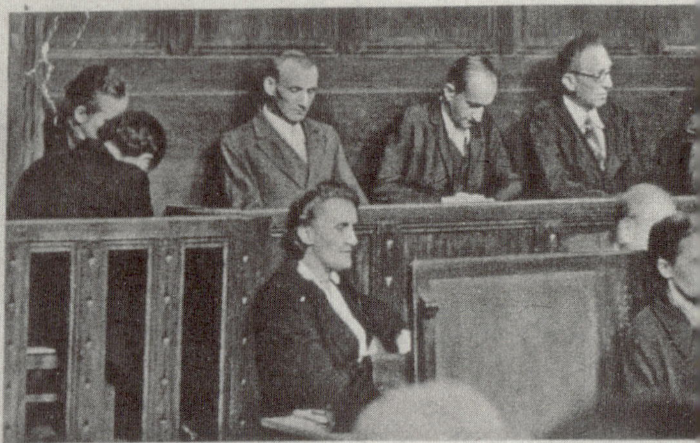

Mit vier Todesurteilen, hohen Zuchthausstrafen für acht Angeklagte und drei Freisprüchen wegen
und Pflegepersonal sächsischer Landesanstalten für Geisteskranke. Durch Vergasung und Tablette
dieser Ärzte und Pfleger gewesen wäre; statt dessen traten sie ihre Berufsehre mit Füßen und orga
Vernichtungswerk, dem in diesem Falle allein mehr als 15 000 Menschen zum Opfer fielen
Unser Bild zeigt die Anklagebank (von rechts nach links): Professor Dr. Nitsche (zum Tode ver
Zuchthaus), Dr. Leonhardt (zum Tode verurteilt, verübte Selbstmord durch Erhängen), Pfleger F
Pfleger Repke (lebenslänglich Zuchthaus), Oberschwester Sachse (15 Jahre Zuchthaus), Schwe
verdeckt die Anwälte. Davor (von rechts nach links): Frau Dr. Walther (freigesprochen), Dr. Sch
Schwester Klara Friedrich (3 Jahre Zuchthaus), Schwester Martha Friedrich (freigesprochen), Sch

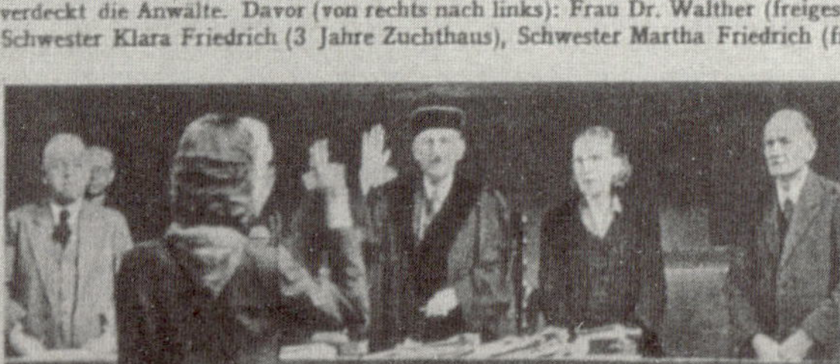

Fräulein Dr. Ochsenbart, eine Zeugin, leistet den Eid

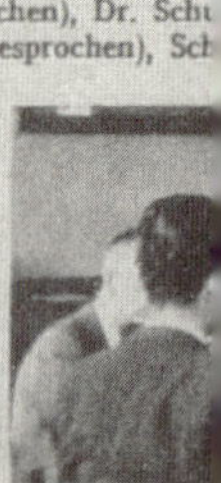

Zeugenvernehm

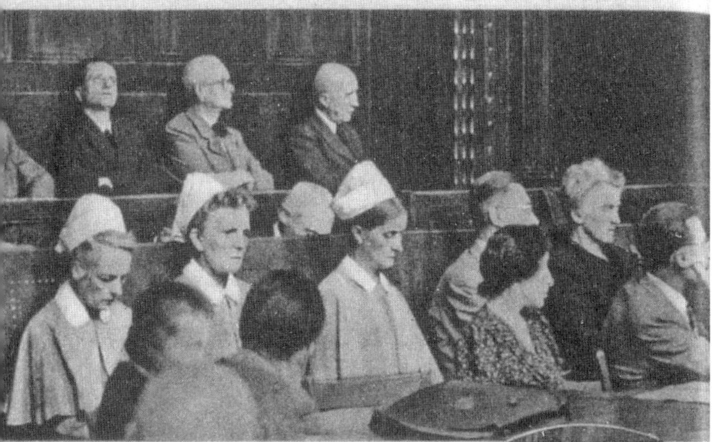

an Beweisen endete der Dresdner Prozeß gegen Ärzte
kranke Menschen umgebracht, denen zu helfen Pflicht
it hitlerischer Menschenverachtung das verbrecherische

. Langer (15 Jahre Zuchthaus), Dr. Herzer (20 Jahre
Tode verurteilt), Pfleger Gäbler (zum Tode verurteilt),
nann (3 Jahre Zuchthaus). In der Zwischenbank halb
sprochen), Oberschwester Wedel (8 Jahre Zuchthaus)
kermann (8 Jahre Zuchthaus)

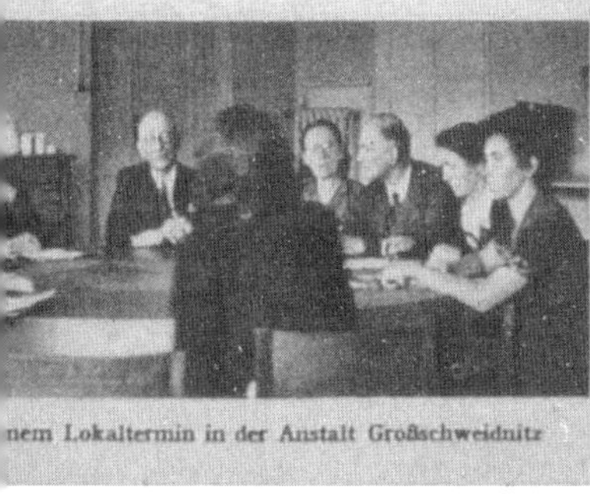

nem Lokaltermin in der Anstalt Großschweidnitz

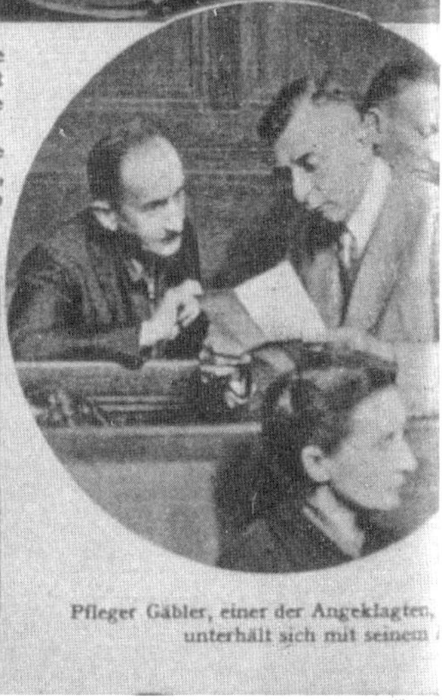

Pfleger Gäbler, einer der Angeklagten,
unterhält sich mit seinem

Nitsche, der rechte Flügelmann; er tut so, als wäre er zufällig hereingeschneit, und folgte einer interessanten Aufführung. In der Mitte Ernst Leonhardt, lange Zeit auch Tante Mariannes Arnsdorfer Arzt. Im Vordergrund unter den Frauen die Beschuldigte Wedel, der böse Geist auf Mariannes Todesstation 11. In Schwesterntracht mit gestärkter Haube versündigte sie sich mit ihren Kolleginnen an den Schutzbefohlenen, was ihr Tun noch unheimlicher macht. Das Haar streng gescheitelt, die Nase klein und spitz. Die eine wie die andere hohlwangig, knöchern und bleich. Ihre Pelerinen scheinen den Geruch von Kampfer zu verströmen. Kläglich, in falscher Bußfertigkeit, nun, da sie »kein Führerwort mehr zu schützen« vermag, wie das Gericht hervorhebt.

Der kollektive Rausch ist vorbei. Im nüchtern-puristischen Dekor wird jedem die Schuld einzeln vorgerechnet. Es sind Arbeitskollegen, sie kannten sich als Gleichgesinnte, nichts verbindet enger als gemeinsame Schandtaten. Auf den Gerichtsbildern stieren sie mit falscher Unschuldsmiene und niedergeschlagenen Augen auf den Boden vor sich hin. Versteinert, wohl weniger aus schlechtem Gewissen, sondern aus Verlegenheit über die öffentliche Schande. Mit Hitler hatten sie einen Pakt geschlossen, hörig, wie man es von Sekten kennt. Es sind schon viele Studien über die NS-Euthanasie veröffentlicht worden, insbesondere richtungweisende Arbeiten von Götz Aly, Ernst Klee und Karl Heinz Roth. Doch bleibt unfasslich, was in Hitlers Staat den Schwächsten widerfuhr.

»Sachbericht gegen Dr. Schulz und andere wegen Tötung Geisteskranker usw. ...« Der Großschweidnitzer Anstaltsdirektor gilt als Zentralfigur der Gräuel. Am 12. Juli 1946 – Wolfgang Staudte dreht schon »Die Mörder sind unter uns« mit Hildegard Knef in der Hauptrolle, der am 15. Oktober 1946 uraufgeführt wird – protokolliert Justizinspektor Sinny die zentrale Aussage des Inhaftierten: Anno '40 habe er, Schulz, an einer Besprechung mit Heyde in Dresden teilgenommen: »Soweit ich mich entsinnen kann, sind wir ... mit den Richtlinien über die Auswahl der zur Vergasung kommenden Kranken bekanntgemacht worden.« Ebenso freimütig gesteht er den Vernehmern: »Dass unsere Handlungsweise mit dem gesetzten Recht nicht in Einklang stand, war uns klar.« Schulz profitierte von seinen Verbrechen, kassierte »im Lauf der Jahre mehrere 1000 Mark« neben seinem Gehalt – »für Ausstellung von amtsärztlichen Todesbescheinigungen je 10 RM«. Anfang '45 bei herannahender Front habe er auf ministerielle Anweisung seinen Mitarbeitern nahe gelegt, »in geeigneten Fällen unseren Krankenbestand durch Verabreichung von Medikamenten zu verringern« und »Geisteskranke durch vermehrte Abgabe von Beruhungsmitteln töten zu lassen«. Das Todesurteil für viele, wohl auch für Tante Marianne. Ihr letzter Anstaltschef erklärte im Brustton der Überzeugung: »Zur moralischen Seite muss ich noch erklären, das wir uns für Erlöser der Schwerkranken und nicht für Mörder gehalten haben.«

In den Archivalien sticht ein blaues Blättchen heraus, mit perforiertem Rand und zerfleddert. Man spürt noch die Papierknappheit. Das in seiner schlichten Ehrlichkeit einprägsame Schreiben des Plauener Oberlehrers a.D. Robert Schramm, der Schulz im Oktober 1945 beschuldigt, »der Anstifter zum Mord an meiner Tochter Wilfriede Schramm« in Großschweidnitz gewesen zu sein. Sein Kind sei ins Visier der Rassenfanatiker geraten, weil es daumenlos geboren wurde. In der Anstalt habe sie große Angst gehabt. Die Tochter wurde umgebracht, der Oberlehrer Schramm macht sich die größten Vorwürfe, nichts gegen die Psychiatrie unternommen zu haben. Erst durch seine Anschuldigung kam die Sache ins Rollen.

Die Prozesseröffnung erlebt Schulz gut versorgt im Krankenhaus, sinnigerweise von Dresden-Friedrichstadt, zehn Jahre lang der Arbeitsplatz von Richters Schwiegervater Eufinger. Der ist noch im Lager Mühlberg inhaftiert. Ein weiterer Beleg dafür, wie beim Aufblättern eine Biografie zur anderen findet. Der Schriftsteller Wilhelm Genazino würde von der »Gesamtmerkwürdigkeit des Lebens« sprechen, von einem unbekannten Regisseur ins Werk gesetzt. Schulz stirbt in Zwickauer U-Haft am 1. November 1947 an Tbc und schwerer Herzstörung. Das Schicksal ist ihm gnädig. Auf ihn hätte das Fallbeil gewartet. Die letzte Rechnung blieb offen, 164 Behandlungstage für 1230 Mark gemäß amtlichem Mahnbescheid.

In der Strafsache 1 Ks 58/47 rückt Paul Nitsche ins Zentrum. Wenn man so weit gehen will, ist er der Intellektuelle unter ihnen: Professor Dr. Hermann Paul Nitsche, weißer Kragen, dunkler Binder um den Hals. Ein kahler Schädel, der bald im Auffangkorb der Guillotine liegen wird, vom Rumpf getrennt zwischen dem vierten und fünften Halswirbel, wie es verlangt war. Der Irrenarzt wählte den Beruf seines übermächtigen Vaters. Um ihn auszustechen, macht der scheinbar soignierte Herr von nun knapp siebzig Karriere als Stratege der »Euthanasie«-Verbrechen, befreit sich auf Kosten psychisch Kranker von seinem Minderwertigkeitskomplex. Ein abartiger Buchhalter des Todes, darin lässt sich Nitsche von keinem übertrumpfen. Für die Zwangssterilisierungen entwarf er schematisierte Zählkarten. Er ließ eintragen, erfassen, kontrollieren, auflisten, verzeichnen, tabellieren, als könnte er mit der Vernichtungsbilanz prahlen. Eine manische Suche nach Systematik in Leistungsnachweisen, die belegt, wie unantastbar sich die braunen Bürokraten als Mörder fühlten, für wie gering das Risiko des Entdecktwerdens erachtet wurde. Obsessiver Ordnungswille bannte das schlechte Gewissen, verwandelte Opfer in Zahlen. Zahlen sind für die Ewigkeit. Nitsche wollte sich durch die Zahl seiner Opfer unsterblich machen.

Niemand sieht ihm an, wer er ist und wer er war. Scheinbar die Güte in Person, so sitzt er da. Die Körpersprache hält das Schauderhafte im Zaum. Der Professor ist tatsächlich der Überzeugung, die Vergasung sei »wirklich eine ganz milde und nicht mit Qualen verbundene« Todesart gewesen. Damit stand er nicht allein. Die Eingeweihten tauschten sich in steifem Kanzleideutsch aus, verkehrten in wahrlich ungeheuerlichen Schriftsätzen untereinander mit der Anrede: »Meine Herren«, legten Wert auf die Form bei ihren »Geheim«-Mitteilungen mit dem »Betr.: Vernichtung unwerten Lebens«.

Hinter Paul Nitsche liegt eine mörderische Strecke. Die »Sterbehilfe« für Psychiatrie-Patienten mit »Gaben von täglich dreimal 0,3 gr. Luminal auf drei Tage« ist seine Erfindung. Der »Obergutachter« hatte in Tausenden von Fällen »über das Schicksal der Opfer das letzte Wort«, er sorgte dafür, »... dass Geisteskranke vergast wurden«. Seinen Verteidiger Henning packte das Entsetzen, er gab sofort das Mandat zurück, als er erfuhr, was sein Mandant verbrochen hatte: »Ich bin Mitglied der bekennenden Kirche.« Der 1. Staatsanwalt Pohl bedauerte, auch der Hauptangeklagte könne nur mit der Todesstrafe »bedacht« werden, es gebe »leider keine höhere Strafe ...«.

1902 promovierte Nitsche über »Gedächtnisstörungen in zwei Fällen von organischer Gehirnkrankheit«. In der Weimarer Zeit galt er als führender Psychiater, dachte fortschrittlich, es sah nach einer makellosen Gelehrtenlaufbahn aus. Ungewöhnlich aufgeschlossen wünschte der zeitweilige Anstaltsdirektor von Sonnenstein für seine Patienten »rhythmische Turn- und Ordnungsübungen«, forderte Geografie-Stunden, Lichtbildvorträge, Tanzfeste, Theater- und Kinovorführungen auch für Schizophrene. Noch 1929 redete er im »Handbuch der Geisteskrankheiten« einem »ruhig-freundlichen Umgang« mit den Patienten das Wort. Sie sollten als »gleichberechtigte und vollwertige Menschen« betrachtet werden. Wichtig sei, »den Kranken immer fühlen zu lassen, dass man ihn nicht als einen ... aufgegebenen Fall betrachtet«. »Besonders vorsichtig zu erwägen« sei die Anwendung von Narkotika. Er meint sich selbst, als er seinen Mordkumpan Werner Heyde im Prozess als »sehr sensibel« und »sehr weichen Menschen« charakterisiert, seinen Bruder im Geist.

Er war umtriebig und fleißig, beim Fortschreiben der Irrenstatistik findet er zu seiner Obsession, gehört 1938 zum Herausgeberstab der »Allgemeinen Zeitschrift für Psychiatrie und ihre Grenzgebiete«, was kein gutes Zeichen mehr war. 1938/39 mischt er in der Dresdner »Deutschen Gesellschaft für Rassenhygiene« mit und amtiert im »Erbgesundheitsobergericht«, überzeugt davon, der »völkische Staat« müsse seine »wertvollen rassischen Eigenschaften bewahren«. Nitsche ist Mr. Hyde und Nitsche ist Mr. Jekyll – Menschenfreund und Mörder. Nach eigener Aussage wohnt er »mehrfach den Vergasungen bei«, hört ungerührt, »dass die eingeschlossenen Kranken gelegentlich gegen die Tür gedrängt oder geschlagen« haben. Unter dem Stichwort »Aufnahmen in Ausscheidungsanstalten« wollte Nitsche in einem Propagandafilm die Ankunft eines Transportes bis hin zum »Entleeren des Badesraumes« (gemeint ist der Vergasungsraum!) Schritt für Schritt aufzeichnen, samt der »Feststellung des eingetretenen Todes«, »Umlegen in Kühlraum« und abschließender »Einäscherung«. So Punkt c seines Exposés vom Mai 1940. Die makaberste Regieanweisung der Filmgeschichte.

Es kommt sicher nicht von ungefähr, dass Band V der Gerichtsakte den Hinweis auf Professor Heinrich Eufinger überliefert. Nitsches Anwalt benennt ihn am 6. Juni 1947 als Zeugen Nummer 4 dafür, »dass der Angeklagte bei einer Besprechung mit dem Reichsärzteführer sich dagegen verwehrt hat, dass ihm von der Sächsischen Regierung fortgesetzt angesonnen werde, versteckte Euthanasie an Geisteskranken zu treiben«. Der im Dresdner Staatsarchiv aufgetauchte Anwaltsbrief zu Eufinger belegt, wie eng er mit den treibenden Kräften der Euthanasie bekannt gewesen sein muss und sich unter ihnen bewegte. In seiner Funktion als SS-Arzt tief hineingezogen in die Vorgänge, war es schlechterdings unmöglich, von der Euthanasie nichts zu wissen. Der Gerichtsvorsitzende hatte gegen die Ladung keine Bedenken, »soweit Zeugen erreichbar sind«. War Eufinger aber nicht. Der SS-Obersturmbannführer saß ja noch im Lager Mühlberg bei den Russen ein.

DER GEHILFE

Die sächsische Illustrierte »Zeit im Bild« vom August 1947 streut Prozess-Fotos zwischen Aufnahmen der »Blumenfrau am Potsdamer Platz«, Argentiniens Evita Perón beim Papst-Besuch und »Miss Los Angeles«: »Sie muss auch die richtigen Maße haben.« Der Angeklagte Dr. Ernst Leonhardt ist der Mann mit Brille, vogelgesichtig, unscheinbar, gebeugt, eingefallen, zu weiter Kragen, leichenblass. Seine Personalakte aus dem Staatsarchiv Dresden rekapituliert die Stationen des wirklichen Untertans, ein einziges Dokument der Niedertracht: Physikum und Staatsexamen in Leipzig jeweils mit »Zensur I«. 1913 beendet er seine Bewerbung um eine Psychiatrie-Stelle mit einem »In Ehrerbietung ergebendst«. Alle »erforderlichen Nachweise« für die »deutschstämmige Abstammung« sind mit akkuraten Häkchen versehen: »keine Bedenken«. Den absolvierten »Kursus an der Staatsakademie für Rassen- und Gesundheitspflege« erwähnt er besonders. Eintritt in die NSDAP am 1. Mai 1937. Facharzt für Nerven- und Gemütskrankheiten. Als »Beauftragter für die Vergasungsaktion« geht er in die Literatur ein. Neben diesem »Hauptvorwurf« ist im vorliegenden Dossier aus dem Bundesarchiv »gesteht!« gekritzelt.

In jungen Jahren ist Mariannes Arzt einmal fesch gewesen mit blondem Haar und Schnauz. Er trug Weste, überbreites Revers im Stil der Zeit, die gebundene Fliege suggeriert den strebsamen Psychiater, der noch nichts mit der Ausrottung von Geisteskranken zu tun hat. Am 28. Februar 1946 wird er in Pirna festgenommen, Haftgrund »Verbrechen gegen die Menschlichkeit«. Das Letzte, was Leonhardt in Freiheit sah, war die Vergasungsanstalt Sonnenstein. Ihn ausgerechnet unweit der Mordstätte zu schnappen, konnte nicht beziehungsreicher sein. Am 1. April kommt er laut dem roten »Einlieferungszettel« des Polizeipräsidiums, Abteilung H, ins Dresdner Gefängnis, mit Stempel vom 2. April und dem Aktenzeichen 12 C 448/46 H beglaubigt. Die Wohnung gibt er mit »Gendarmerie-Siedlung Nr. 16« an und erklärt, er habe »ca. 8000 RM jährlich« verdient. Unter »sonstige Ausweise« steht: »Kennkarte von den Russen eingezogen«.

In U-Haft verfasst er eine weinerliche Eingabe an den »Herrn Generalstaatsanwalt von Sachsen«. »Ich bin ziemlich acht Monate in Haft und leide unter schrecklichen Qualen und Selbstvorwürfen.« Niedergelegt auf beidseitig beschriebenem Papier von ledriger Konsistenz, zur Haltbarmachung mit starken Konservierungsmitteln getränkt, ein Graus, es in die Hand zu nehmen. Wie die Obergutachter Heyde und Nitsche behauptet auch er, von seiner Veranlagung her »weichherzig« zu sein. Bald bettelt seine Frau um ihn, »eine längere Dauer der Haft hält er gesundheitlich nicht aus«. Sie versteift sich darauf, er und die mit ihm Einsitzenden hätten die Kranken »in selbstlosester Weise« betreut. Fluchtpläne der Familie werden entdeckt und vereitelt. Leonhardt verteidigt sich: »In der Partei hatte ich keine Funktion. Ich trat auf Veranlassung meines Direktors Dr. Sagel ein. Es war ein gewisser Zwang dabei. Vorteile habe ich nicht von der Partei gehabt. Ich habe mich politisch nie betätigt, meine Einstellung war gegen Hitler.«

Hitler ist tot. Himmler ist tot. Ihr gehorsamer Beamter Leonhardt lebt noch, verschanzt hinter der Schutzbehauptung, er habe sich für verpflichtet gehalten, das Gesetz durchzuführen. Kaum von den Russen der deutschen Strafverfolgung überstellt, protokolliert die Kriminalpolizei Dresden am 8. April 1946 den folgenden Dialog mit einer Marionette.

»Also sind Sie blind dem Führer gefolgt?

Dem Führer nicht, aber meinen vorgesetzten Behörden.

Sie wussten doch, dass Sie sich dadurch schuldig machen!

Nein, dass ich mich schuldig mache, wusste ich nicht.

Sie wussten doch, dass die Menschen vernichtet wurden.

Ich war der festen Überzeugung, dass die Anordnungen, die ich auszuführen hatte, gesetzlich festgelegt waren.

Also zu morden?

Das wurde nicht als Mord angesehen.

Ist es gesetzlich, wenn Tausende von Menschen umgebracht werden?

Ich halte diese Sache auch nicht für richtig.

Sie führten es aber trotzdem durch, weshalb?

Ich bin den Anordnungen meiner vorgesetzten Behörde nachgekommen.«

Warum der gefügige Diener von den vielen Arnsdorfer Schizophrenen ausgerechnet Richters Tante davonkommen ließ und ihr einen kleinen Aufschub verschaffte, ich komme nicht dahinter, kann es mir nur so erklären: Sie galt als unheilbar krank, sie war ledig, sie hatte die Kennziffer 14, zählte zu den Geächteten, arbeitete nichts. Jedem »unnützen Esser« war die Existenzberechtigung abgesprochen. Das junge Mädchen steckte damals noch keine fünf Jahre in der Psychiatrie, an Marianne muss etwas gewesen sein, was ihn irritierte, weshalb sie vielleicht nicht hundertprozentig ins bürokratische Muster passte. Von Juli 1939 bis Anfang Januar '41 beschäftigt sich niemand mit ihrer Akte, gerade so, als sei sie beim Ausmustern vergessen worden. Marianne blieb übrig bei Leonhardts Schachern mit dem Tod. Vorerst.

In den Euthanasie-Jahren 1940/1941 vertritt er in Arnsdorf den Direktor Sagel, seinen ärgsten Rivalen. Zum Herrn über Leben und Tod schwingt sich der Stellvertreter auf. Am 20. März 1941 nimmt Leonhardt an einer Sitzung handverlesener Anstaltsleiter in der Berliner Führerkanzlei teil, »die die Durchführung der Aktion zum Gegenstand hatte«. Leonhardt ist ein bedeutungsloser Irrenarzt. Niemand kennt eine Abhandlung von ihm. Es schmeichelte seiner Eitelkeit, zur Geheimbruderschaft im Berliner Führer-Hauptquartier vorgelassen, von Hitlers Adlaten eingeweiht zu werden. Jeder neue Transport in die Vernichtung eine Ergebenheitsadresse, ein Menschenopfer für den Führer, der die »germanische Urrasse« wollte, die nach der Nazi-Terminologie binnen 120 Jahren aus dem deutschen Volkskörper »auszumendeln« sei. Kein Jahr, nachdem er sich auf die scheinbar sichere Seite geschlagen hatte, stieg der Erfüllungsgehilfe mit Befehl des »Führer-Hauptquartiers, den 26. Januar 1942, Der Führer, gez. Adolf Hitler«, vom Medizinal- zum Obermedizinalrat auf. Abschrift auf Durchschlagpapier, »gez. Dr. Conti«.

Leonhardt entpuppt sich als eine Pseudopersönlichkeit, ohne jede Haltung. Als Arzt hätte er sich eigentlich fragen müssen, warum der Tod eine so ungeheure Faszination auf ihn ausübte, da er doch Kranke gesund machen sollte. Der Prototyp des »autoritären Charakters«: ein Funktionsträger, der aus Feigheit zum Morden schweigt, fügsam und unterwürfig. Servilität wird ihm zur zweiten Natur. Für ein paar Tage Freizeit katzbuckelt er vor ministeriellen Vorgesetzten, lamentiert im Juli 1941, er habe »seit Juli 1939 keinen Urlaub gehabt und die starke dienstliche Überlastung ... hat mich gesundheitlich mitgenommen«. Leonhardt meint sein mörderisches Treiben. Kurz danach bekräftigt eine behördliche Anordnung (vom 30. September 1941), er sei befugt, alle Arbeiten, »die mit der Sonderaktion zusammenhängen, weiter selbstständig durchzuführen«. Er sei »ausgezeichnet eingearbeitet und bisher allen schwierigen Situationen gewachsen«. Auf der Höhe seiner Macht unterschreibt der Arzt Tante Mariannes Krankenbericht mit von sich überzeugter Federführung straff mit »Dr. L.«. Er brannte darauf, endlich Direktor zu werden. Auf dem Tiefpunkt kringelt er in U-Haft seinen Namen auf die vorgegebene Linie des Vernehmungsprotokolls. Die Angst setzt ihm nun zu, das »Dr. Leonhardt« übergroß und hochstaplerisch, dabei fahrig und verzittert.

Für Leonhardt wurde das Gericht zum Tribunal. Noch im Angesicht des zu erwartenden Schuldspruchs zeigt der 62-Jährige »kein Verständnis für das Ungeheuerliche seines Verhaltens«. Überdrüssig seiner Leier, politisch nie interessiert gewesen zu sein, zählt die Kammer ihn erst recht zu jenen, die durch »Trägheit des Herzens, durch ihren Verzicht auf eigenverantwortliches Verhalten die Untaten des Faschismus mit ermöglicht haben«. Die für einen Akademiker »unwürdige Desorientiertheit in den Dingen des geistigen und staatlichen Lebens, seine Haltungslosigkeit«, hätte ihn zum »Werkzeug der nazistischen Verbrechenspolitik« werden lassen. Schon vor dem Todesspruch erfuhr Leonhardt durch die öffentliche Charakterisierung ein vernichtendes Urteil: ein Sturz in die Wahrheit über das verwirkte Leben.

Er redete sich um den Kopf. Statt einzuräumen, dass er

im Konflikt zwischen Hitler und Patienten kapitulierte, ihre Tötung als einfachste der gangbaren Möglichkeiten für seinen Aufstieg ansah. Leonhardts Tiraden forderten die volle Härte des Gesetzes geradezu heraus. Der Vorsitzende beschied ihn: »Jedenfalls musste er jede Mitwirkung bei der Aktion verweigern und, falls dies nicht durchführbar war, sein Amt verlassen.« Basta.

Die seitenlange Ausführung lässt keine Ausflüchte mehr zu. Das Urteil gegen den besonders abgebrühten Täter richtete sich wie ein Memorandum an die Deutschen. Dem Volk schrieb das Landgericht ins Stammbuch: »Erblickt man das Wesen der Humanität darin, dass nie ein Mensch einem Zweck geopfert werden darf, so verbietet es sich, das Lebensrecht der Menschen lediglich von ihrer sozialen oder gar politischen Verwendbarkeit abhängig zu machen. Die Humanität gebietet die Achtung vor dem Bild des Menschen auch in seiner beschädigten Erscheinung.« Diese Stimme der Vernunft klang nicht rachsüchtig, sondern aufrichtig, beeindruckend neu und menschlich.

Der ganz und gar deutsche Beamte Leonhardt hinterlässt der Nachwelt ein schweres Erbe. Akten. Er weigerte sich bei Kriegsende, die Krankendokumente verschwinden zu lassen, die ihm offensichtlich wichtiger waren als die Patienten, die er in die Gaskammern schickte. Die Zeugnisse seines unbegreiflichen Vernichtungswillens sind dank ihm erhalten. Vielleicht überhaupt sein erstes Nein. Doch ist zu befürchten, er habe in der Meinung gehandelt, die Welt werde ihm im Lauf der Zeit Recht geben und seine Taten gutheißen. Wie auch immer: Ohne diese Papiere könnte ich Marianne Schönfelders Schicksal nicht aufklären, wäre es überhaupt unmöglich, ihren Weg nachzuzeichnen.

Leonhardt, die Wedel, sie alle lauschten ungläubig ihrer Entlarvung. Wollten sie doch die Krankenmorde in »Erlösungsakte« umdeuten, sogar für die Angehörigen. Nur der alte Nitsche, zuletzt wohnhaft in der Sebnitzer Rosenstraße 5, wartete mit einem »erschütternden und beinahe mit zynischer Offenheit vorgetragenen Geständnis« auf, bekannte sich in kalter Ruhe umfänglich zu seinen Taten, wollte aber gleichzeitig »kein Mörder« sein. Da sah der Vater zweier Kinder von damals 30 und 36 Jahren bereits, dass er sich als »Hauptverantwortlicher« auf den Richtblock legen musste.

Ein kurzer Prozess. Dauer gut zwei Wochen. Das Verfahren schreibt Justizgeschichte. Geladen waren über 70 Zeugen, darunter Elfriede Lohse-Wächtlers Bruder Hubert, der Vorletzte, den man anhört. Das Gericht reiste zum Ortstermin nach Großschweidnitz, am 24. Juni '47 ersucht der Vorsitzende die Landesregierung, »den erforderlichen Treibstoff zur Verfügung zu stellen«. Die Kammer erteilte drei Sachverständigen das Wort und verkündete am 7. Juli 1947 auf Grund der Schwere der Verbrechen vier Todesurteile (der Staatsanwalt hatte elf beantragt) und ein Lebenslänglich. Das Gericht hatte es mit in jeder Hinsicht deprimierenden Tätern zu tun. »Schuldausschließungsgründe« fanden sich keine. Beim Urteil herrschte eine »feierliche Stille«.

WENN TOTE REISEN

Einen Tag nach dem Schuldspruch findet die Wache den zum Tode verurteilten Leonhardt gegen fünf in der Frühe. Etwa um die gleiche Stunde, in der man Tante Marianne in Schweidnitz hatte verrecken lassen. Leonhardt baumelt an einer aus Strumpfgarn und Handtuch gedrehten Schnur am Fensterhaken. Um 9 Uhr stellt ein Arzt in der U-Haftanstalt Dresden »Selbstmord durch Erhängen« fest, »Eintritt des Todes etwa 4.00 Uhr«. Zuvor erging er sich ein letztes Mal im Jammern, wich bis zum Schluss den Tatsachen aus, tat, als läge ein fundamentaler Irrtum über seine Person vor. In einer ultimativen Anwandlung von Selbstabsolution schließt sein Abschiedsbrief nach knapp zwei Seiten: »Das Urteil ist gesprochen. Ich ziehe die Folgerungen. Den Strang habe ich nicht verdient. Das werden wohl alle, die mich ... kennen gelernt haben, im Inneren fühlen. Kein Wort der Entschuldigung ist bei der Urteilsbegründung über mich gefallen.« Keine Reue. Der Verblendete will noch suggerieren, er habe den Kranken helfen wollen: »Ich habe sie nicht alle retten können.« Zuletzt bittet er den Gerichtspräsidenten, »sich an meinem Opfer zu genügen«. Man möge seiner »Frau die Haftkosten erlassen«. Er hätte nach Beleg Nr. 3905 für 135 Tage 202,50 Reichsmark zu zahlen gehabt. Plus 50 Pfennige Verwaltungsgebühr. Der Verteidiger stellt in Rechnung: »1382,34 RM«, darin 22,08 RM für Telegramme und 40,26 für Umsatzsteuer, und bittet darum, die Kosten aus der Staatskasse zu bezahlen, Leonhardts Witwe lebe in sehr beschränkten Verhältnissen. Die Zeitung vermeldet den Suizid mit der Überschrift: »Nach Görings Vorbild«.

Im »Einäscherungsregister« des von Kiefern umstandenen Krematoriums Tolkewitz steht Ernst Leonhardt unter dem Datum 14. Juli 1947, Zeit: 11 Uhr 25: »Genehmigungsnummer 9682«, ein Procedere unter Ausschluss der Öffentlichkeit wie bei seinen Opfern. Am 11. August geht die Urne mit dem Vermerk »P.Vers.« für Postversand, nachweislich von Dresden zum Friedhof Arnsdorf. Im dortigen Rathaus ist jede Unterlage über den Anstaltsvize getilgt, Leonhardt ist nach offizieller Auskunft dort überhaupt nicht bekannt. Keine Auskunft ist auch eine Auskunft über den Umgang mit der NS-Vergangenheit. Die Geschichte von Tante Marianne ist nur in der Welt, weil das Bild Gerhard Richters ihre Existenz beglaubigt. Im Februar 1964 erfolgte mit gehörigem Verwaltungsaufwand die Überstellung von Leonhardts Asche wiederum »per Post« via Arnsdorf durch den Todesstreifen vom einen in das andere Deutschland.

Seine Tochter holt ihn zu sich nach Düsseldorf, letzte Ruhe im Familiengrab auf dem Friedhof Eller. Der südliche Autobahnzubringer führt über den Gottesacker. Ich erreiche das Gelände mit dem 735er-Bus, steige unweit der Pinte »Zur gemütlichen Ecke« (mit Bundeskegelbahn) aus. Durchfragen zu Feld 12. Unter Birken der Stein für »Dr. Leonhardt« aus rotem Granit, nah beim Denkmal für die Kriegsopfer des Zweiten Weltkriegs. Am 4. März 1964 kam die Urne an, Gerhard Richter lebte bereits in Düsseldorf. Als hätte ihn etwas gestreift, malt er im selben Jahr am Fürstenwall 163 im Ortsteil Friedrichstadt seinen Schwiegervater Professor Eufinger. In einer seltsamen Schleife reicht die Verbindung von Personen, Orten, Namen, Daten und Zeichen über alle Grenzen hinweg von Dresden-Friedrichstadt nach Düsseldorf-Friedrichstadt, von Ost nach West. 1964 stirbt ebenfalls im März auch Landesobermedizinalrat Schmorl, der am Dresdner Erbgesundheitsgericht so folgenschwer Tante Mariannes Elend beschleunigt hat.

Der Verurteilte Paul Nitsche wird am 25. März 1948 am Münchner Platz geköpft. Vier Tage vorher war er aus dem Strafgefängnis Hoheneck in Stollberg »zugeführt worden«, nachdem das »Gesamtministerium« sämtliche Gnadengesuche abgelehnt hatte. Der Generalstaatsanwalt ordnete die unverzügliche Vollstreckung an, teilte dies dem zuständigen Oberstaatsanwalt unter »Persönlich« mit. Sein Name war sinnigerweise Richter. An ihn erging die Aufforderung, die »nächsten Maßnahmen schnellstens in die Wege zu leiten«. Zwei Tage vor der Hinrichtung kam eine Sonderration von 20 Zigaretten. Nitsche, der unter Religionsbekenntnis »gottgläubig« angab, zeigte »eine starke innere Unruhe«, ließ Pfarrer Johannes Ungethüm kommen, der »nahm sich seiner lange Zeit an«.

Als das Morden auf ihn selbst zurückfällt, ist der Zahlenfetischist Nitsche nur noch eine kleine Nummer auf der »Mitteilung des Abgangs eines Gefangenen oder Verwahrten«. Für die Hinrichtung Geschäftszeichen 1 Ks 58/47.(S) 1/47, Grund: »Urteilsvollstreckung«, Formular »VollzO. A 27«, ausgefüllt von Verwaltungsinspektor Kästner. Die Präzision, mit der die äußeren Umstände seiner Hinrichtung dokumentiert wurden, entsprach der Exaktheit, mit der die Nazis zuvor die Kranken exekutierten. In der Handakte des Staatsanwaltes sind die zum Tode Verurteilten mit einem roten Kreuz versehen, genauso kreuzten die Großschweidnitzer ihre zur Vernichtung aussortierten Patienten an. Nitsches Henkersmahlzeit bestand aus sechs Scheiben Brot, Butter, zwei Eiern, »mit Dank« angenommen und verzehrt. Ein Mehrfaches dessen, was er den Psychiatrie-Patienten gönnte.

Die Nacht, die nach Minuten gezählt wird, verbringt er laut amtlichem Bericht in einem der sechs schmalen Räume unmittelbar am Hinrichtungsplatz, die Zellen 18 bis 23 im Erdgeschoss. Ein 1 x 1 Meter kleiner Verschlag, mit Holzbank, Klapptisch, vielleicht einem Kübel. Er kann die Schritte näher kommen hören, dann öffnen sich die Riegel der in schweren Scharnieren hängenden Tür. Nitsche wird durch »2 Polizeiwachtmeister« gefesselt vorgeführt, angetan mit kragenlosem Drillich. Zur Aufsicht fanden sich ein: »Staatsanwalt Spank, Justizoberinspektor Fincker als Beamter der Geschäftsstelle«. Er muss hinaus ins Freie, wenige Meter zum Richtplatz, auf den er beim Prozess Tag für Tag hinuntergesehen hatte. Der Hof lag totenstill. Vollstreckungszeit »6 Uhr 7 Minuten«, der Vorgang dauerte »35 Sekunden«, war schon vollzogen, kaum dass Nitsche die ihn unters Fallbeil zwingende Halskrause wahrnehmen konnte. Er und nach ihm sein Mordgeselle Gäbler starben unter der schrägen Schneide einer eigens konstruierten Guillotine. Das Blut ergoss sich in Strömen. Zwischenfälle »haben sich nicht ereignet«. Aufs Schafott gelegt nach einer »Hinrichtungsrichtlinie«, die bis ins kleinste Wort hinein bei den Nazis abgeschrieben war. Im ersten Erlass stand noch das Wort »Führer«.

Henker Clemens Dobbak, von Beruf kaufmännischer Angestellter, kam eigens aus der Delbrückstraße 64 in Berlin-Neukölln angereist, kassierte 600 Mark Köpfprämie für die erste

Enthauptung, für jede weitere 400. An dem Morgen verdient er 1400 Mark. Der Kontrakt des Scharfrichters mit dem Generalstaatsanwalt galt von August 1946 bis Ende 1948, Verlängerung drei Monate vor Ablauf möglich. Entfiel eine Vollstreckung, bekam er 60 Mark Ausfall.

Wie um das Finale zu steigern, legte die Mannschaft den Schädel beim Einsargen zwischen die Beine des noch Zuckenden. So ist es von zahlreichen Exekutionen überliefert. Das Vollzugsprotokoll schließt: »Leichnam und Haupt des Verurteilten wurden der Gebäudeverwaltung des Landgerichtes zur Weiterbehandlung übergeben.« Die Vollstreckung war der »Sächsischen Zeitung« noch zwanzig Zeilen wert.

Die Geköpften wurden noch am selben Tag ins »Anatomische Institut Leipzig«, Liebigstraße 13, gekarrt, wahrscheinlich auf einem Lastwagen mit Plane. Nitsche ist die Ziffer 9 im »Eingangsbuch«. Solange das Original unten im Leichenkeller bei der »Sektionstechnik« aufbewahrt wurde, war es sicher. Nach der Wende kam das Dokument aus Datenschutzgründen in die Obhut der Sekretärin. Aus ihrem Büro sind die Belege mitsamt dem Safe gestohlen worden, der Einbruch wurde nie aufgeklärt.

Nach dem Krieg herrschte in der Forschung Leichenmangel. Die Justiz half mit Hingerichteten aus. Die angehenden Mediziner kannten den Namen des Verbrechers nicht, an dem sie üben durften, als sei Nitsches Schuld mit dem Tod noch nicht abgegolten. Für 25 Anfänger zog sich der »Präparierkurs« von Professor Kurt Alverdis in der notdürftig gedeckten Instituts-Ruine von Frühjahr bis Sommer hin. Das Wellblechdach leckte, bei Regen mussten Eimer aufgestellt werden. Sie nehmen sich ihn als »Demonstrationsobjekt« vor, schälen den Torso bis aufs Skelett ab, legen Muskeln mit ihren Sehnen und Nervensträngen frei, entnehmen auch das Herz. Im Gesicht lassen sie die Ringmuskeln um Mund und Augen stehen, die Nase wird nicht »kahl gemacht«. Die Reste kommen in einen Bottich. Im Hintergrund tickt vernehmlich eine Standuhr, als mir der Leipziger Prosektor Wolfgang Schmidt den Vorgang am Telefon mehrmals geduldig bis zur letzten Faser so plastisch erklärt, dass mir schwummrig wird. »Anatom ist ein nicht nur schöner Beruf«, meint der Professor zum Abschluss.

Ein Akt ausgleichender Gerechtigkeit. Nitsche ließ vordem Euthanasie-Opfer zur »Beforschung« ausschlachten – nun ist er das »Menschenmaterial« auf dem Obduktionstisch. Er war das Gehirn der Euthanasie-Aktion, hatte sich mit »Untersuchungen über Gehirnfragmente« habilitiert. Wie dem auch sei: Jetzt sägen Leipziger den Schädel auf, in dem luziferische Gedanken kreisten. Sie entnehmen das weißliche Organ, zerlegen es mit Horizontalschnitten, um die darin eingeschlossenen, grauen Kerne darzustellen, Sitz des vegetativen Nervensystems. In Aufzeichnungen räumte Nitsche die »Zuleitung« von Gehirnen Ermordeter an »T 4-Gutacher« ein. Die Versandgefäße landeten ausweislich einer »Hirnliste« beispielsweise in Heidelberg, an der Forschungsstätte auch des Dr. Ernst Adolf Schmorl, der Tante Marianne maßgeblich mit ruiniert hatte. Ihre Tötungsanstalt Großschweidnitz schickte ebenfalls Präparate dorthin. Warum sollte nicht Nitsches in Formalin schwimmendes Hirn irgendwo in einem verstaubten Einweckglas herumstehen, für ein Gruselkabinett beiseite geschafft von jemand, der den darin enthaltenen Schrecken für immer konservierte? Anatom Schmidt hält diese Fantasie natürlich für abwegig.

Ansonsten ist nicht nennenswert, was von dem Mörder übrig ist und am 1. Juli, 11.30 Uhr, auf dem Südfriedhof Leipzig als »Anatomie-Leiche aus Dresden« verbrannt wird. Mit der Verbuchung unter der Nummer 11 29 17 hat alles die Ordnung, die Nitsche gewünscht hätte. Der »Sachbearbeiter für Grundsatzfragen« bittet mich schriftlich, als Quelle für diese kurze Auskunft »Stadt Leipzig, Archiv des Grünflächenamtes, Abteilung Friedhöfe« anzugeben. Das geschieht hiermit. Im Einäscherungsbuch steht Nitsche mit der Schreibweise des Philosophen Nietzsche, von dem der Satz stammt: »Was lebet, muss vergehen«.

ARM UND REICH

Tante Marianne starb arm wie eine Kirchenmaus. Ihr letztes »Sachenverzeichnis« ist vom 21. September 1942, an diesem Tag tauscht die Mutter die mindere Garderobe vollständig gegen bessere aus. Was das im dritten Kriegsjahr gekostet haben mag. »Bekleidungsnummer 337, Schönfelder Marianne« mit ihrem ganzen Besitz: »1 Hemd Tag, 2 Schlüpfer, 1 Strickjacke, 1 Kleid, 1 Paar Socken, 1 Trikolet, 1 Sommermantel, 1 Mütze, 2 Unterröcke, 2 Schürzen, 1 Paar Filzschuhe«. Mehr oder weniger trägt Marianne ihre Garderobe auf dem Leib. Was sie hatte, passte in eine Pappschachtel.

Im Vergleich dazu das »Nachlassverzeichnis« von Paul Nitsche, »z. Z. kein Einkommen, kein Vermögen«. Im Gefängnis umgab er sich mit folgenden »Effekten«: »1 Koffer, 2 Oberhemden mit Kragen, 3 Netzhemden, 2 Nachthemden, 2 Sporthemden, 1 Strickjacke, 4 Paar Socken, 1 Schal, 1 Handtuch, 1 Wischtuch, 11 Taschentücher, 2 Handschuhe, 1 einzelner Handschuh, 10 Bücher (darunter eine Arbeit über die ›Mortalität der Insassen der sächsischen Irren-Anstalten‹, die eigene Statistik der Irrenanstalten, Jahrgang 1936, und zwei Euthanasie-Studien), 1 Tabaksdose, 2 Puderdosen, 1 Seifendose, 2 Brillen mit Futteral, 1 Tabakspfeife, 1 Bimsstein, 2 Zahnbürsten, 1 Butterdose, 1 Blechschachtel, 2 Rasierseifendosen mit Seife, 1 Hautsalbe, 2 x 1/2 St. Seife, 1 Zahnseife, 1. St. Gummi, 2 Lederriemen, 1 Ohrenschützer, 1 Löffel, 1 Messer, 1 Zellstoff, 1 Kleiderbügel, 1 Waschfleck, 1 Paar Hausschuhe, 1 Hut, 1 Einpack- und Schreibpapier, 4 Weckgläser, 10 Fotos, 1 Tischdeckchen, 2 Werkstofflappen, 1 Schachtel Kohle, 1 Schachtel Medizin, 1 Radiergummi, 1 Briefumschlag mit Büronadeln, 1 Taschenuhr mit Lederkette, 1 Paar schwarze Schnürschuhe, 1 dunkle Hose, 1 dunkle Decke, 1 grauer Mantel, 1 Arbeitspass, 1 Postausweis, 1 Haftkostenrechnung, 3 Briefe, 1 Zeugnis.«

Darunter steht: »eine Abschrift an die Landesregierung, 25,63 Reichsmark bei der Kasse«. Seine Hinterlassenschaft fortzuschaffen, brauchte es mindestens eine Umzugskiste. Über die vom Gericht verfügte »Einbeziehung seines Vermögens« steht nichts in den Prozessakten. Zwei Listen, ein Roman.

Im Osten sollte es der einzige Prozess dieser Größenordnung bleiben. Anfang der 50er Jahre schloss die DDR das Kapitel »Euthanasie«-Verbrechen ab. Erst Jahrzehnte später gedachte man im wiedervereinten Deutschland dieser wenig beachteten Opfergruppe. Heute befindet sich im Erdgeschoss des Dresdner Justiz-Komplexes die »Gedenkstätte Münchner Platz«. Das Haus ist bis unter die Decke mit deutscher Geschichte des 20. Jahrhunderts gefüllt. Unter Hitler waren dort über 1000 Todesurteile verhängt worden. Dann fanden die Nazi-Verbrecher ihre gerechte Strafe in dem Block, später verhängte die SED-Justiz Willkürstrafen. Für den Komplex, in dem die DDR bis 1965 rund 70 Verurteilte »abköpfen« ließ, schuf Richters Studienkollege Wieland Förster (als 16-Jähriger selbst inhaftiert) 1995 seine Plastik »Namenlos-Ohne Gesicht«, den »zu Unrecht Verfolgten nach 1945« gewidmet.

LANDSCHAFT NACH DER SCHLACHT

Krankenhaus Großschweidnitz. Der Flur von Chefarzt Volker Hocke im ersten Stock. Es riecht nach frischer Farbe, trotzdem streng nach alter DDR. Auf seinem Türschild steht »Bitte nicht klopfen«. Das kann eine freundliche Aufforderung sein, einfach näher zu treten, genauso gut kann es signalisieren: Bleib weg, du störst! Eine typische Double-bind-Situation, interessant bei einem Psychiater. Seine mürrische Vorzimmerdame ist sichtlich von der alten Schule. Die Öffentlichkeitsarbeit des aus dem Westen stammenden Doktors hat ebenfalls DDR-Format. Er ist heute der Verantwortliche in einer Klinik mit einer furchtbaren Historie, einer Klinik, in der sein Berufsstand den moralischen Tiefpunkt erreichte, von ihm wäre deshalb ein besonderes Sensorium zu verlangen. Gleichwohl ziert er sich, lässt sich vom zuständigen Sozialministerium eigens eine Sprechgenehmigung geben.

Er sitzt mit verschränkten Armen und übergeschlagenen Beinen in heiterfarbenem Mobiliar. Gelegentlich fährt ein Finger zum hochgeknöpften Kragen. Hocke erweist sich als ein Mann ohne Gespür für die besondere Situation. Wo sind wir eigentlich? An diesem fremden Ort der Erde, aber mitten in Deutschland. Wir sind im Landeskrankenhaus Großschweidnitz, nicht irgendwo, sondern in einer Anstalt, in der die Nazis 8000 Menschen ermordeten. Wenn man sich auf diese Fakten einlässt, ist hier alles in Frage gestellt. Man wünscht sich doch, den Namen Großschweidnitz nie gehört zu haben.

Zur Recherche über die Verbrechen hat Volker Hocke wenig mehr beizutragen als den Satz, dazu könne er nichts sagen.

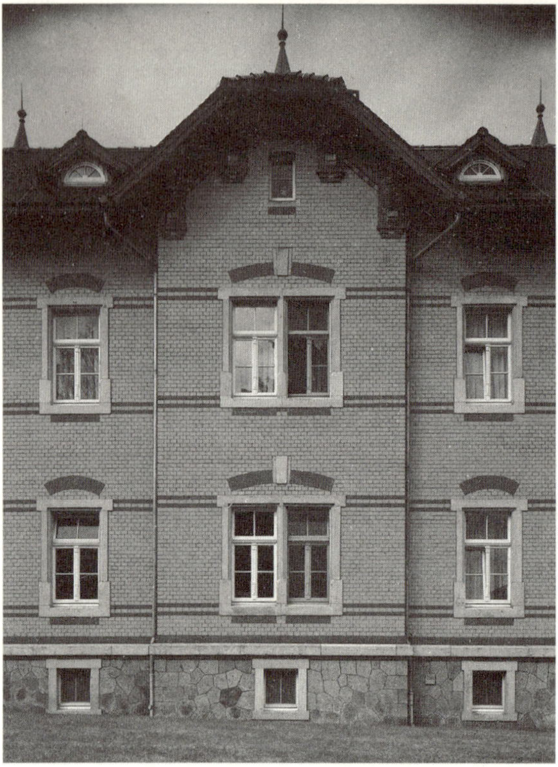

Dazu habe man keine Unterlagen, dazu fehle ihm das Wissen. Das war mir eindeutig zu wenig, zumal seine Mitarbeiter vorher gesagt hatten, Auskünfte dürfte nur der Leiter geben. Nach zwanzig Minuten breche ich das Gespräch ab, verschwinde durch die schallisolierte Türe, lese draußen wieder das Schild: »Bitte nicht klopfen«. Auf dem Flur hängen Zeichnungen von Kranken, bunte Anstrengungen in einer entmutigenden Fröhlichkeit. Im Rathaus wird Hocke beargwöhnt als Pragmatiker der neuen Zeit, er komme aus dem Westen, habe es geschafft, die Distanz zwischen dem Dorf und seinem wichtigstem Arbeitgeber zu vergrößern. Ihm fehle der Sinn für die Region.

Das Landeskrankenhaus ist heute eine moderne Klinik. Trotzdem bewegt man sich in der bedrohlichen Idylle gleichsam wie auf Treibsand mit der Gefahr, ins Bodenlose gezogen zu werden. Was ist der Grund für den deutlich vermittelten Unwillen, mit dem der Chef und auch die Mitarbeiter Fragen zur Geschichte der Anstalt im 08/15-Stil abfertigen wollen? Nach einem aus der Therapie bekannten Muster, wenn Leidende sich gegen ihr Trauma sperren, weil sie mit der Macht der Gefühle nicht klarkommen, es damit aber weiter verfestigen. In diesem absolut surrealen Archipel starb Marianne Schönfelder, mit ihr Tausende, die keiner mehr kennt, von denen wir nur ein einziges Bild haben, das eine von Gerhard Richters Tante. Was dieses Gemälde eines berühmten Malers für die Trauerarbeit einer Irrenanstalt bedeuten könnte, begreift die Klinikleitung nicht.

Die intensivste Erfahrung an dieser Adresse ist, wie sich alles im Nichts verlieren will. Selbst die Frage nach einer Anstaltschronik wird als Schnüffelei empfunden, als gäbe es etwas zu verbergen oder als ob die Last der Historie dem Personal persönlich angelastet werden sollte. Vielleicht kann man sich das unvorstellbare Versagen von Medizinern und Pflegern auch nicht eingestehen, weil damit die eigene Zunft in Frage gestellt würde. Volker Hocke mag ein glänzender Psychiater sein. Trotzdem hätte ich gern von ihm erfahren, welche Gedanken er sich darüber macht, dass im Dritten Reich der Ober-Nazi Alfred Schulz in diesem Chefflügel von Haus 41 seine Taten ausgebrütet haben könnte? Oder ob ihn bewegt, wie viel Demut für Mediziner daraus zu ziehen wäre.

In einem historischen Wurzelholz-Schrank versteckt der Chefarzt ein zerfleddertes Totenbuch. Ich muss mehrmals intervenieren, bis er es überhaupt herausrückt und kurzen Einblick gewährt. Jede Frage empfindet er als Angriff. Seine Sekretärin flattert solidarisch um ihn herum. Die erbetene Kopie des Blattes mit dem Eintrag zu Tante Marianne kommt trotz diverser Mahnungen nie. Das Standesamt Löbau gibt die erbetene

Sterbeurkunde unter Berufung auf Persönlichkeitsrechte ebenfalls nicht heraus. Angeblich stellt man sich auf die Seite der Opfer, verhindert damit aber die Wahrheit über die Täter. Auf Seite 16 des Totenbuchs Mariannes Name, sie wurde »in Reihe 8, Grab 42« des Friedhofquartiers verscharrt. Ein weites Feld.

Hockes Kollege Doktor Holm Krumpolt ist der Autor der ersten sachdienlichen Arbeit über Großschweidnitz. Der Neurologe praktiziert in Bau 11, dem Sterbehaus von Marianne Schönfelder. Ihn sprechen zu wollen heißt, mit den im Rollstuhl vorfahrenden Schwerstleidenden zu warten, den Klagen überforderter Angehörigen zuzuhören, behinderte Menschen zu sehen, die kurz den Kopf zur Tür hereinstecken, wieder verschwinden, wieder den Kopf zur Tür hereinstecken, wieder verschwinden. Wenigstens bekommt man beim Herumsitzen eine Ahnung von Mariannes Station. Dann hat Krumpolt doch ein paar Minuten; ein von Pflichten gehetzter Gesprächspartner. Zu Antworten ist er in der Kürze der Zeit kaum zu bewegen. Will er nicht, darf er nicht? Ist mit seiner Doktorarbeit das Kapitel für alle abgeschlossen? Zur Fallgeschichte von Marianne Schönfelder äußere er sich nicht. »Ich bin Neurologe.« Er flieht zu seinen Patienten.

Das Erinnern an den Massenmord ist vor die Klinik ausgelagert, Gedenkstein wie üblich auf dem Gottesacker unter Blautannen, ein Acker voller Gebeine, von den Nazis zurückgelassen. Zwei kümmerliche Begonien, vier arme Agaven in Töpfen sind zu einer tragischen Pflanzengruppe arrangiert. Eschen und Kastanien bilden sommers ein Dach. Jetzt im Winter stehen die Linden fahl und bis auf den Stamm zurückgestutzt. Wer an die Existenz menschlicher Seelen glaubt, fühlt sich sofort beklommen, meint, unerlöst könnten sie noch herumirren. In der Luft ein Wispern und Raunen, wie Stimmen? Erst nach der Wende reichte es überhaupt zu dem Mahnmal. Pflichtgemäßer kann eine Tafel in ihrem gut gemeinten Ton nicht klingen. Leicht verwittert heißt es: »Für die über 5000 Opfer der ›Euthanasie‹, 1940 bis 1945, die hier in Massengräbern ihre letzte Ruhe gefunden haben. Weil sie als Kranke ›anders‹ waren, wurden sie angekreuzt und aussortiert.« In Großbuchstaben geht es weiter: »IHR SCHICKSAL ALS MAHNUNG AN DIE GESUNDEN FÜR ALLE ZEIT.« Unterschrift: »Das Krankenhaus«. Ein beklemmender Anblick.

Im Sterben wird auf dem 15757 Quadratmeter

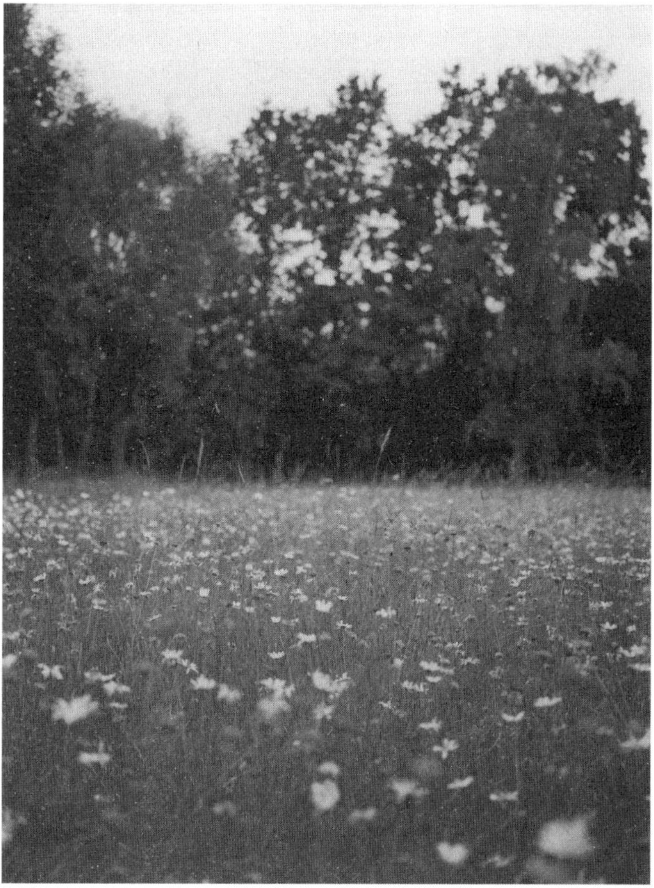

großen Kirchhof weiter auf die Symmetrie geachtet, die auch im Leben galt. Die Einheimischen liegen links, die Getöteten rechts, durch einen Fußweg voneinander getrennt. Hier die namenlosen Nazi-Opfer, da die geschmückten Gräber für die »Normalen«. Man sieht sofort, wer zu welcher Gruppe gehörte. Ein schöner Gedenkstein für Pfarrer Johannes Axt, »geb. 21.4.1883, gest. 28.12.1970«, das Grab mit Blautannenreisig geschmückt. Von Erde bedeckt, im Tod mit den Ärmsten vereint, denen er mit seinen schwachen Mitteln nicht helfen konnte. Unterschiedslos zu Staub zerfallen. Tante Marianne liegt unter den vielen Ermordeten am Mahnmal. Bei meinem ersten Besuch im Juni standen Tausende Margeriten hoch auf der Wiese. Grashalme wogten im Wind. »Es blühe über den Gräbern Euer Herz, aber vergesst uns nicht«, bittet die Inschrift. Gerhard Richter war noch nie da. Dann steht ihm eine Wallfahrt noch bevor.

DIE DUNKELMÄNNER

Das Bild wäre nicht vollkommen, ohne einen letzten Blick auf die Wiener Straße 91. Nach Richters Abschied überführt die SED Heinrich Eufingers Villa am 1. August 1961 in ihre »VEB Kommunale Wohnungsverwaltung«. Unter dem gängigen Vorwand der »Zwangsüberschuldung« ging die Villa danach in das Eigentum des Volkes über. Bei der Gauck-Behörde liegt ein erhellendes Stasi-Dokument – Aufdruck: »operative Auskunft vor unbefugter Einsichtnahme sichern!« – über die Einrichtung eines Stasi-Treffs gerade dort, wo den jungen Richter Fluchtgefühle heimsuchten. In der nur zu berechtigten Ahnung, mit

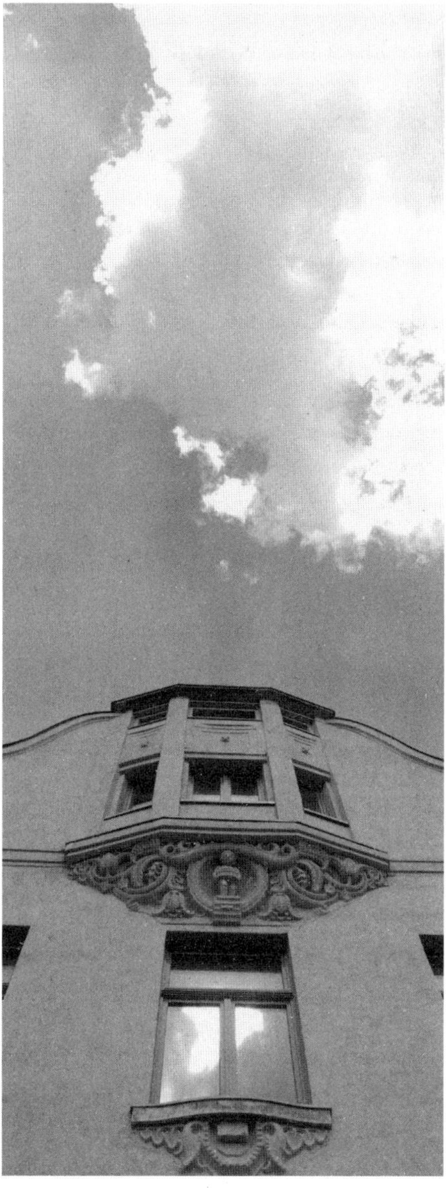

der sozialistischen Freiheit werde es nimmermehr was werden. Oberleutnant Körner, einer von Mielkes Helden der inneren Sicherheit, führt den Vorgang XII 410/88. Die Villa, »separater Eingang, reger Personen- und Publikumsverkehr«, erhält die Kennung »Konsul«. Erwartet werden Informelle Mitarbeiter, IM unter den Tarnnamen »Gerlach«, »Seide«, »Winter« und »Sichert«. Wichtigtuerisch schreibt Körner: »Eine Nutzung des Zimmers zur Treffdurchführung ist von ca. 6–21 Uhr möglich.« Zur Verfügung stünden: »1 Nachtspeicherofen, Tisch mit 4 Sessel, 1 kl. Schrankwand«. Eine Benutzung der Küche sowie der Toiletten sei möglich. Schlussbemerkung des Geheimen: »Für eine Reinigung des Raumes sind wir verantwortlich.« Bis zum Ende der DDR nutzen gemäß Nachweis die Stasi-Zuträger »Sommer«, »Edel«, »Hartung«, »Naumann«, »Seidel« und »Engelmann, Heinz« die »91« zur Beichte beim »Konsul«. Für ein »Präsent«, mutmaßlich für den Spitzel »Sommer«, gibt Körner »84,25 Mark« aus, holt sich den Betrag von der Stasi wieder.

Nach der Wende fallen Haus und Grund per Rückübertragung an Eufingers Töchter Ema und Renate zurück. 25 Jahre vergingen, bis der Maler Ende der 80er Jahre auf einen Abstecher vorbeiguckt. Eine Immobilienfirma bietet das Jugendstil-Haus dieser Tage »für 490 000 Euro« an, neuerdings um die Information ergänzt, in den 60er Jahren habe sich im Dachgeschoss das Atelier des »inzwischen weltweit geschätzten« Malers befunden, Raum 05 auf der Südseite. Eufingers zweites Areal in der Münchner Straße 10 ging im Restituierungsverfahren ebenfalls an seine Kinder, die Erben verkauften es nach amtlicher Angabe bald weiter.

ERFÜLLTES UND UNERFÜLLTES

Professor Heinrich Eufinger stirbt 1988 hoch geachtet im Alter von 94 Jahren. An seinem 80. stilisiert die »Wilhelmshavener Zeitung« ihn zum »Leitbild« seines Berufes. Die Ärztekammer Niedersachsens, Bezirksstelle Wilhelmshaven, gratuliert: »Sie haben dem ärztlichen Stand so viel Ehre erwiesen.« Zum 90. erscheint erneut eine ausführliche Würdigung des »Nestors der Wilhelmshavener Gynäkologen«, die ihn mit den Worten zitiert: »Ich habe viele Höhen und Tiefen erlebt. Im Rückblick aber war mein Leben positiv.« Am 15. März 1988 meldet die Traueranzeige seine Beerdigung auf dem Ehrenfriedhof. Voller Dankbarkeit werde eines Menschen von »großer Treue, Liebe und Güte« gedacht. Die Lokalpresse ruft ihm das Beste hinterher, es stimmt zwar noch nicht einmal der angeführte Todestag, aber darauf kommt es nicht an. Eufinger sei nach einem »erfüllten und arbeitsreichen Leben« gestorben, »das weitgehend im Dienst am Nächsten stand«. Niemand hätte das bestreiten, aber durch bittere Tatsachen ergänzen können, seine SS-Zugehörigkeit und die fast 1000 Zwangssterilisierungen an geistig Behinderten in der Friedrichstädter Klinik. Die erfüllte und reiche Existenz von Richters Schwiegervater geht mit allen Ehren zu Ende. Er hat viele Leben gelebt. Dem steht das eine, unerfüllte und arme Leben von Richters schizophrener Tante Marianne gegenüber. Kaum 28, schon verweht. Sie musste sterben. Die Nazis wollten es so.

WEGE

Die Suche nach Marianne Schönfelder führt zum Bild von Heinrich Eufinger. Der Professor sterilisierte für die Nazis fleißig Psychiatrie-Patientinnen. Er konnte sauber leben und sauber Karriere machen. Seine drei Frauen, die Gattin, die zwei Töchter, konnte er bestens versorgen. Nach dem Krieg war er ziemlich schnell wieder wohlsituiert und konnte es sich leisten, seiner Ema die Vermählung mit Gerhard Richter nebst Hochzeitsreise zu finanzieren und überhaupt die beiden Kunststudenten zu unterstützen. Wenn man es auf die Spitze treiben will, studierte Richter an den Akademien Dresden und Düsseldorf, damit er 1964 ein Bild von seinem Gönner malen konnte und 1965 eines seiner Tante. Dann musste die deutsch-deutsche Grenze fallen, damit Richter sich im vereinten Deutschland wieder seiner Heimatstadt annähert und erwägt, sein Archiv an die Elbe zu geben. Seine allmähliche Rückkehr gibt den Anstoß für Recherchen zum frühen Richter, die zu Bildern führen, die sich vierzig Jahre nach ihrer Entstehung als Hauptwerke über seine Familie entpuppen, mit denen der Künstler unbeabsichtigt eine Geschichte angestoßen hat über bestürzende Zusammenhänge. Hineingemalt überdauern sie in seinen Gemälden, als läge es einzig im Auge des Betrachters, was er darin sieht. Dieses Kapitel ist nun zurückgekommen auf ihn. Dass Mariannes schönes Gesicht Kunde vom Schicksal zehntausend weiterer Opfer gibt, verdanken wir Gerhard Richter.

Wie das so geht beim Eintauchen in Geschichten, verknüpft sich bald alles zu einem beinahe undurchdringlichen

Gewebe verborgener Bezüge und Vorgänge. Ich suche zum Beispiel Mariannes Dresdner Zuhause in der Wiesentorstraße 5, gucke hier, gucke da, finde beim Streifzug statt der im Krieg zerstörten Häuserzeile ein brach liegendes Areal mit unansehnlichen, gelben Flachbauten. Darauf das Logo einer Ladenbaufirma namens »Richter«. Von dort aus geht der Blick über die Elbe zur Kunstakademie, die in Gerhard Richter ihren gewiss erfolgreichsten Absolventen hat.

Oder was ist von diesem Denkspiel zu halten? Deutschland musste geteilt werden, damit Gerhard Richter im Westen ein Star werden konnte, der sich 73-jährig der Wahrheit über die tragische Verwicklung seiner eigenen Familie stellt, die er zuvor in Bildern erzählte. Deren Subtext konnte er selbst nicht verstehen, weil er den dahinter verborgenen Kosmos nur ahnte. Die Akten dazu kannte er bis heute nicht, zum Teil lagen sie verschlossen in der DDR. Genau gegenüber der alten Dresdner Wohnung seines Vaters.

Vom Ende her gesehen, musste der Gynäkologe Heinrich Eufinger als SS-Obersturmbannführer ins Russenlager Mühlberg verbannt werden, damit seine Tochter Ema aus finanziellen Gründen eine Schneiderlehre beginnt. Eine gute Grundlage für das Studium in der Akademie-Modeklasse. So lernte sie an der Elbe ihren zukünftigen Mann Gerhard Richter kennen, dem besonders gefällt, wie sie ihr fülliges Haar zum »Bienenkorb« steckt. 1966 malt er die Liebste nackt für den »Akt auf einer Treppe«, sie ist im dritten Monat mit Betty schwanger. Ema ist das Bild einer hochmütigen Schönheit, sie hat die (von Eufinger dem Rasseamt ordnungsgemäß gemeldete) »rosigweiße« Haut der Mutter und die Gelassenheit, Kleider als unnötigen Luxus von sich zu werfen und ihre Blöße vor sich her zu tragen. Sie wird zur Ikone der Moderne, eine der erotischsten Frauengestalten der zeitgenössischen Kunst. Kein einfacher Ruhm für Ema, da er dem einen Augenblick geschuldet ist. Am »17. März 1982« wird das Traumpaar kurz nach Richters

Fünfzigstem geschieden, Richter überprüft das Datum daheim zur Vorsicht im Kalender. Die 73-jährige betreibt im Rheinland einen Secondhandshop. Trotz Anfragen wollte sie sich weder über ihren Vater Eufinger noch über das Leben mit »Herrn Richter« äußern. Sie habe damit abgeschlossen. Sie bitte, »das zu akzeptieren«. In den Genen ihrer gemeinsamen Tochter Betty sind die Gegenpole dieser Familientragödie verschmolzen, die DNS von Opfer und Täter, Tante Marianne und Heinrich Eufinger. Ich hatte im Gespräch deutlich den Eindruck, dass dies auch der erste Gedanke Gerhard Richters war.

VERLORENE ZEIT

Der Lesesaal im Staatsarchiv Dresden, prächtig, holzgetäfelt und dunkel, eine Gruft des Gestern. Dreißig Schirmlampen an den Tischen, acht an der Decke erhellen die Suche nach der verlorenen Zeit. Die Sachbearbeiter winden sich beim Thema NS-Euthanasie und pochen wortreich auf den Datenschutz, der gelte auch für die Täter. Der Muff der DDR wabert in einer jener Institutionen, die Aufklärung nicht erleichtern, sondern extrem erschweren. Die Akten des hingerichteten Massenmörders Nitsche und seiner Kumpane seien nicht zum Kopieren freigegeben, was auch eine Auskunft über deutsche Befindlichkeit im Jahr 2005 ist. Das nächste Mal ist eine zur Einsicht versprochene Unterlage aus dem Depot nicht angekommen. Die »Vollzugs- und Gnadenhefte« der Verurteilten im Euthanasie-Prozess sind sowieso spurlos verschwunden, »leider noch nicht ermittelt und werden gesucht«, teilt der Sachbearbeiter nach mehrfachem Drängen mit. »Sobald die Akte wieder vorhanden ist, werde ich Sie benachrichtigen.« In Dresden liegen vierzig Kilometer Dokumente. Nach Erfahrungswerten dauert es dreißig Jahre, bis ein verstellter Vorgang wieder auftaucht. Vielleicht müsste man einmal nachsehen, womit sich das Institut unter der SED beschäftigt hat; aber das ist ein anderes Buch.

An den Stirnseiten des Raums auf erhöhten Plätzen zwei Aufsichtspersonen, die Wächterinnen der Geschichte. Ein Katzenkalender schmückt den Arbeitsplatz, die Katze der Erinnerung. Die Sachbearbeiterin bringt das »vorläufige Findbuch« zum Bestand für die Landesanstalt Großschweidnitz. Im Alphabet der Name »Schönfelder« unmittelbar vor »Schreiber« die beiden Namen kommen zusammen, als wende sich die Vergangenheit an einen selber und müsse deshalb unbedingt aufgeschrieben werden.

DIE SPIEGELUNG

Kunst und Wahnsinn. Wieder lebt ein Maler in der Klinik Arnsdorf. Winfried Dierske, geboren 1934, ständiger Insasse seit Jahrzehnten, ein schizophrener Patient. Zu seinen eindrucksvollsten Werken zählt das Bild »Erinnerungen an das zerstörte Dresden«, die verkohlte Masse der Stadt am Fluss. Gemalt 1961, im Jahr von Richters DDR-Flucht. Dierske hing mit seinen Freunden in der »Milchbar« rum, sie heißen Penk, Baselitz, Strawalde. »Ich verkehrte nicht in Richters Kreisen.« Der hatte kein Stammlokal, er hatte die Wiener 91.

Für Winfried Dierske ist Dresden alles. Zwanghaft umkreisen seine Gedanken den Luftkrieg. Das Gemälde »Die Wolke« berichtet von der Zerstörung der Heimat. In den aufgespachtelten Schichten seiner Bilder ist der Angriff vom 13. Februar 1945 gespeichert. Elfjährig überlebte »Winie« im Keller der Wohnung Görlitzstraße 22. Die Meldung sei gekommen »Bombenabwürfe im Stadtgebiet. Dann ging die Hölle los.« Dierskes Krankheit ist, nicht vergessen zu können. Stille zwischen zerdehnten Sätzen, gierige Züge an der Zigarette, als würde der 70-Jährige daraus Atem schöpfen.

Er empfängt den Besuch im Raucherzimmer der Station B 7. Nebenan im Haus B 3 mussten unter den Nazis die Leidensgenossinnen Tante Marianne und Elfriede Lohse-Wächtler verharren. Von der ermordeten Malerkollegin hörte Dierske in der »Kunsttherapie«. Was für ein schreckliches Wort bei einem solchen von der Krankheit zerstörten Talent. Von Richters Bild »Tante Marianne« bringe ich ihm eine Aufnahme mit. Er denkt lange nach über die nach seinen Worten einer »unscharfen Fotografie« ähnelnde Maltechnik.

Dierske tauschte seine Werke gegen einen Anzug oder das Rowohlt-Bändchen »Die Welt als Labyrinth« von Gustav René Hocke mit dem Exkurs zu »Schönheit und Grauen«. Er entwirft die Skizze seines Lebens brockenweise, die innere Uhr auf ganz anderes eingestellt. Die auffallend schlanken Finger hält er vor die geschlossenen Augen, als lausche er sonderbaren Geschehnissen, die in entlegenen Räumen aufgehoben sind, seiner Jugend. Dann blättert er im schmalen Katalog eigener »Bilder 1959–1964«. Seine Zunge sucht die fehlenden Zähne im schiefen Mund. Plötzlich hält er inne, zeigt auf das Hochhaus am »Platz der Einheit«, da seien Motorenteile einer abgestürzten amerikanischen Maschine gelegen, den Piloten habe ein Schupo-Kommando abgeholt. Für ihn ist das Ereignis aller Ereignisse, die Bombennacht von Dresden, niemals zu Ende gegangen. Wie für Gerhard Richter verändert diese Nacht auch für Dierske alles. Was er sah, findet er in keinem Buch, er musste es malen. Wie Gerhard Richter, der meinte, Dierskes Arbeiten seien auf spezielle Weise sehr gut. Aber wir vertieften das nicht, uns beiden war nicht wohl bei dem Thema. Dierske antwortet auf das Lob für seine Bilder mit der sanftesten Stimme der Welt: »Ich habe nie gemalt!« Er scheidet mit wehmütigem Lächeln. Ein Satz von Richter: ». . . alle Kinder malen, alle Verrückten malen.«

DAS LETZTE BILD

Mein Richter-Jahr dauerte von Mai bis Mai. Dann kam der Sommer 2005. Ich fuhr in das Münchner Lenbachhaus zu seiner Retrospektive mit über 100 Werken aus 40 Jahren. Am Abend vor der Eröffnung sah ich den Maler mit seiner Frau Sabine über den Königsplatz spazieren, dem Aufmarschplatz im Dritten Reich. Zwei eher kleine Menschen, Arm in Arm in ein Gespräch vertieft zwischen den mächtigen Propyläen und der früheren NSDAP-Parteizentrale. Im Trubel der Vernissage konnte ich Gerhard Richter nicht mehr erzählen, dass dort unter den Millionen Nazi-Mitgliedskarten auch die Papiere seines Schwiegervaters Heinrich Eufinger archiviert waren, der nun im Lenbachhaus bei Richters Ausstellung auf mehreren Fotos vertreten ist. Auf mich wirkte die Situation am Ende meiner Recherche, als wolle seine Geschichte in einem letzten Bild noch einmal zum Vorschein kommen, nach ihm greifen, mehr noch, als wolle sie ihn an Ort und Stelle ergreifen. Die unvollendete Vergangenheit bedrängte die Gegenwart und die Zukunft, die auf den Porträts seiner Kinder im Erdgeschoss des Lenbachhauses zu sehen ist.

Das Anfangsversprechen ist eingelöst: Der Knabe, der ein Maler werden wollte, ist weltberühmt.

LITERATUR

Götz Aly (Hrsg.): Aktion T4. 1939 – 1945. Berlin, 1989

Götz Aly, Karl-Heinz Roth: Die restlose Erfassung. Frankfurt am Main, 2000

Götz Bergander: Dresden im Luftkrieg. Köln, 1998

Dietmar Elger: Gerhard Richter, Maler. Köln, 2002

Gedenkstätte Sonnenstein e.V. (Hrsg.), Boris Böhm (Red.): Von den Krankenmorden auf dem Sonnenstein zur »Endlösung der Judenfrage«. Pirna, 2001

Norbert Haase, Birgit Sack (Hrsg.): Münchner Platz, Dresden. Die Strafjustiz der Diktaturen und der historische Ort. Leipzig, 2001

Johann Peter Hebel: Die Kalendergeschichten. Herausgegeben von Hannelore Schlaffer. München, 2001

Heinar Kipphardt: März. Reinbek, 1978

Ernst Klee: Euthanasie im NS-Staat. Frankfurt am Main, 1999

Ernst Klee: Was sie taten – was sie wurden. Frankfurt am Main, 1986

Holm Krumpolt: Die Auswirkungen der nationalsozialistischen Psychiatriepolitik auf die sächsische Landesheilanstalt Großschweidnitz im Zeitraum 1939–45. Dissertation, Leipzig, 1995

Friedrich Lange: Deutscher Seidenbau. Stuttgart und Berlin, 1939

Friedrich Nietzsche: Jenseits von Gut und Böse/Zur Genealogie der Moral. München, 1999

Reiner Pommerin (Hrsg.): Dresden unterm Hakenkreuz. Köln, 1998

Georg Reinhardt (Hrsg.): Im Malstrom des Lebens versunken ... Elfriede Lohse-Wächtler 1899–1940; Leben und Werk. Köln, 1996

Gerhard Richter, Fred Jahn (Hrsg.): Atlas. München, 1989

W.G. Sebald: Die Ringe des Saturn. Frankfurt am Main, 1995

Thomas Schilter: Die »Euthanasie«-Tötungsanstalt Pirna-Sonnenstein 1940/41. Dissertation: Berlin, 1997

Claude Simon: Jardin des Plantes. München, 1999

Staatl. Kunstsammlungen Dresden (Hrsg.): Gerhard Richter. Dresden, 2004

Birgit Töpolt: Vorgeschichte und Praxis der Zwangssterilisierung im Dresdner Raum 1933–1945. Dissertation, Dresden, 2002

Rolf Vollmann: Akazie und Orion. München, 2005

Christoph Weiß: Auschwitz in der geteilten Welt. Sankt Ingberg, 1999

Peter Weiss: Die Ermittlung. Frankfurt am Main, 1965

BILDNACHWEIS

S. 11: »Mustangstaffel«, Gemälde von Gerhard Richter, 1964, 88 x 150 cm, © Gerhard Richter

S. 30: Familie Richter in Reichenau, Gerd mit Schultüte, ca. 1938, Archiv Richter

S. 31: Gerd und Gisi Richter in Reichenau, ca. 1938, Archiv Richter

S. 34: Porträt von Gerhard Richter, 2004, Fotograf Andreas Mühe, © VG-Bild-Kunst, Bonn 2017

S. 35: Mutter Hildegard Richter im Kleid, aufgenommen von Gerhard Richter mit seiner ersten Box ca. 1947, Archiv Richter

S. 44/45: Lehrlingsheim Zittau, Silvester 1947/48, Gerhard Richter unten links mit Pfeife, privat

S. 47: Gerhard Richter mit Pinsel, ca. 1951, Archiv Richter

S. 48: Gerhard Richter im Spiegel, 1951, Archiv Richter

S. 51: Gerhard Richter auf dem Zaun, ca. 1951, privat

S. 52: »Selbstporträt«, Gemälde von Gerhard Richter, 1949, Größe unbekannt, © Gerhard Richter

S. 57: Tante Marianne und Gerhard Richter als Baby, Langebrück, Juni 1932, Archiv Richter

S. 59: Familie Richter im Garten Langebrück, Juni 1932 (von links: Tante Gretl, Mutter Hildegard Richter mit Gerhard, Tante Marianne, Vater Horst Richter, Großvater Wilhelm Richter), Archiv Richter

S. 66: Sachenverzeichnis von 1938 in Arnsdorf, Staatsarchiv Leipzig, Signatur: SächsHStAD, LA Großschweidnitz Nr. 7256 Bl. 7

S. 74: »Krankenstube«, Gemälde von Elfriede Lohse-Wächtler um 1933, 43,0 cm x 50,5 cm, Galerie Fischer, Berlin

S. 99: »Adolf Schmorl«, Gemälde von Wilhelm Dodel, 1935, Sammlung privat

S. 107: Oberarzt der staatlichen Frauenklinik Dresden Ernst Fischer, Nachlass Warnekros Fotoarchiv Institut für Geschichte der Medizin TU Dresden

S. 111: »Familie«, Gemälde von Gerhard Richter, 1964, 150 x 180 cm, © Gerhard Richter

S. 122/23: Hochzeit von Gerhard Richters Eltern, Tharandt 1931 (in der Mitte Richters Eltern, das Ehepaar links davon Gerhard Richters

Großeltern väterlicherseits, links hinten Onkel Alfred Schönfelder, hinten zweiter von rechts Onkel Rudi Schönfelder, hinter dem Bräutigam Oma Dora Schönfelder, vorne rechts Opa Alfred Schönfelder, daneben Tante Marianne Schönfelder), Archiv Richter

S. 175: Prof. Heinrich Eufinger stehend, ca. 1934, Bundesarchiv, Akte BArch R 9361-III/40652

S. 177: Passfoto von Prof. Heinrich Eufinger, ca. 1934, Bundesarchiv, Akte BArch R 9361-III/40652

S. 193: Krankenhausflur Dresden-Friedrichstadt, 2004 © Heinrich Völkel

S. 198: Gerhard Richter mit Fluppe, ca. 1951, Archiv Richter

S. 200: »Lesende« (Ema Richter), Gemälde von Gerhard Richter, 1960, 102 x 70 cm, privat, © Gerhard Richter

S. 219: »Interieur« (Wienerstraße 91 in Dresden), Gemälde von Gerhard Richter 1960, 73 x 99 cm, privat, © Gerhard Richter

S. 227: »Eufinger à la Liebermann«, Foto des Gemäldes von Gerhard Richter, Archiv Richter

S. 229: »Familie am Meer«, Gemälde von Gerhard Richter, 1964, 150 x 200 cm, © Gerhard Richter

S. 232: »Stadtbild«, Gemälde von Gerhard Richter, 1956, 60 x 80 cm, privat, © Gerhard Richter

S. 241: »Onkel Rudi«, Gemälde von Gerhard Richter, 1965, 87 x 50 cm, © Gerhard Richter

S. 243: Postkarte »Deutsche Kriegsgräberstätte Marigny« © Volksbund Deutsche Kriegsgräberfürsorge e.V.

S. 245: »Herr Heyde«, Gemälde von Gerhard Richter, 1965, 55 cm x 65 cm, © Gerhard Richter

S.249: »Tante Marianne«, Gemälde von Gerhard Richter, 1965, 120 x 130 cm, © Gerhard Richter

S. 264/65: Bildreihe: Gericht, Dresdner Ärzteprozess 1947, *Zeit im Bild*, 25.7.1947, Gedenkstätte Münchner Platz Dresden

S. 286: Krankenhaus Großschweidnitz, Station 11, 2004 © Heinrich Völkel

S. 289: Gräberfeld mit Margeriten Großschweidnitz 2004 © Heinrich Völkel

S. 291: Wienerstraße 91 in Dresden, 2004 © Uwe Steinert

DANK

Gerhard Richter hat meine Recherchen großzügig und souverän unterstützt. Seine Geduld habe ich über Gebühr strapaziert, ihm und seiner Frau Sabine bin ich zu besonderem Dank verpflichtet. Ina Weiße glaubte an das Projekt und fand für Schwieriges Lösungen. Auch ihr habe ich besonders zu danken. Wolfgang Prosinger war der Erstleser des Manuskripts und steuerte wichtige Anregungen bei. Hans-Ulrich Jörges war überzeugt, dass es ein Buch werden wird. Carola Schauer vom Stadtarchiv Dresden versöhnte mich mit mancher Verwaltung, die nur Dienst nach Vorschrift getan hat. Dr. Boris Böhm von der Gedenkstätte Pirna-Sonnenstein gab jederzeit sachkundige Auskünfte. Der Kunsthistoriker Dr. Wolfram Lübbeke stand mir mit Rat und Tat zu Seite. Konstanze Ell vom Atelier Richter hatte Verständnis für die Nöte des Autors. Margit Ketterle hielt mir den Rücken frei. Meine Frau Kathinka half bei der Spurensuche und brachte Ordnung in die Gedanken. Die Genannten und viele ungenannte Helfer sorgten dafür, dass das Projekt fertig geworden ist.

Ohne die Vorarbeiten bekannter Autoren wie Götz Aly, Ernst Klee und Karl-Heinz Roth hätte ich den Stoff nicht bewältigen können. Auf ihre Bücher hinzuweisen, gebietet nicht nur der journalistische Anstand, sondern ist mir ein ehrliches Anliegen. Dank gilt auch meinem Verleger Christian Strasser, der mein erstes Buch in sein erstes Pendo-Programm aufgenommen hat. Schreibende Väter sind anstrengend, meinem Sohn Benjamin danke ich für seine Geduld.

Jürgen Schreiber
Berlin, München im Juni 2005